Peter Lechner

Das Leben ist eine einzige spannende Reise

Peter Lechner

Das Leben ist eine einzige spannende Reise

Paramon Verlag

Die Deutsche Nationalbibliothek verzeichnet diese Publikation in der Deutschen Nationalbibliografie; detaillierte bibliografische Daten sind im Internet über dnb.dnb.de abrufbar. Die Schweizerische Nationalbibliothek (NB) verzeichnet aufgenommene Bücher unter Helveticat.ch und die Österreichische Nationalbibliothek (ÖNB) unter onb.ac.at.

Unsere Bücher werden in namhaften Bibliotheken aufgenommen, darunter an den Universitätsbibliotheken Harvard, Oxford und Princeton.

Peter Lechner:
Das Leben ist eine einzige spannende Reise
ISBN: 978-3-03830-766-2

Buchsatz: Danny Lee Lewis, Berlin: dannyleelewis@gmail.com

Paramon® ist ein Imprint der
Europäische Verlagsgesellschaften GmbH
Erscheinungsort: Zug

Sie finden uns im Internet unter: www.Literaturgesellschaft.ch

Inhalt

Widmung

Dieses Buch widme ich meiner Mutter, die maßgeblich dazu beigetragen hat, mich auf die spannende Entdeckungsreise durch das eigene Leben und die Welt entsprechend vorzubereiten.

Wie Recht sie doch hatte, als sie mich irgendwann in meiner Jungendzeit darauf hinwies, dass es immer Grenzen im Leben geben würde, sei es politischer oder finanzieller Natur. Sie forderte mich dazu auf, etwas aus meinem Leben zu machen und die Möglichkeiten zu nutzen, die mir das Leben in seinen jeweiligen Phasen bieten würde. Ihr habe ich es zu verdanken, dass ich mehrere Sprachen erlernte, die mir viele Tore dieser Welt geöffnet haben! Ohne diese Weltoffenheit wären viele Begegnungen in den letzten Jahrzehnten nicht möglich gewesen und hätten auch keine so tiefe Spur in mir hinterlassen!

Dr. Peter Lechner im November 2021

Vorwort

DAS LEBEN IST TATSÄCHLICH MIT EINER EINZIGEN SPANNENDEN REISE ZU VERGLEICHEN, WENN MAN NUR BEREIT IST, DIE VIELEN KLEINEN ERLEBNISSE UND EPISODEN AM RANDE DES WEGES ZU REGISTRIEREN UND ZU VERARBEITEN. Diese Bereitschaft sollte idealerweise bereits in jungen Jahren geweckt werden und meine Kindheit und das Elternhaus boten gepaart mit der mir angeborenen Neugierde nahezu ideale Voraussetzungen dafür, das Leben mit seinen so vielen Facetten in solcher Intensität wahrzunehmen, wie ich das erleben durfte. Bereits in frühster Jugend waren die Träume geboren, die Welt mit eigenen Augen kennenzulernen. Ich wollte an den Ufern der großen Flüsse der Welt stehen, die Ozeane erleben und durch die Straßen der Städte mit so klangvollen Namen wie Buenos Aires, Shanghai, New York oder San Francisco oder Jakarta schlendern. Wenn auch anfangs die Kreise kleiner waren, in denen ich mich bewegen konnte, so erkundigte ich diese so gründlich, wie es mir die Zeit und die Möglichkeiten nur irgendwie erlaubte.

Als sich dann nach 1989 die Welt für mich vollständig zu öffnen begann, fühlte ich mich bestens vorbereitet auf eine intensive Reise durch unsere Welt. Es waren nicht nur die Sprachkenntnisse, die mir das Fortkommen leicht machten. Es war vor allem die Neugierde, die mich hinaus in die Welt trieb, die Freude an Begegnungen mit bis dahin fremden Menschen und Kulturen und das auf allen Kontinenten der Erde. Ein hohes Maß an Toleranz und Offenheit gegenüber dem Andersdenkenden waren Werte, die mir von den Eltern in vielen Lektionen gefühlvoll beigebracht wurden und die mir unterwegs von einem unbezahlbaren Wert waren.

Ich konnte mit Menschen aller Hautfarben und ungezählter Religionen an einem Tisch sitzen und ihren spannenden Erzählungen lauschen und was ich dabei erleben durfte würde ganz sicher mehr Seiten, als nur dieses einen Buches füllen. Lassen Sie sich also mitnehmen auf eine Reise durch meine Welt, die auch die Ihre ist! Dabei habe ich viele Orte meiner Träume mit eigenen Augen entdecken können und viel mehr erlebt, als ich in meinen kühnsten Träumen erhoffen konnte! Vermutlich werden auch Sie sich in einigen meiner Geschichten wiederfinden.

Eines aber habe ich in all den Jahren gelernt. Es kommt nicht darauf an, wie viele Orte man in seinem Leben besuchen kann, sondern wie intensiv man das Erlebte wahrnimmt und weiterverarbeitet. Auch unsere nähere Umgebung bietet eine Unzahl von Möglichkeiten, die nur entdeckt und wahrgenommen werden wollen! Machen auch Sie sich auf den Weg, um unsere Welt zu entdecken! Sie werden dabei erstaunt feststellen, wie sehr Sie das Reisen und Entdecken bereichert. Ich wünsche Ihnen dabei ebenso viel Freude, wie beim Lesen dieses Buches.

1
Als ich ein kleiner Junge war

Nicht jedem ist das Glück vergönnt, auf eine wundervolle Kindheit zurückschauen zu dürfen. Das Haus meiner Kindheit steht am Ufer eines großen Sees und unweigerlich fiel an jedem Morgen mein erster Blick aus dem Fenster auf die weite Wasserfläche. Es waren der See und seine ihn umgebenden Kiefernwälder, die uns Kindern als Spielplatz dienten. Hier konnte sich unsere Fantasie frei entfalten und die Freiheit, die wir genossen, war schier grenzenlos.

Vor allem in den Sommerferien gesellten sich die Kinder der meist aus Berlin stammenden Familien dazu, die hier ihre Wochenendhäuser hatten. Ich erinnere mich noch gut daran, wie diese Kinder zunächst an unserem Gartenzaun standen und uns beim Spielen zuschauten. Die meisten von ihnen wohnten vermutlich in beengten Wohnungen steriler Plattenbauten, die wenig Spielraum für kreatives Denken boten. Es dauerte oft mehrere Tage, bis diese Kinder eigene Ideen zu unseren Spielen beitrugen.

Nachdem ich in der Schule das Lesen gelernt hatte, erschloss sich mir eine völlig neue Welt. Bücher wurden zu meinen ständigen Begleitern und die Großeltern und Eltern sorgten für einen ständigen Nachschub. Blieb der zwischendrin einmal aus, so musste die kleine Bibliothek im Dorf aushelfen, bei der ich schnell ein regelmäßiger Gast wurde. An manchen Tagen in den Ferien verkroch ich mich auf einen Liegestuhl auf der großen Terrasse mit dem freien Blick auf den See. Nur wenn die Mutter zum Essen rief, war ich meist widerwillig bereit, das angefangene Buch zur Seite zu legen.

Waren es am Anfang meist Abenteuerbücher von Karl May oder die utopischen Geschichten von Jules Verne, die mich faszinierten, wurden diese später schnell von Reisebeschreibungen und Expeditionsberichten abgelöst, die ich regelrecht verschlingen konnte. Der Norweger Thor Heyerdahl, der berühmte deutsche Tierfilmer Bernhard Grzimek, der tschechische Ethnologe Miroslav Stingl sowie die ebenfalls aus Tschechien stammenden Weltreisenden Jiri Hanzelka und Miroslav Zigmund wurden zu meinen Lieblingsautoren und ganz im Stillen war ich mit ihnen zusammen auf ihren Reisen.

Schon als Kind besaß ich eine vollständige Sammlung von Büchern der genannten Autoren, die ich noch heute mein Eigen nenne. Auf einem kleinen Globus verfolgte ich ihre Reiseziele und kannte mich bald bestens aus auf dieser Welt. Bereits in jungen Jahren reifte so der Traum in mir, die Welt uneingeschränkt bereisen und mit eigenen Sinnen erleben zu dürfen. Besonders die klangvollen Namen der fernen Städte wie Buenos Aires, Shanghai, Nairobi oder San Francisco zogen mich regelrecht magisch an. Ich wollte an den Ufern der berühmten Flüsse, wie Mississippi, Wolga, Mekong oder Yukon eines Tages selber stehen und einen Blick auf die Ozeane der Welt werfen.

Es muss in einem Alter von vielleicht 14 Jahren gewesen sein, als ich dieses Ansinnen meiner Mutter anvertraute. Sie hatte wohl Verständnis für meine Träume, gab aber zu bedenken, dass es im Leben immer Grenzen geben würde, die mein Vorhaben beeinflussen könnten. Diese mochten entweder politischer oder finanzieller Natur sein. Sie hatte ganz sicher Recht, konnte mir aber mein Vorhaben nicht ausreden und wollte das vermutlich auch nicht, da sie selbst das gleiche Ziel verfolgte, was mir erst viele Jahrzehnte später völlig klar wurde.

Im Rahmen der finanziellen Möglichkeiten meiner Eltern verbrachten wir einige Urlaube im näheren Ausland. Da ich in der DDR aufgewachsen war, durften wir in diesen Jahren nur die Tschechoslowakei, Ungarn, Polen, Rumänien und Bulgarien besuchen. Ein Besuch der Sowjetunion war uns aus finanziellen Gründen nicht möglich und ich verspürte bei meinen Eltern eine wohl aus dem Kriege herrührende Distanz zu der Besatzungsmacht in Ostdeutschland. Die Tschechoslowakei, Polen und Ungarn besuchten wir in den Jahren meiner Kindheit regelmäßig mit dem Auto. Für mich waren die Grenzübertritte immer wieder spannend, für meine Eltern aber wohl eher eine Tortur.

Fremde Länder und deren Menschen hatten eine unglaubliche Anziehungskraft auf mich. Vieles war im Ausland so völlig anders, als daheim. Da gab es unbekannte Lebensmittel, die Häuser sahen oft anders aus und vor allem konnte ich die Menschen nicht verstehen, wenn sie nicht gerade des Deutschen mächtig waren, wie viele Freunde meiner Eltern vor allem in Polen und Ungarn. Regelmäßige Besuche am ungarischen Balaton gehörten fest in unser Programm, war es doch der einzige Ort, wo wir uns mit den in Westdeutschland lebenden Großeltern zu einem gemeinsamen Urlaub treffen konnten. Da ich eines Tages just im Urlaub krank wurde, lernten wir auf diese Weise einen ungarischen Landarzt kennen, der bis zu seinem Tode zu unserem Freundeskreis gehörte. Von Ihm hörte ich in den folgenden Jahren viele spannende Geschichten, die er vor allem im fernen Kanada erlebt hatte, nachdem er seine Heimat im Jahre 1956 nach dem Volksaufstand verlassen musste.

Meine Welt begann sich auf diese Weise immer weiter zu öffnen, zumal ich bei meinen häufigen Besuchen bei dem ungarischen Arzt in der Puszta später Amerikaner und Kanadier kennenlernte, die mich sehr faszinierten. Einmal waren wir mit den Eltern unterwegs mit dem Auto in dem rumänischen Fagaras Gebirge. Auf einem Campingplatz waren viele Ausländer auch aus westlichen Ländern, die sich natürlich aufgrund ihrer Devisen alles leisten konnten, während mein Vater jeden Abend erneut das vorhandene Geld für die wirklich wichtigen Dinge, wie Benzin und Lebensmittel, aufteilen musste. Immer wieder kam ich schnell mit den Zeltplatznachbarn ins Gespräch und das trotz aller Sprachbarrieren. An einem Abend erklärte ich meiner Mutter, dass ich auf jeden Fall eine Ausländerin heiraten wollte, was mir in einem zweiten Anlauf auch tatsächlich gelungen ist.

Mein Interesse an der weiten Welt wurde unterdies weiter von meiner in diesen Jahren in Afrika lebenden Patentante befeuert. Viele Jahre waren sie und ihr Mann in Südafrika und Äthiopien tätig gewesen und hatten dabei gutes Geld verdient. Da sie kinderlos waren, investierten sie ihr Geld in ausgedehnte Reisen in alle erdenklichen Ecken der Welt. Wir erhielten regelmäßig Postkartengrüße von immer wieder neuen Reisedestinationen. Während meine Schwester die Postkarten selbst sammelte, blieben die oft wunderschönen Briefmarken in meinem Besitz, wo sie noch heute aufbewahrt sind. Jahrelang bekam ich von meiner Tante zu jedem Weihnachtsfest einen kleinen Tischkalender mit Motiven Afrikas. Diesem intensiven Kontakt zu meiner Tante ist es wohl zu verdanken, dass Afrika schnell eine magische Anziehungskraft auf mich auszuüben begann. Eines Tages erschien meine Tante bei uns daheim und überreichte mir eine kleine Holzkiste voller Münzen aus aller Welt, die von den diversen Reisen übriggeblieben waren. Was war das für ein Schatz!

Die Schule fiel mir ziemlich leicht und zum Lernen musste ich nur einen begrenzten Zeitaufwand investieren. Zu meinen Lieblingsfächern gehörten schnell Geografie und später dann Fremdsprachen, deren Erlernen mir leichtfiel. Offenbar konnte ich schnell die Melodie einer fremden Sprache erkennen und vor allem hatte ich nie Scheu, auch nur mit den geringsten Sprachkenntnissen einer anderen Sprache eine Kommunikation zu beginnen. Da wir vor allem in Polen und Ungarn Freunde hatten, erlernte meine Mutter über Fernkurse beide Sprachen und ich war fasziniert davon, wie sie dann mit den Freunden reden konnte. Als eines Tages bei uns ein ungarischer Forstmann zu Gast war und eine Erkrankung auskurieren musste, lernte er mir in wenigen Tagen viele Worte der ungarischen Sprache, die ich bis heute behalten habe, auch wenn die Sprache wirklich nicht leicht ist.

Meine ordentlichen Russischkenntnisse habe ich zweifellos einer guten Russischlehrerin zu verdanken, die wir Kinder auch als Person besonders mochten, auch wenn sie durchaus eine strenge Lehrerin war. Sie hat ohne Zweifel dazu beigetragen, die Freude am Sprechen und Nutzen einer fremden Sprache in mir zu wecken. Den Wert der englischen Sprache hatte ich bereits zuvor erkannt, bevor ich selbst mit dem Erlernen dieser Sprache beginnen durfte.

2
Ein unvergesslicher Besuch

IMMER WIEDER GABEN SICH BEI UNS DAHEIM BESUCHER DIE KLINKE IN DIE HAND. Mein Vater arbeitete als Fortwissenschaftler für ein ca. 100 Kilometer entfernt liegendes Institut. Ihm oblag die fachliche Leitung von waldbaulichen Versuchsrevieren in unserer Nähe. Die Ergebnisse seiner Arbeiten wurden schnell auch im Ausland bekannt und so kamen Forstleute aus verschiedenen Ländern, um sich Ideen für ihre eigene Arbeit zu holen und sich mit meinem Vater zu konsultieren. Während die Herren am Tage in den Revieren mit meinem Vater unterwegs waren, bereitete meine Mutter häufig ihre Bewirtung für die Nachmittage und Abende vor. Meine Mutter war eine exzellente Gesellschafterin und Organisatorin, die die Zügel im Hintergrund fest in der Hand hielt.

Immer wenn Ausländer zu Besuch kamen, fand ich das ganz besonders spannend, vor allem aber dann, wenn sie über Nacht blieben, was durchaus häufig vorkam. Eines Tages aber kündigte sich ein ganz besonderer Besuch an und das just zu einer Zeit, da wir ohnehin schon andere Gäste im Haus hatten. Meine zu dieser Zeit in Amerika lebende Tante, eine Stiefschwester meines Vaters, und eine Freundin meiner Schwester aus Ungarn waren bereits zu Gast, als völlig unerwartet ein ganz exotischer Besucher angekündigt wurde. Wir sollten einen Forstmann aus Indien zu Gast bekommen und mein Vater wurde dazu verdonnert, sich einige Tage um ihn zu kümmern.

Ich war zu diesem Zeitpunkt 8 Jahre alt und kann mich noch gut an die Nervosität meiner Mutter erinnern, die nach der Ankündigung des Besuches von Mr. Ulla einsetzte. Was würde der gute Mann essen? Welche Regeln wären einzuhalten? Eines Tages also stand Mr. Ulla am Gartentor, ein hochgewachsener eleganter Mann mit exotischen Gesichtszügen, den ich sofort in mein Herz geschlossen hatte, auch wenn ich mich mit ihm absolut nicht verständigen konnte, wie ich im ersten Moment glaubte. Mr. Ulla sprach natürlich fließend Englisch und zum Glück gab es ja die in Amerika lebende Tante und schnell hatte ich herausgefunden, sie als Übersetzerin einzusetzen, wenn immer ich etwas von unserem Gast herausfinden wollte. Zum Glück kam sie dieser Aufgabe auch bereitwillig nach. Zweifelsfrei habe ich in diesen Tagen seines Besuches den Wert von Fremdsprachen erkannt.

Meine Mutter gab sich viel Mühe, ein abwechslungsreiches Essen auf den Tisch zu zaubern, was auch von Mr. Ulla gewürdigt wurde. Er fühlte sich offensichtlich wohl in unserem Hause und daran hatten sicher meine Tante und meine liebenswerte Mutter ihren großen Anteil daran. Eines Tages aber überraschte uns Mr. Ulla mit der Ankündigung, dass er das Essen am kommenden Abend selbst kochen wolle und nur ich ihm dabei assistieren dürfe. Ich platzte nur so vor Stolz, da alle Frauen aus unserer kleinen Küche verbannt wurden. Aus einem mir nicht bekannten Grund wollte Mr. Ulla seine Rezepte mit niemandem teilen und er war ganz sicher, dass von mir selbst keine Gefahr ausgehen würde. Ich aber sollte wichtige Aufgaben an diesem denkwürdigen Tag übernehmen.

Mr. Ulla hatte in seinem Gepäck aus Indien eine kleine Holzkiste mit Gewürzen dabei, die später verführerische Düfte in unsere Küche zaubern sollten und die noch Tage später überall im Haus zu riechen waren. Zu dieser Zeit gab es einen kleinen Laden nicht weit von unserem Haus entfernt, wo man alle wichtigen Dinge des täglichen Bedarfes kaufen konnte. Meine erste Aufgabe bestand also darin, unseren Inder in den Dorfladen zu begleiten, in dem eine alte weißhaarige Verkäuferin residierte. Wir mochten die alte Frau Lorenz ganz besonders und da ich für mein Leben gern einkaufen ging, war ich natürlich in dem kleinen Lädchen gut bekannt. Der Einkauf an diesem Tag gestaltete sich aber als eine ganz besondere Herausforderung für die Verkäuferin und war ein einmaliges Erlebnis für alle anderen Kunden, die nach uns gekommen waren und nun geduldig warten mussten, bis die besonderen Wünsche des Inders erfüllt waren. So musste das Fleisch besonders ausgewählt und in kleine Stücke portioniert werden. Da die Frau im Laden eine gelernte Fleischerin war, kam sie dieser Aufgabe nur allzu gern nach.

Der ganze Einkauf hat wohl mehr als eine Stunde gedauert und keiner der anderen Dorfbewohner verlor auch nur ein böses Wort, weil er länger als sonst warten musste. Dieses Erlebnis wollte sich schließlich niemand entgehen lassen! Mit stolz geschwellter Brust und mit vollen Einkaufsbeuteln traten wir den Heimweg zu unserem Haus an.

Wenig später begann nun die wirkliche Vorbereitung des Abendessens in der Küche und ich bekam einige kleinere Aufgaben zugewiesen. Immer wieder schlichen sich die Damen des Hauses unter irgendwelchen Vorwänden in die Küche und wurden jedes Mal liebevoll zurückgewiesen. Nur ich durfte dabei sein, als Mr. Ulla damit begann, das köstlichste Abendessen, das ich bislang gegessen hatte, vorzubereiten.

Auf der kleinen Arbeitsfläche der Küche türmten sich bereits Töpfe und Schüsseln und jeder nur freie Platz in der Küche war belegt. Aus verschiedenen Sorten an Obst und Gemüse war ein pikanter Salat entstanden. Das klein geschnittene Fleisch wurde in einer Currysauce gekocht. Soweit ich mich erinnern kann, wurde hier Fleisch vom Schwein und Huhn serviert. Dazu hatte Mr. Ulla ein Fladenbrot gezaubert und in unserem größten Kochtopf garte noch besonders langkörniger Reis. Ich aber durfte in all den Stunden, die die Vorbereitung des Essens dauerte, immer wieder von all den Köstlichkeiten probieren und konnte somit das Abendessen selbst kaum noch erwarten.

Das Erstaunlichste an diesem Abend aber war, wie gut ich mich mit Mr. Ulla verstand, obwohl ich seiner Sprache nicht mächtig war und er die meine ebenso wenig beherrschte. Irgendwie verstanden wir uns wie von selbst und dieses Phänomen habe ich bei all meinen Reisen in fremde Länder in den Jahrzehnten danach immer wieder beobachten können. Mit

Bestimmtheit kann ich sagen, dass wir eine wunderbare Zeit zusammen auf engstem Raum in der Küche verbracht hatten, bevor wir das Geheimnis lüfteten und serviert werden durfte.

Tatsächlich schmeckte das Essen allen köstlich und ich war voller Stolz, dass ich dazu einen nicht unwichtigen Beitrag geleitet hatte.

Meine Mutter war allerdings beim Anblick der Küche vermutlich einem Herzinfarkt nahe, da wir ein unbeschreibliches Chaos hinterlassen hatten, das nach dem Abendessen nun doch wieder gern den anwesenden Frauen überlassen wurde.

Dieser Nachmittag und Abend war sicher einer der Höhepunkte in meinem noch jungen Leben. Zusammen mit einer Ungarin, einem Inder und einer in Amerika lebenden Tante an einem Tisch zu sitzen, konnte kaum spannender sein. Ich bin ganz sicher, dass dieser Tag von enormer Bedeutung in meinem Leben war. Völlig unbewusst hat dieser Tag meinen Eltern geholfen, mir vor allem den Wert von Fremdsprachenkenntnissen zu vermitteln, die mir eines Tages viele Türen in der Welt öffnen sollten!

3
Im Land der Ingenieure

Wie wohl kaum ein anderes Land der Welt hat Deutschland den Ruf einer Ingenieursnation. Das nimmt nicht wunder, da die Automobilindustrie und der Maschinenbau zu den wichtigsten Exportzweigen der Deutschen Wirtschaft gehören. Vor allem in den Entwicklungsländern bewundert man Deutschland für seine unzähligen berühmten Marken, die vor allem symbolisch für eine hohe Qualität stehen. So haben Autos aus Deutschland Jahrzehnte lang die Hitlisten der Importeure angeführt und wer etwas in der Welt auf sich hielt, fuhr ein Auto aus Deutschland. Autos der Premiumhersteller stehen noch heute in der Welt hoch im Kurs, auch wenn man den japanischen Autos die höhere Zuverlässigkeit nachsagt. Bei der Einführung der Elektrofahrzeuge aber haben die Deutschen die Zeit verschlafen.

Definitiv sind die Automobilindustrie und der Maschinenbau wichtige Faktoren der Wirtschaftskraft Deutschlands, die beide vor allem auf den Export ausgerichtet sind. Da sollte man meinen, dass der Ingenieursberuf einen ganz besonderen Status in der Gesellschaft hat. Bei genauer Betrachtung erscheint das aber völlig anders. Der Sozialstatus eines Ingenieurs in Deutschland liegt deutlich unter dem eines Zahnarztes oder Steuerberaters, ganz anders als in den Nachbarländern Österreich und Tschechien. Hier begegnet man dem Herrn Ingenieur mit deutlich mehr Respekt als in Deutschland. Das ist ein Phänomen, das sicher mehrere Ursachen hat.

Zum einen ist sicher die geschichtliche Rolle Deutschlands dafür mitverantwortlich, da viele Entwicklungen deutscher Ingenieure nicht zu Gunsten der Menschheit, sondern zu deren

Vernichtung genutzt wurden, wie das bei der Entwicklung von Waffen und Munition teilweise noch immer der Fall ist. Besonders der schnelle Wiederaufstieg Deutschlands nach dem Zweiten Weltkrieg wurde von anderen Staaten der Welt sehr argwöhnisch beobachtet. Vermutlich hätten viele Länder nichts dagegen gehabt, wenn Deutschland länger gebraucht hätte, um wieder auf die Beine zu kommen.

Zum anderen liegt es wohl daran, dass die Deutschen viele Jahrzehnte gebraucht haben, um nach zwei angezettelten Weltkriegen wieder einen Nationalstolz zu zeigen. Erstmals war das genau 69 Jahre nach Kriegsende im Jahre 2014 nach der gewonnenen Weltmeisterschaft im Fußball in Brasilien der Fall gewesen. Damals wurden plötzlich wieder voller Stolz und berechtigterweise ohne jeden Scham deutsche Fahnen gehisst und an fast jedem Auto prangte in diesen Tagen eine oder mehrere deutsche Flaggen. Selbst aber in diesen emotionalen Tagen wurden immer wieder die Fragen gestellt, ob Deutschland das Recht hat, so offen seinen wiedererwachten Nationalstolz zu zeigen.

Als Weltreisender in den vergangenen Jahrzehnten habe ich immer wieder die Erfahrung gemacht, dass man besonders der im Maschinenbau demonstrierten Ingenieurskunst der Deutschen hohen Respekt zollt und auch erwartet, dass dies von den Repräsentanten der Unternehmen so zum Ausdruck gebracht wird. Der deutsche Maschinenbau stellt in extrem vielen Bereichen den Marktführer und oft kommen die zweiten oder drittwichtigsten Lieferanten der Branche ebenfalls aus Deutschland. Deutscher Maschinenbau steht für Solidität, Innovation, Langlebigkeit und heute natürlich auch für einen exzellenten Service.

Da in der Regel die Maschinenbauunternehmen eher kleinere oder bestenfalls mittelgroße Unternehmen sind, von denen nur wenige weltweit agieren, kann man in der Welt kaum punkten, wenn man sich als Ingenieur einer international wenig bekannten Maschinenbaufirma zu erkennen gibt. Anders ist das beim Ingenieurspersonal der Automobilisten. Vor allem deutsche Ingenieure der Entwicklungsabteilungen der führenden

Automobilhersteller wie BMW, Porsche, Mercedes, Audi oder Volkswagen werden weltweit umworben.

Anders als auch in der Automobilindustrie haben die Deutschen verlernt, im Maschinenbau Maschinen zu wettbewerbsfähigen Preisen für sich entwickelnde Märkte zu produzieren. Deutsche Maschinen kommen so überwiegend in entwickelten Industrieländern und im Rahmen multinationaler Konzerne zum Einsatz. So hat man gerade den Maschinenbauern aus Asien in vielen Märkten kampflos eine Position überlassen, die man vermutlich nie wieder zurückgewinnen kann. Vor allem der Maschinenbau in China hat deutliche Fortschritte gemacht. Chinesische Maschinenbauer sind zunächst im eigenen Binnenmarkt gewachsen, bevor man sich die ersten Exportkunden gesucht hat. Heute ist der chinesische Maschinenbau im östlichen Teil von Russland, in Afrika und Teilen Südamerikas bereits gut etabliert.

Leider hat der deutsche Maschinenbau seine Chancen in einem vereinten Europa nur unzureichend genutzt. Nur ganz wenigen Herstellern ist der erfolgreiche Sprung nach Osteuropa gelungen. Nur das dortige niedrigere Lohnniveau könnte mittelfristig dem Maschinenbau in Deutschland helfen, künftig wieder wettbewerbsfähige Preise anzubieten, um sich so neue Märkte zu eröffnen. Offensichtlich fällt es den deutschen Ingenieuren und Managern besonders im Maschinenbau schwer, sich die Möglichkeiten Osteuropas sinnvoll zu Nutze zu machen. Hier könnte man von der Automobilindustrie sicher eine Menge lernen, wenn man sich die Erfolgsgeschichten von Skoda oder Dacia anschaut.

Das neue Zeitalter der Digitalisierung wird neue Anforderungen an die Ingenieurskunst stellen und so manche Vormachtstellung von etablierten Konzernen im Maschinenbau und in der Automobilindustrie zum Wanken bringen. In Deutschland wäre man gut beraten, der Entwicklung von jungen Ingenieuren wieder mehr Aufmerksamkeit zu schenken, als man das in den letzten Jahren getan hat. Ansonsten wird Deutschland unweigerlich in die Gefahr laufen, viele sorgfältig erarbeitete Domänen in der nahen Zukunft zu verlieren.

4
Mein alter Lehrer

Zumindest in meiner Kindheit und Jugendzeit hatten die Lehrer einen enormen Einfluss auf die Entwicklung von uns Kindern und generell haben wir sie damals wohl mehr als heute als Respektspersonen angesehen. Die ersten 4 Schuljahre verbrachte ich in einer kleinen Dorfschule in meinem Heimatort. Die gut 3 Kilometer bis zur Schule musste ich entweder zu Fuß oder später mit dem Fahrrad zurücklegen und das unabhängig von dem Wetter, das draußen herrschte. Das Schulhaus war ein zweigeschossiges wunderbares Backsteingebäude, das gleich am Ortseingang stand. Ich liebte dieses gemütliche Schulhaus als Kind und noch heute zieht mich das zu einem Café umfunktionierte Gebäude magisch an. Äußerlich hat es sich nicht verändert!

Das Schulgebäude der Dorfschule hatte 4 Klassenzimmer, in denen jeweils eine Klasse unterrichtet wurde. An meine damalige Klassenlehrerin knüpfen sich keine guten Erinnerungen, da sie für mein Dafürhalten viel zu häufig Einträge in meinem Hausaufgabenheft platzierte, in denen sie sich über mein Verhalten bei den Eltern beschwerte. Ich war nun mal ein lebhaftes Kind und meine Fantasie erdachte immer wieder den einen oder anderen lustigen Streich zur Freude meiner Klassenkameraden und zum Ärger der Lehrerin.

Als sie eines Tages in dem von mir ohnehin als völlig unsinnig angesehenen Unterrichtsfach Nadelarbeit von uns verlangte, eine Schürze aus blauen Stoff mit weißem Garn zu nähen, ignorierte ich einfach die Vorgabe und verwendete blaues Garn, was nach meiner Ansicht viel besser zu dem blauen Stoff passte. Unsere Lehrerin, die sehr schlecht sehen konnte, war darüber so wütend, dass sie mir doch glatt die schlechteste Note verpasste und natürlich hagelte es wieder mal eine Beschwerde, die auch im Klassenbuch festgehalten wurde. Das Klassenbuch wurde zu den jeweiligen Elternversammlungen dann den Eltern zur Einsicht vorgelegt. Ich kann mich allerdings nicht daran erinnern, dass meine Mutter nach der Rückkehr von solchen Veranstaltungen mir große Standpauken gehalten hätte. Vermutlich hat sie über den einen oder anderen Eintrag im Klassenbuch oder Hausaufgabenheft nur geschmunzelt.

Folgerichtig wurde in meinen Zeugnissen mein Betragen nur mit befriedigend bewertet, während meine Mitarbeit und Fleiß als sehr gut eingeschätzt wurden. Nur in Nadelarbeit endete das Jahr mit genügend, was einer glatten vier entsprach. Darüber waren meine Eltern wohl nicht sehr begeistert. In keinem Schuljahr später hatte ich je wieder eine so schlechte Note.

Mit dem fünften Schuljahr stand ein Schulwechsel an und die Eltern schickten uns an eine moderne und neu erbaute Schule, deren Lehrer einen guten Ruf hatten. Allerdings war die neue Schule nun 7 Kilometer entfernt und die Fahrt zur Schule ging fast die ganze Strecke bergan. Umso leichter war der Rückweg am Nachmittag, der mit dem Fahrrad schnell zu bewältigen war. In der kalten Jahreszeit aber mussten wir auf den Zug umsteigen. Das bedeutete für uns am Morgen zuerst einen Fußmarsch zum kleinen Bahnhof, dann die Zugfahrt und wieder ein kurzer Fußmarsch in die Schule. Da wir immer am Morgen sehr zeitig in der Schule ankamen, verbrachten wir viel Zeit beim netten Heizer im Heizkeller, da dieser der wärmste Raum im Hause war.

Die neue Schule hatte große und moderne Klassenräume mit riesigen Fenstern, die viel Licht hineinließen. Auch das Schulmobilar war neu, es gab viel Kartenmaterial und vor allem neue Unterrichtsfächer, wie Chemie, Physik, Russisch, Englisch, Geografie und Geschichte. Da es auch einen eigenen modernen Sportplatz und einen ambitionierten Sportlehrer gab, entdeckte ich wohl hier meine Freude und Begabung im Mittel – und Langstreckenlauf, dem ich mich viele Jahre widmete. Allerdings hat es immer nur zu zweiten oder dritten Plätzen bei den Kreismeisterschaften gereicht.

Den wohl wichtigsten Abschnitt meiner Schulausbildung verbrachte ich am Gymnasium der ca. 20 Kilometer entfernt liegenden Kreisstadt. Damals wurde diese Schuleinrichtung als Erweiterte Oberschule bezeichnet und beherbergte die Klassenstufen von 9 bis 12. Meinen Eltern war es wichtig, dass wir Kinder das Abitur ablegen sollten und später ein Studium aufnehmen konnten. Die Anreise zum neuen Schulort war nun noch aufwendiger und im Sommer mit einem Moped in einer knappen halben Stunde zu bewältigen. In der Winterzeit musste aber wiederum der Zug herhalten, was den Tag jeweils erheblich verlängerte.

Die Zeit am Gymnasium war definitiv eine tolle Zeit. Ich hatte gute Mitschüler und vor allem die Lehrer am Gymnasium waren aus ganz anderem Holz geschnitzt. Fast alle hatten eine ganz besondere Persönlichkeit und wir zollten ihnen leicht unseren Respekt. Schnell waren wir uns unter den Schulkameraden einig, dass wir mit dem Zeichenlehrer den mit Abstand besten Klassenlehrer gefunden hatten. Der Lehrer war nur gut 20 Jahre älter als wir selbst und damit in der Altersgruppe unserer Eltern und hatte schon damals jede Menge guter und unkonventioneller Ideen, die er vor allem bei diversen Schulausflügen mit uns teilen konnte. Schnell hatte er mein organisatorisches Talent erkannt und dieses zu fördern gewusst, indem ich immer wieder neue Aufgaben übertragen bekam. Es gab keine Klassenfeier, an deren Organisation ich nicht beteiligt gewesen wäre.

Ein ganz besonderer Höhepunkt war ohne Frage die Klassenfahrt in die damalige Tschechoslowakei, wo wir eine Woche auf einem Campingplatz am Lipnostausee verbringen sollten. Da ich dort zuvor mit meinen Eltern gewesen war, gehörte ich wie selbstverständlich zu einem mehrköpfigen Vorkommando, das bereits einen Tag vorher abreisen sollte, um das Lager am Stausee zu errichten. Bereits in Prag hatten wir damals mit den ersten Problemen zu kämpfen, da wir den Wechsel zwischen zwei Bahnhöfen nicht eingeplant hatten und wir nun alternativ auf einen Bus ausweichen mussten. Da es aber zu dieser Zeit weder Handys gab, noch telefonieren so einfach gewesen wäre, konnten wir unsere später abgereisten Klassenkameraden nicht mehr rechtzeitig informieren. So wurden sie zu einer langen Wartezeit in Prag gezwungen und die Laune bei ihrer Ankunft lag entsprechend am Boden.

Unser guter Klassenlehrer aber tat sein Bestes, um keine Schuldzuweisungen aufkommen zu lassen. Als wir dann später Nacht für Nacht auf unseren Luftmatratzen und in Schlafsäcke gehüllt am Lagerfeuer verbrachten, waren die Schwierigkeiten der Anreise schnell vergessen und unsere verschworene Gemeinschaft funktionierte wie immer perfekt. Nur einem Nachbarn auf dem Zeltplatz behagte unsere Anwesenheit nicht so richtig. Er arbeitete in der DDR als Erzieher an einer Berufsschule und wollte in seinem Urlaub endlich einmal vor den Jugendlichen seine Ruhe haben. Unserem guten Lehrer gelang es aber mit viel Geschick eine Eskalation zu verhindern und bis zu unserer Abreise hatte sich fast ein freundschaftliches Verhältnis zu unserem Zeltplatznachbarn eingestellt.

Ganze 46 Jahre liegt nun unser Abitur zurück und in all den Jahren ist es mir gelungen, den Kontakt zu meinem alten Lehrer aufrechtzuerhalten, dem ich zu einem nicht unbedeutenden Teil die freie Entfaltung meiner Fähigkeiten zu verdanken habe. Nach seiner Pensionierung hatte er sich ganz seinem Hobby, der Malerei, gewidmet und neben vielen Aktbildern, vor allem herrliche Zeichnungen der ihn umgebenden Landschaft angefertigt. Sein Wohnsitz weit außerhalb eines Dorfes, in dem Haus des ehemaligen Schaefers eines Gutes, hat ihm bis heute die notwendige Inspiration dabei geliefert. Seit nunmehr fast zwei Jahrzehnten habe ich jedes Jahr von ihm zur Weihnacht eine kleine Federzeichnung erhalten, die seine enge Verbundenheit mit der Landschaft wiederspiegeln. Auch habe ich einige Male den nunmehr alten Lehrer in seinem urgemütlichen Heim besuchen dürfen. Meinerseits habe ich ihm mit meinen Reiseberichten aus aller Welt Jahr für Jahr Freude bereitet.

5
Nieten im Nadelstreifen und großartige Unternehmer

DA ICH NAHEZU MEIN GESAMTES BERUFSLEBEN IN DER INTERNATIONALEN WIRTSCHAFT VERBRACHT HABE, HATTE ICH NATÜRLICH DIE MÖGLICHKEIT DABEI VIELE UNTERNEHMER UND MANAGER KENNENZULERNEN. Schnell konnte man dabei große Unterschiede zwischen den Persönlichkeiten erkennen und nicht selten habe ich auch den Wandel von Personen erleben müssen, denen ich einst durchaus zugetan war, von denen ich mich aber später oftmals angewidert abwenden musste.

Besonders bei meinen ungezählten Langstreckenflügen nach Übersee konnte ich das Verhalten von Leuten aus den Chefetagen studieren und nicht selten habe ich mich dabei fast schämen müssen, mit ihnen gemeinsam in der Business Class zu sitzen. Unglaublich teilweise die Überheblichkeit, mit der diese Fluggäste gegenüber den Flugbegleiterinnen auftraten. Am Schlimmsten schien mir das Verhalten derjenigen darunter, die ihren Sitzplatz in der Business Class nur durch ein Upgrade erhalten hatten und nun um jeden Preis beweisen mussten, dass sie dazu gehören.

Ganz anders habe ich das allerdings in der First Class erlebt. Als Geschäftsführer einer international tätigen und bekannten Maschinenbaufirma hatte ich viele Meilen gesammelt und speziell bei der Deutschen Lufthansa den höchst möglichen Status als Vielflieger erreicht. In vielen Fällen führte das fast wie selbstverständlich zu einem Upgrade in die First Class, sofern dort Platz frei war und ich auf Strecken unterwegs war, wo Flugzeuge mit First Class Bereichen im Einsatz waren. In vielen Fällen handelte es sich hier um Flugzeuge vom Typ Boeing 747, wo man den Bereich der First Class über eine Treppe in das Obergeschoss erreicht.

Betrat man diesen Bereich, hatte man das Gefühl, in einer elitären Welt angekommen zu sein. Hier haben nur wenige Passagiere Platz und dürfen sich über ein überaus großzügiges Platzangebot erfreuen. Mehrere Flugbegleiterinnen kümmern sich hier um das Wohl der Gäste und lesen buchstäblich jeden Wunsch von den Lippen ab. Fliegen in der First Class ist allein deshalb ein ganz besonderes Erlebnis. Was aber den Unterschied zur Business Class ausmacht, sind vor allem die Menschen, auf die man in der First Class trifft. Ich habe hier neben Spitzenpolitikern, Topunternehmern und wirklichen Stars aus dem Showgeschäft gesessen von diesen hatte es einfach keiner notwendig zu unterstreichen, wer er war.

So erinnere ich mich an einen Flug von Frankfurt am Main nach Shanghai, als ich neben dem ehemaligen Ministerpräsidenten von Baden Württemberg und späteren Vorstandsvorsitzenden der Jenaoptik AG, Prof. Dr. Lothar Spaeth, zu sitzen bekam. Schnell waren wir in ein intensives Gespräch verwickelt, das bis tief in die Nacht dauerte. In diesen Stunden bestand er mehrfach darauf, dass ich von den Flugbegleiterinnen gleichwertig behandelt wurde. Bei der Verabschiedung auf dem Flughafen bot mir Prof. Spaeth seine Hilfe an, falls ich sie eines Tages brauchen sollte.

Ein anderes Mal kam ich neben einem Herrn aus der Chefetage von BASF zu sitzen. Wir waren auf einem Rückflug von Sao Paulo in Brasilien nach Frankfurt. Der hochrangige Manager war zuständig für die Herbizid Entwicklung für die in Brasilien angebauten Sojabohnen. Es war wahnsinnig spannend, was er zu berichten hatte und mir erschloss sich in dieser weiteren durchwachten Nacht eine völlig neue Welt, mit der ich zuvor nie etwas zu tun hatte. In den frühen Morgenstunden wurden wir von den Flugbegleiterinnen höflich gebeten, unsere Unterhaltung im Sinne der anderen Fluggäste nunmehr einzustellen.

Auch bei diesem Mann hatte ich nichts Überhebliches feststellen können.

Vor allem der Besitzer des Maschinenbauunternehmens, bei dem ich zur Zeit meines denkwürdigen Zusammentreffens mit Prof. Lothar Spaeth tätig war, verdient meine ganze Bewunderung. Mit seinen visionären Ideen hat er ein Unternehmen von Weltruf in seiner Branche geschaffen. In seinem Wesen und seinem Auftreten aber blieb der Mann immer bescheiden und wurde so von seinen Mitarbeitern umso mehr geachtet. Aber auch er konnte nicht verhindern, dass in das immer grösser werdende Team von Managern einige Nieten im Nadelstreifen Einzug hielten, die den jeweiligen Unterstellten das Leben schwer machen. Auf diese Weise konnten sie am effektivsten verhindern, dass ihnen ein eigener Mitarbeiter Wettbewerb zu ihrem lukrativen Job machen konnte.

Ein richtiges Vorbild war für mich der Vorstandsvorsitzende des Konzerns, der mich als jungen Mann zum Geschäftsführer der Niederlassung in der Tschechischen Republik machte, deren Gründung ich ihm selbst empfohlen hatte. Nicht nur, dass er immer für mich Zeit hatte, obwohl er einen Konzern von Weltrang zu leiten hatte, sondern seine Bodenständigkeit war einfach wohltuend. Er gab mir vor allem auf den Weg, mich um das Wohl meiner Mitarbeiter zu kümmern, damit diese ihrem Job mit Freude nachgingen. Nur so würde ich die Sicherheit haben, mich auf die wirklich wichtigen Aufgaben eines Geschäftsführers zu konzentrieren, die aus seiner Sicht in der Ausarbeitung von Visionen für das Unternehmen bestand. Wie recht hatte doch dieser charismatische Mann, zu dem ich noch lange nach meinem und seinem Ausscheiden aus dem Konzern eine enge Beziehung aufrechterhalten konnte und auch in den Folgejahren so manches Mal sein Privathaus mit einem sehr brauchbaren Tipp in der Tasche verließ.

Eine erfolgreiche Kooperation mit einem amerikanischen Maschinenbauunternehmen in der Nähe von Chicago führte eines Tages unweigerlich zu der Idee, Anteile an diesem Unternehmen zu übernehmen. Das hätte damals vermutlich zur Gründung eines der schlagkräftigsten Unternehmen der Branche geführt, das dank seiner zwei Standorte den Weltmarkt sehr dosiert bedienen konnte. Diese zweifelsfrei richtige Vision, wurde aber von dem Chef der übergeordneten Geschäftsführung nicht mitgetragen und so ließ er vermutlich das Vorhaben platzen, da ich ihm aus seiner Sicht zu schnell gewachsen war, was er um jeden Preis verhindern musste. Mit den Amerikanern habe ich aber später doch noch zusammengearbeitet und auch dort den Höhenflug einer der Besitzer erlebt, während der andere seinen Lebensstil auch mit zunehmendem Wohlstand nicht veränderte.

Die Revolution in Deutschland im Jahre 1989 und die nachfolgende völlige Änderung der politischen und wirtschaftlichen Strukturen auch in den meisten osteuropäischen Ländern hat die Menschen gerade in diesen Ländern vor völlig neue Herausforderungen gestellt. Über Nacht gingen hunderttausende Arbeitsplätze wegen mangelnder internationaler Wettbewerbsfähigkeit verloren. Gleichzeitig entstand ein enormer Freiraum vor allem in Osteuropa für privatwirtschaftliche Geschäftstätigkeit. Natürlich waren die kapitalkräftigen Unternehmen aus Westeuropa und Amerika von der ersten Stunde an unterwegs auf dem Treck nach Osten und vor allem in Polen und Tschechien wurden unendlich viele Niederlassungen westlicher Unternehmen gegründet. Polen war interessant aufgrund seines Binnenmarktes und seiner Grenzen zu der Ukraine, Weißrussland und Russland. Tschechien dagegen hatte einen guten Ruf dank seiner findigen Ingenieure und Techniker.

Viele aktive Unternehmer aus gerade diesen beiden Ländern nutzten die Gelegenheit und das sich bietende Vakuum zum Aufbau eigener Unternehmungen, die auch in vielen Fällen schnell erfolgreich wurden. Damit entstanden erstmalig in diesen Ländern erhebliche Unterschiede bezüglich der Einkommens- und Lebensverhältnisse der Menschen. Darauf war man nach den Jahrzehnten der Gleichmacherei des Kommunismus nicht vorbereitet. Lokale Unternehmer wurden von der Bevölkerung mit kritischeren Augen gesehen, als etablierte westliche

Unternehmen. Das mag vor allem daran gelegen haben, dass einige der Jungunternehmer auch im alten System in führenden Positionen zu finden gewesen waren und nun einfach die Fahne in den Wind gedreht hatten. Das mag ganz sicher nicht für jeden zutreffen, aber das war zumindest die Sicht weiter Teile der Bevölkerung in diesen Ländern.

Das mag vielleicht dazu geführt haben, dass erfolgreiche lokale Unternehmer in vielen Fällen keine echten Freunde mehr um sich hatten und somit vermehrt begannen, ihren Wohlstand mit großen Autos und anderen Luxusartikeln unter Beweis zu stellen, was zu einer weiteren Teilung der Gesellschaft führte. Ich habe es nicht nur einmal erlebt, dass eigentlich für ihre Visionen zu bewundernde Unternehmer in Osteuropa völlig den Boden unter den Füssen verloren haben. So wurden aus ihnen in vielen Fällen echte menschliche Nieten im Nadelstreifen, die eigentlich nur noch bedauert werden können!

6
Onkel Horst

Von Onkel Horst hörte ich noch am gleichen Tag, als ich die Geschäftsführung eines Maschinenbauunternehmens im schönen Bayern übernommen hatte. Die Muttergesellschaft hatte vor Jahren ein Teil eines Unternehmens in Nordrhein Westfalen übernommen. Einige dort ansässige Mitarbeiter wurden mir disziplinarisch unterstellt und wurden mir von Anbeginn als schwierig beschrieben. Hinter dem Begriff Onkel Horst versteckte sich in Wirklichkeit ein erfahrener Ingenieur, den ich alsbald persönlich kennenlernen sollte. Er machte kaum Hehl daraus, dass er meine Aufwartung bei ihm erwartete und er nur wenn irgend notwendig nach Bayern kommen wollte.

Ohne dem Mann jemals begegnet zu sein, reizte mich diese Konstellation ganz besonders, da ich zum einen Ähnliches schon einmal in meinem Berufsleben erlebt hatte und zum anderen instinktiv ahnte, dass Horst B. eine wichtige Rolle in unserem Unternehmen einnehmen würde. Ich war also gespannt auf unser Zusammentreffen. Auch ich hatte bereits einige Jahre Erfahrungen im Maschinenbau gesammelt und war ganz sicher kein unbeschriebenes Blatt mehr.

Der Herr mit den schlohweißen langen Haaren und einem dichtem Bart, der mich erwartete, musterte mich bei meinem Eintreffen mit skeptischen und wachen Augen, die er zumeist hinter einer Brille versteckte. Ein spöttischer Gesichtsausdruck umspielte dabei seine Mundwinkel. Horst B. war ohne jegliche Frage ein charismatischer Charakter und wollte als solcher auch wahrgenommen werden. In mir fand er aber den geduldigen Zuhörer, was er so wohl nicht erwartet hatte. Er ließ seinem

Frust über die bisherige Zusammenarbeit mit dem Unternehmen in Bayern freien Lauf. Als wir uns am zweiten Tag meines Besuches verabschiedeten, hatte ich mir auf mehr als 20 Seiten Notizen unserer Unterhaltung gemacht. Da waren viele Ideen angesprochen wurden, die es zweifelsfrei wert waren, genau unter die Lupe genommen zu werden.

Es dauerte nicht lange, da forderte Horst B. mich auf, ihn auf einer Geschäftsreise nach Brasilien zu begleiten, wohin er eine der letzten Maschinen geliefert hatte. Völlig unvernünftig und in vollem Vertrauen hatte ich ihm die Vorbereitung der Reise überlassen, die uns zunächst in die Nähe von Porto Alegre bringen sollte. Anstelle der versprochenen 20 Grad plus erwarteten uns hier aber Temperaturen nahe dem Gefrierpunkt, worauf wir überhaupt nicht eingestellt waren. Noch am gleichen Abend führt uns unser erster Weg zu einem Markt, wo wir für Horst B. einen dicken Pullover aus Wolle und für mich eine dreiviertellange Jacke erstehen. Trotzdem wurde uns an diesem Abend erst nach dem dritten Glas Caipirinha warm, einem hochprozentigen Schnaps aus Zuckerrohr, der gemischt mit Lemonensaft und kleinen Eiswürfeln dargeboten wird.

Die Reise nach Brasilien war zwar hoch interessant, aber sollte eigentlich Horst B. nur ein Wiedersehen mit alten Kollegen bescheren. Irgendwie war ich ihm auf den Leim gegangen. Trotzdem war es gerade diese Reise, die für unsere künftige Zusammenarbeit von großer Wichtigkeit werden sollte. So dauerte es nicht lange, dass Horst B. zu einer Reise nach China aufbrach, um dort einige alte Kunden von ihm zu besuchen. Noch aus China erreichten mich einige Anrufe von ihm, wobei er von vielen erfolgversprechenden Projekten berichtete. Ich wusste zu dieser Zeit noch nichts von seiner großen Vorliebe zu China, sollte aber bald dazu Gelegenheit bekommen, mehr darüber zu erfahren. Da unsere Muttergesellschaft aber einen Löwenanteil ihres Geschäftes in China realisierte, lag es ohnehin nahe, sich vor Ort so schnell als möglich ein eigenes Bild zu verschaffen.

Nur wenige Wochen später saß ich erneut mit Horst B. im Flieger. Er konnte es kaum erwarten, wieder nach China zu kommen. Sein Lieblingsgetränk Gin Tonic schlürfend, saß Horst B. neben mir und beichtete mir in dieser Nacht hoch über den Wolken seine Liebe zu China. Er hatte viele Male in diesem Land von ihm selbst konzipierte Maschinen in Betrieb genommen und liebte die chinesische Lebensweise und vor allem den Tee und die chinesische Küche. Ich erfuhr in dieser Nacht, dass es in seiner Wohnung ein spezielles chinesisches Zimmer gab, das selbst seine Frau nicht betreten durfte. Seine Liebe zu China war für ihn eine Lebenseinstellung geworden.

Dieses Mal zielte die gemeinsame Reise darauf, in mir die Liebe zu China zu entfachen und Horst B. hatte alles detailliert vorbereitet, anders als bei unserer letzten Reise nach Brasilien. Unsere erste Station war Shanghai, wo er uns ganz bewusst in einem Hotel einquartiert hatte, in der es eine seiner Lieblingsbars in China gab. Charlies Bar war zu dieser Zeit ein beliebter Treff für Ausländer. Jeden Abend trat eine Live Band aus den Philippinen auf und das war genau der Ort, wo sich Horst B. wohl fühlte, zumal man damals hier noch ungehemmt Zigarillos rauchen konnte, was er für sein Leben gern tat. Dass die Bar dabei voller zwielichtiger Figuren, einschließlich Prostituierten war, störte ihn offenbar wenig.

Am nächsten Tag schleppte mich Horst B. hinunter an das Flussufer des Huangpu Rivers. Von der Uferpromenade The Bund hatte man einen fantastischen Blick auf die immer weiter wachsende Skyline im Stadtteil Pudong, wo auch der neue Flughafen lag. Kaum eine andere Skyline der Welt erscheint so kraftvoll und gigantisch, wie die in Shanghai und steht so symbolisch für den unaufhaltsamen Aufstieg Chinas zu einer globalen Großmacht. Im traditionellen Peace Hotel am Bund spielte an jedem Abend eine Jazzband, die aus alten Musikern bestand, die bei unserem Besuch ihrerseits Horst B. würdevoll begrüßten. Wie liebte er doch diese Aufmerksamkeit und Achtung, die man ihm hier entgegen brachte.

Am kommenden Tage wurde uns ein eigens aus Hongkong entsandter Chinese zugeteilt, der uns bei den Kundenbesuchen als Übersetzter diente. Gordon hatte bereits Erfahrungen mit ähnlichen Maschinen von einem italienischen Hersteller gesammelt, zeigte aber nur wenig Lust, wirklich für uns zu arbeiten, was sich im Nachhinein als Glücksfall herausstellen sollte. Tatsächlich gab es eine große Zeit von Projekten, wobei die Investoren teilweise aus China oder Taiwan stammten.

Schnell konnte ich erkennen, dass die Chinesen meinem weißhaarigen Kollegen und seiner Expertise scheinbar bedingungslos vertrauten. Ohne Frage wussten sie um seine Affinität zu ihrem Lande und das machte sie besonders stolz. Zum anderen ist der Respekt vor alten Menschen tief in der chinesischen Kultur verankert. Horst B. war damit ein Glücksfall für die Firma und seinen wirklichen Wert erkannte ich erst auf dieser mehrtägigen Reise durch China.

Nach unserer Rückkehr nach Deutschland beförderte ich ihn zu meinem Chefingenieur und legte damit den Grundstein für den Verkauf von vielen Maschinen in das Reich der Mitte. Ich selbst habe ihm ganz sicher zu einem großen Teil meine Zuneigung zu China zu verdanken, wenngleich diese sicher deutlich kritischer ist, als diejenige, die er dem Land entgegen brachte. Den wirklichen Durchbruch in China allerdings erreichten wir erst, als sich anstelle von Gordon mit Jima ein junger Chinese zu uns gesellte, der in der Muttergesellschaft als Techniker gedient hatte. Seinem Geschäftssinn war es in den kommenden Jahren zu verdanken, dass wir ein Projekt nach dem anderen abschließen konnten und dass zu einer Zeit, wo Horst B. aus gesundheitlichen Gründen seine Aktivitäten fast einstellen musste.

In der Branche aber ist Onkel Horst eine Legende geblieben und so mancher würde heute sicher gern Rat von ihm holen, wenn er noch unter den Lebenden weilen dürfte. Deutlich zu zeitig haben diverse Krankheiten und vielleicht auch ein undisziplinierter Lebensstil sein Leben beendet. Er aber hat in uns allen tiefe Spuren hinterlassen und uns gelehrt, dass man sein Leben aus dem Vollen leben sollte!

7
Die verlorene Identität

Die Wiedervereinigung Deutschlands war ohne jegliche Frage eines der wichtigsten geopolitischen Ereignisse des letzten Jahrhunderts und wurde von der überwiegenden Mehrheit der Bürger in Ost- und Westdeutschland gefeiert. Die Einführung einer einheitlichen Währung war dem vorrausgegangen. Innerhalb von wenigen Monaten waren die Bestände der oft kaum wettbewerbsfähigen ostdeutschen Wirtschaft gesichtet worden und viele mehr oder weniger seriöse Berater aus den alten Bundesländern überfluteten regelrecht das ehemalige Staatsgebiet der DDR.

Nur einige wenige von ihnen meinten es damals ehrlich und gingen vor allem mit einem gebührenden Respekt bei ihrer Arbeit vor. Die meisten aber vermittelten den neuen Bundesbürgern das Gefühl nur zweitklassig zu sein, ein Gefühl, von dem sich viele bis heute nicht erholt haben. Wenn man seinem Kind immer wieder sagt, dass es alles falsch macht, wird man es wohl auch kaum dazu motivieren, wirkliche wichtige Schritte nach vorn zu machen und die Fehlentwicklungen der Vergangenheit hinter sich zu lassen. Motivierend waren die Berater aus den alten Bundesländern nun wirklich nicht.

Das änderte aber nichts an der Tatsache, dass ohne fremde Hilfe in den meisten Fällen die Wirtschaft im Osten Deutschlands nach der Wiedervereinigung nicht überlebensfähig war. Wirkliche Hilfe konnte nur von engagierten Unternehmern und dem entsprechenden Kapital bereitgestellt werden. In den meisten Fällen mussten der Technologiepark und die Produkte der Firmen erneuert werden. Die Erwartungshaltung an die Unterstützung aus dem westlichen Teil Deutschlands war entsprechend groß.

Völlig unterschätzt aber hatte man die Folgen der sich zeitgleich in Osteuropa vollziehenden politischen Änderungen, die durch die Revolution in Ostdeutschland initiiert wurden. Hier entstand quasi über Nacht ein riesiger neuer Markt, der im Osten bis an die Grenzen Russlands reichte. Wenn auch die Löhne in Ostdeutschland deutlich unter dem Niveau im westlichen Teil des Landes lagen, war aber das Lohnniveau in Osteuropa noch um Klassen niedriger. Viele eigentlich für den Ostteil Deutschlands angedachte Investitionen wurden folgerichtig später in Polen, Tschechien, der Slowakei und Ungarn umgesetzt. Den Entwicklungen in Rumänien und Bulgarien traute man am Anfang weniger. Auch liegen beide Länder zu weit vom restlichen Teil Westeuropas entfernt und Transportentfernungen spielen bei geplanten Investitionen oftmals eine große Rolle.

Vielen Ostdeutschen blieb eigentlich keine andere Wahl, als ihr Glück entweder im westlichen Teil des Landes oder gar im westlichen Ausland zu versuchen. So entstand ein Heer von Pendlern, das viele hunderttausend Personen umfasste und wohl noch bis heute existent ist, vielleicht in einer etwas abgeschwächten Form. Junge Leute aus dem Ostteil des Landes gingen zum Studium in die westlichen Bundesländer und kehrten von dort nie wieder zurück. So leben heute in den östlichen Bundesländern zwei Millionen Menschen weniger, als vor der Wiedervereinigung. Viele Orte vor allem nahe den Grenzen zu Polen und Tschechien haben eine große Zahl ihrer Einwohner verloren und leiden oftmals unter Verfall und Perspektivlosigkeit. Kein Wunder, dass gerade dort der Nährboden für einen leider wieder erstarkenden Rechtsextremismus zu finden ist!

Oft sind dort nur die alten Menschen zurückgeblieben, die vor 30 Jahren kaum noch eine Chance auf dem westlichen Arbeitsmarkt gehabt hätten und vor allem ihre angestammte Heimat nicht verlassen wollten. Wie viele Familien wurden auf diese Weise in den letzten 3 Jahrzehnten zerrissen!

Viele der Pendler aber leiden bis heute unter einem Intensitätsverlust. Sie leben mehr oder weniger auf der Straße. Im Osten fühlen sie sich nicht mehr richtig zuhause, im Westen aber sind sie nie so richtig angekommen. Sie führen über Jahre oder Jahrzehnte eine Wochenendehe und entfremden sich immer weiter von dem Ort, wo sie einst hergekommen sind. Auch hier fühlen sie sich an den Wochenenden nur als Gast, bevor sie am Sonntagabend wieder in Richtung Westen aufbrechen. Nur die jüngere Generation hat in vielen Fällen den Schritt konsequent vollzogen und ist mit Sack und Pack in den Westen gezogen. Ihre Kinder schon werden eines Tages vollkommen integriert aufwachsen.

Darüber hinaus habe ich in den vergangenen Jahren immer wieder Ostdeutsche getroffen, die um jeden Preis Deutsche sein und ihre wirkliche Herkunft verschweigen wollten. Dafür konnte ich überhaupt kein Verständnis aufbringen, da sich die meisten Menschen wohl kaum dafür zu schämen hatten, dass sie in den Jahren zuvor im Ostteil des heute wiedervereinten Landes ihr Leben unter deutlich schwierigen Bedingungen meistern mussten. Auf diese Weise sind wohl auch viele von ihnen deutlich widerstandsfähiger im Umgang mit Schwierigkeiten. Wer einmal unter schlechteren Bedingungen aufgewachsen ist, der lernt schnell andere Tugenden wie Genügsamkeit, Geduld, Ausdauer und Durchhaltevermögen.

Die eigene Identität zu bewahren betrachte ich als unbedingt wichtig, aber man muss sie auch zu verteidigen wissen, was oftmals sicher nicht ganz so einfach ist, wie es auf den ersten Blick aussehen möge. Auch ich musste mir vor fast 30 Jahren einmal von einem Kollegen in Bayern anhören, dass man auch mir das Arbeiten beibringen würde. Zur Ehre dieses damaligen Kollegen muss gesagt werden, dass er sich Wochen später für seine Aussage bei mir entschuldigt hat. Seine Familie hatte niemals Verwandte in der DDR und er selbst war so nie im Osten des wiedervereinten Deutschlands gewesen. Der gleiche Mann bat mich später um einen Routenvorschlag für einen ersten Besuch in Ostdeutschland. Von seinem Besuch in Dresden, der Sächsischen Schweiz, Moritzburg und Meißen kam er dann völlig begeistert zurück.

Das ein vereintes Deutschland viele Jahre einen Präsidenten aus Ostdeutschland hatte und auch die überaus erfolgreiche und international angesehene Bundeskanzlerin ihre Wurzeln im Ostteil von Deutschland hat, ist ein Beweis für die Fähigkeiten der Bürger auch aus diesem Teil des Landes.

Dankbar muss man vor allem all denen Investoren und Politikern aus dem westlichen Teil Deutschlands sein, die sich vorbehaltlos im Osten engagiert haben. Diese Personen wurden und werden von den Menschen im Osten Deutschlands ganz besonders geachtet. Auch hier gibt es ungezählte Beispiele, die im Kleinen wie im Großen Geschichte geschrieben haben. Deutschland ist ein faszinierendes Land, das mit seiner Vitalität heute wieder zu Recht vielen Nationen als Vorbild dient und so nach seiner unrühmlichen Vergangenheit ein völlig neues Kapitel aufgeschlagen hat, auf das man wieder mit Stolz blicken kann. Auch viele Ostdeutsche haben dazu beigetragen!

8
Sarajevo – im Kessel des Todes

ICH BETRETE DIESE BEZAUBERNDE STADT ERSTMALIG ETWA 20 JAHRE NACH BEGINN SEINER FAST 4-JÄHRIGEN BELAGERUNG DURCH BOSNISCHE SERBEN, DIE IM APRIL DES JAHRES 1992 BEGONNEN HATTE. Mehr als 1.400 Tage wurde Sarajevo belagert und der Krieg hat tiefe Wunden in der Stadt hinterlassen. Ich bin soeben in einer Maschine der Austrian Airlines von Wien kommend auf dem kleinen und modernen Flughafen der Stadt gelandet und werde in wenigen Minuten von meinem aus Kroatien stammenden Vertreter abgeholt werden. Wir wollen die Nacht in einem Hotel der Stadt verbringen, ehe wir am kommenden Morgen die Fahrt nach Serbien antreten werden. Gerade dieses Serbien ist es gewesen, dass die Gründung des unabhängigen Staates Bosnien Herzegowina um jeden Preis verhindern wollte.

Schnell haben wir unser Hotel erreicht und mischen uns wenige Minuten später unter die Gäste in einem nahe gelegenen Restaurant, wo eine ausgelassene Stimmung herrscht. Auffällig viele junge Leute sind an diesem Abend auf den Beinen, die meisten kaum älter als 20 Jahre alt. Viele von ihnen müssten eigentlich die Belagerung ihrer Heimatstadt noch als Kleinkinder erlebt haben. Der Respekt verbietet mir aber, meine Tischnachbarn danach zu fragen. Zweifellos haben sie mich als Ausländer erkannt, da ich mit meinem Vertreter an diesem Abend bislang nur Deutsch gesprochen habe.

Erst am nächsten Morgen kann ich mir einen ersten Eindruck von der Stadt verschaffen. Sie ist mit viel Fleiß wieder neu aufgebaut worden. Ruinen erkenne ich im Stadtzentrum nicht mehr. Moderne Wohnbauten und Geschäftshäuser säumen die breiten Straßen. Erst jetzt erkenne ich die Dimension des Talkessels, in dem Sarajevo liegt und der damals der Stadt zum Verhängnis geworden war. Bosnische Serben haben die Stadt damals leicht umzingeln und die Bewohner an einer Flucht hindern können. Wahllos wurden damals mehr als 10.000 Menschen getötet. Die gleiche Zahl an Menschen gilt bis heute noch als vermisst.

Entlang der Hauptstraßen und an Abbiegungen sehe ich immer wieder kleine Friedhöfe mit hunderten weißer und einfacher Grabsteine darauf. Sie wurden provisorisch im Laufe der Belagerung angelegt, da man seine Toten irgendwo begraben musste. Je länger wir in der Stadt unterwegs sind, desto bewusster wird einem das Ausmaß der Tragödie, die Europa damals nicht in der Lage war zu verhindern. Später höre ich von Geschichten über horrende Preise, die von Wucherern in der Stadt für Lebensmittel verlangt wurden. Selbst einfache Feuerzeuge wurden zu unerschwinglichen Preisen angeboten.

Während Sarajevo wieder aufgebaut wurde, zeigen viele der Dörfer und kleineren Orte in Richtung der Grenze zu Serbien noch immer Spuren der Zerstörung. Viele Wohnhäuser sind verlassen, die Fenster mühselig verbarrikadiert. Die Fassaden tragen Einschusslöcher von Maschinengewehrsalven und Granaten. In den Gärten wuchert das Unkraut. Es ist ein Bild der Zerstörung und in mir steigt ein zunehmendes Unwohlsein auf, je näher wir der Grenze kommen. Dann zu meiner linken Seite ein Schild, das den Abzweig nach Srebenica anzeigt. Hier wurden im Sommer 1995 mehr als 8.000 Bosnier, zumeist Männer und Jugendliche ermordet. Viele gefangen genommene Frauen wurden von den Serben missbraucht. Dieses schlimmste Kriegsverbrechen in Europa nach Ende des Zweites Weltkrieges liegt wie ein Trauma über dieser Region und ist zudem eine Schande für Europa, das nicht in der Lage war, diesen Völkermord zu verhindern.

Die Grenzstationen auf bosnischer und serbischer Seite liegen weit voneinander entfernt. Man traut und mag sich bis heute nicht und der Schleier der schrecklichen Geschichte wird wohl noch viele Jahrzehnte das Leben in dieser einsamen Region beeinträchtigen und das vor allem auf der bosnischen Seite der Grenze.

Überschreitet man die Grenze nach Serbien, betritt man eine andere Welt. Der Wirtschaft auf serbischer Seite scheint es eindeutig besser zu gehen, auch wenn die Rückstände im Vergleich besonders zu den heute entwickelten Wirtschaften von Polen, Tschechien und der Slowakei bereits deutlich zu spüren sind. Dabei muss man bedenken, dass bis zum Jahre 1989 Jugoslawien in vielerlei Hinsicht einen deutlichen Vorsprung gegenüber anderen Ländern Osteuropas hatte.

An vielen Industriebauten nagt der Zahn der Zeit und noch immer will noch kaum jemand in Serbien investieren. Irgendwie traut man den Serben nicht und auch ich fühle mich nicht hundertprozentig wohl hier, auch wenn meine Gastgeber sich wirklich bemühen, mir den Aufenthalt in ihrer Firma so angenehm wie möglich zu machen. Irgendwie bleibt im Unterbewusstsein die Frage, inwiefern die Menschen hier an den Untaten jenseits der heutigen Grenze beteiligt gewesen waren. Was haben sie gewusst von den Gräueltaten? Hätten sie es verhindern können? Waren sie Mitläufer oder im schlimmsten Fall sogar Mittäter? Ich bekomme keine Antwort auf diese wühlenden Fragen. Es bleibt irgendwie ein beklemmendes Gefühl.

Auf der Rückfahrt nach Bosnien Herzegowina dann wieder das gleiche flaue Gefühl im Magen, als wir durch die entvölkerten Orte fahren. Nur selten trifft man hier in den Dörfern auf junge Leute. Viele sind in die Städte abgewandert oder haben ihre Heimat für immer verlassen. Viele ehemalige Bosnier leben heute in Amerika, Kanada, in Deutschland oder England und denken auf keinen Fall an eine Rückkehr in die alte Heimat. Zu tief ist die Kluft zwischen den ethnischen Gruppen im ehemaligen Jugoslawien. So sind bis heute erst Slowenien und Kroatien als Mitglieder in die Europäische Union aufgenommen worden. Bosnien und Herzegowina sowie Serbien haben offiziell den Status eines Beitrittskandidaten und werden wohl weiter auf die Aufnahme in die Europäische Union warten müssen.

Irgendwann aber muss ein Schlussstrich unter die Geschichte gezogen werden. Die Generationen der Täter und Opfer werden eines Tages nicht mehr leben und zuvor hoffentlich alle Verantwortlichen für die Kriegsverbrechen zur Rechenschaft gezogen sein, wenn das überhaupt möglich ist. Möge man wenigstens die Hoffnung haben dürfen, dass solche Gräueltaten endgültig der Geschichte angehören werden. Bislang aber scheint sich die Geschichte immer wieder zu wiederholen. Ethnische und religiöse Konflikte haben seit Beginn der Menschheitsgeschichte immer wieder zu Auseinandersetzungen geführt, die oft genug zu der Vernichtung einer der Konfliktparteien geführt hat.

Erschüttert sitze ich später im Flugzeug, das auf der Startbahn allmählich Geschwindigkeit aufnimmt und schnell aus dem Kessel des Todes aufsteigt. Der Besuch in Sarajevo war eine traurige Begegnung mit der noch immer bewegten Geschichte Europas.

9
Die Monarchie lebt

In den Tagen, da ich dieses Kapitel schreibe, feiern Königin Elisabeth II. und Prinz Philip ihren 73. Hochzeitstag. Im Jahre 1947 hatten beide den Bund der Ehe geschlossen. Nach dem Tode ihres Vaters bestieg Elisabeth II. den Thron im Jahre 1952 und scheint auch mit ihren nunmehr 94 Jahren nicht darüber nachzudenken, ihren Erstgeborenen, Prinz Charles, zum König des Vereinigten Königreiches Großbritannien und Nordirland zu machen. Andere Königshäuser in Europa haben diesen Generationswandel zu Lebzeiten der jeweils regierenden Könige oder Königinnen längst vollzogen. Trotzdem aber sprechen wohl die meisten Europäer eher mit Bewunderung über die betagte Königin in Großbritannien, die ohne jegliche Frage dank ihrer persönlichen Integrität eine lebende Ikone der besonderen Art darstellt.

Selbst der tragische Unfalltod von Prinzessin Diana oder der Wegzug von Prinz Harry und seiner Frau aus dem Vereinigten Königreich haben dem Ruf der Königin scheinbar nicht geschadet. Auch scheint mir, dass die meisten Menschen im Vereinigten Königreich ihre Monarchin lieben und die Geschichten um die Königsfamilie sind immer ein willkommener Stoff für die Boulevardpresse. Kommt man als Besucher auf die Insel, dann nimmt man aber zuallererst etwas anderes wahr, wenn die Rede auf das Königshaus kommt. Es ist eine ungewöhnlich enge Identifikation mit der eigenen Geschichte zu spüren und Bildern der Königin und ihrer Familie begegnet man förmlich auf Schritt und Tritt. Irgendwie scheint auch das Königshaus ein stabiler Gegenpol für die gerade jetzt fehlende Stabilität und Berechenbarkeit der politischen Elite des Landes zu sein. Trotz allem Verständnis für ein gesundes Maß an Nationalbewusstsein, erscheint das Ausbrechen Großbritanniens aus dem Verbund eines Vereinten Europas als töricht und destabilisierend und das nicht nur für das Land selbst. Der sinkende Wert der britischen Währung ist ein beredter Beweis für den historischen Fehler des Brexits.

Mir aber erscheint die Monarchie fast wie eine gläserne Glocke, unter der Werte und Traditionen aufrechterhalten und geschützt werden und das mit einer großen Transparenz. Ist es nicht genau das, wonach sich viele Menschen in anderen Ländern Europas sehnen? Überall werden uralte Traditionen und seit Jahrhunderten geltende Wertvorstellungen über den Haufen geworfen. Nur einige europäische Länder dürfen sich diesbezüglich wirklich einer Stabilität erfreuen und unter den wenigen sind auffallend viele Monarchien, wie in Norwegen, Schweden, Dänemark oder den Niederlanden.

Monarchien werden oft auf den ersten Blick als altmodisch und antiquiert angesehen. Gleichzeitig stehen sie aber für die Pflege und den Erhalt oft uralter Traditionen. Auch sind die Monarchien von heute nicht mehr mit denen vor dem Zweiten Weltkrieg zu vergleichen, da sich Großbritannien und all die anderen vorab genannten Ländern schon längst zu modernen und prosperierenden Demokratien entwickelt haben. Die Monarchen von heute sind moderne Menschen und haben sich in vielen Fällen zu bewunderten und geliebten Leitfiguren in ihren Ländern entwickelt. Kein Wunder also, dass genau diese Leitfiguren in vielen anderen europäischen Ländern vermisst werden, wo oft innerhalb kürzester Zeit die Regierungen wechseln, Präsidenten nur für ein oder maximal zwei Amtsperioden eingesetzt sind und von Stabilität nur in ausgesuchten Ländern wirklich die Rede sein kann.

Die Monarchie dagegen aber steht für eine Stabilität und genau das ist wohl einer der Gründe, warum Königin Elisabeth II. nach unglaublichen mehr als 68 Jahren noch immer im Amt ist. Stabilität ist etwas, wonach sich die meisten Menschen sehnen, ob in der Familie, der beruflichen Entwicklung oder aber der politischen Führung eines Landes. Stabilität bedeutet Sicherheit und Berechenbarkeit, etwas was man von Kapitänen in Flugzeugen und Schiffen grundsätzlich erwartet. Sucht man danach bei gewählten Politikern oder unter hochrangigen Managern in der Großindustrie wird man dabei vermutlich deutlich seltener fündig werden. Über mehrere Generationen erfolgreich aufgebaute mittelständische Familienunternehmen dagegen ähneln in ihrer Struktur eher einer Monarchie. Hier ist es normal, dass Kinder und Kindeskinder das Erbe der Firmengründer übernehmen.

Bei meinen zahlreichen Reisen in Großbritannien hatte ich nie das Glück, einem Familienmitglied des Königshauses persönlich zu begegnen. Trotzdem aber war die Monarchie überall im Lande präsent und für den aufmerksamen Beobachter permanent zu spüren. Traditionen spielen in Großbritannien eine ganz besondere Rolle.

Nirgends fühlt man sich der britischen Krone wohl näher als in dem wunderbaren Areal des an den Ufern der Themse gelegenen königlichen Schlosses Windsor, das der Queen offiziell als Residenz für die Wochenenden dient. Verweilt man dort nur lange genug, erlebt man die aufwendig inszenierten Wachablösungen, akkurat gekleidetes Personal und kunstvoll angelegte Parkanlagen. Auch zeigen die Häuser der kleinen Stadt Windsor eine auffällige Liebe zum Detail und somit versprüht der Ort ohne jegliche Frage eine ganz besondere Atmosphäre. Jeder Einwohner hier scheint sich seiner Pflichten zum Erhalt uralter Traditionen sehr wohl bewusst zu sein. Hier wohnt man nicht einfach, sondern das Leben in dieser Stadt wird auf Schritt und Tritt zelebriert. Häuser und Gärten werden hingebungsvoll gepflegt.

In dem neben Schloss Windsor in Sichtweite gelegenen Eton College wird unter den 13 bis 18-jaehrigen Jungen eine Elite des Landes herangebildet. Eiserne Disziplin und ein ausgeprägter Wille zu besten Leistungen gehören zu den Grundbedingungen für eine Aufnahme in die Eliteschule. Die exorbitant hohen Schulgebühren können sich fast selbstredend nur besonders wohlhabende Familien leisten. Nicht weniger als 20 ehemalige

Premierminister des Landes haben diese renommierte Einrichtung besucht, die bereits im Jahre 1440 von dem damals regierenden König gegründet wurde. Wenn man quasi in Sichtweite der Königsfamilie wichtige Jahre seines Lebens verbringt, prägt das zwangsläufig den Willen, zur Elite des Landes gehören zu wollen. Das man sich dafür jahrhundertealten Traditionen und Wertvorstellungen verschreibt ist selbstverständlich, wie das Tragen von schwarzen Schuluniformen, die auf den ersten Blick altmodisch erscheinen mögen.

Auch wenn die Monarchie vielfach eher der Vergangenheit zugeordnet wird, so hat ihre Existenz in modernen und demokratischen Gesellschaften eine völlig andere Funktion übernommen. Sie erscheint als ein Hort von Traditionen und oftmals schon fast verloren gegangener Werte und Tugenden und ist dabei nicht mehr direkt für die Regierungsgeschäfte verantwortlich. Kluge Monarchen von heute sind Lichtgestalten des Landes, an denen sich viele Menschen ausrichten. Berechenbarkeit ist etwas, was man heute überall erwartet, aber nur selten findet. So wird wohl die britische Monarchie auch nach Königin Elisabeth II. weiter fortbestehen.

10
Finnisches Design als Spiegelbild eines Landes

WER SEINE RUHE FINDEN MÖCHTE, DEM SEI EIN BESUCH IN FINNLAND GANZ BESONDERS EMPFOHLEN. In diesem Land mit seinen fast 188.000 Seen und ausgedehnten Wäldern leben nur etwa 5,5 Millionen Menschen und das auf einer Fläche, die nur unwesentlich kleiner als die von Deutschland ist. Damit gehört Finnland zu den am wenigsten besiedelten Ländern Europas! Wenn da nicht bei einem Urlaub die Entspannung vorprogrammiert ist! Wer in Finnland allein sein will, der wird dort dafür unschwer genau den richtigen Ort finden. Hinzu kommt, dass die Finnen auf den ersten Blick nicht als sehr gesellig erscheinen. Beim genauen Hinsehen entpuppt sich diese Situation aber ein wenig anders. Man respektiert in Finnland die Privatsphäre ganz besonders und wird es also, wenn immer möglich vermeiden, dem Nachbarn zu nahe zu kommen. Im ganzen Land gibt es mehr als eine halbe Million Sommerhäuser, so dass durchschnittlich vermutlich jede zweite Familie ein Sommerhaus besitzt. Diese Häuser liegen überwiegend mitten in den ausgedehnten Wäldern an einem See, oder am Ufer des Meeres und in den meisten Fällen wahrt man eine erhebliche Distanz zum nächsten Nachbarn.

So nimmt es kein Wunder, das die Finnen eine ganz besondere Beziehung zu ihrer Natur haben, mit der sie auf den ersten Blick im Übermaß gesegnet sind. Wälder und Wasser bilden nicht nur den natürlichen Reichtum des Landes, sondern bestimmen unweigerlich die Interessen und Neigungen der Menschen, die hier leben. Die Häuser sind natürlich aus Holz erbaut und werden fast ausnahmslos in den kalten Monaten mit Birkenholz beheizt, dass es im Überfluss zu geben scheint. Zu jedem Sommerhaus gibt es mindestens eine Sauna, ohne die sich die Finnen ein Leben kaum vorstellen können. Natürlich besitzt man auch ein Boot und lebt von den Früchten des Waldes oder von einem überaus reichhaltigen Fischangebot in den zumeist glasklaren Seen.

Da die dichten Wälder auch ideale Bedingungen für viele Tierarten bieten, haben sich beachtliche Populationen an Braunbären, Elchen, Luchsen, Wölfen und Renntieren erhalten, die man mit ein wenig Glück auch in freier Wildbahn beobachten kann, wobei gerade die Begegnung mit einem Elch auf einem der gut ausgebauten Straßen Finnland wirklich keine Seltenheit ist. Daher ist beim Fahren vor allem in den Morgen- und Abendstunden extreme Vorsicht geboten. Bedauerlicherweise kommt es jedes Jahr zu vielen folgenschweren Unfälle gerade mit diesen Tieren. An den Seeufern und in den Wäldern haben viele Spezies von Vögeln ein Zuhause gefunden und der Kreislauf der Natur scheint in diesem nordischen Land noch relativ intakt zu sein, was unter anderem auch auf die geringe Bevölkerungsdichte des Landes zurückzuführen ist. Trotzdem begegnet man auch in Finnland den Folgen einer exzessiven Holzwirtschaft, der viele Waldflächen zum Opfer gefallen sind, auch wenn sie nach ihrer Abholzung in allen Fällen sofort wieder aufgeforstet werden.

Bei einer Fahrt durch Finnland dominieren zwangsläufig das Blau des Wassers und das Grün der Wälder. Wer nun glaubt, dass die Finnen keine anderen Farben mögen, liegt wohl vollkommen falsch. Schon in den Städten sind viele farbenfrohe Hinweistafeln und Firmenschilder zu entdecken. Alles wirkt dabei aber schlicht und einfach und in keinem Fall überladen, wie man das durchaus aus anderen Ländern kennt. Es sind eher die Farbklekse inmitten der Natur, die wiederum dem dunklen Blau der Blaubeeren, dem leuchtenden Gelb herbstlich verfärbter Birkenblätter oder dem vorherrschenden Rot der Sträucher im Herbst angelehnt sind. Alles wirkt dabei sauber und aufgeräumt. Die Grundlinien des finnischen Designs scheinen sich eindeutig an der Natur, aber vor allem deren Geradlinigkeit anzulehnen. Da sind die geraden Linien des Holzes in allen Häusern, die auf die meist kerzengeraden Stämme der Kiefern zurückzuführen sind, die überwiegend als Bauholz verwendet werden. Gleiches gilt für die schlichten Formen der Möbel, die einen Hang zum Minimalismus aufweisen und bei allem in erster Linie funktionell sind.

Funktionalität scheint eine absolut entscheidende Rolle im finnischen Design zu spielen und das entspricht der sehr praktischen Einstellung der meisten Finnen. Das Leben spielt sich zu allen Jahreszeiten zu einem großen Teil draußen ab. Dementsprechend müssen Kleidung und Schuhwerk diesen Umständen Rechnung tragen. Gleiches gilt für Arbeitsgeräte, Werkzeug und anderes technisches Zubehör. Nicht ohne Grund hat sich die finnische Firma Fiskars zu einem Marktführer in diesem Segment entwickelt. Die Produkte dieser Firma zeichnen sich durch beste Qualität und Ästhetik aus und bestehen den extrem hohen Anforderungen der Nutzer, die ihren Einsatz unter den harschen Bedingungen der finnischen Wälder und bei der Arbeit an den Sommerhäusern getestet haben.

Die finnische Glaskunst ist eng mit der Marke Iittala verbunden, die auf besonders eindrucksvolle Weise die Symbiose von Wäldern und Seen in ihrer Designhandschrift widerspiegelt. In ihren Arbeiten kommen mehrheitlich die Farbtöne des Wassers und der Bäume wieder und einzelne Glasgefäße haben gar die Form von kleinen Seen. Wellen auf dem Wasser kann man ebenfalls erkennen, wenn man ausreichend Fantasie mitbringt. Auch findet man bei diversen wunderbaren Vogelnachbildungen der mehrere Jahrhunderte alten Glashütte, die ganze Farbenpracht dieser Gattung wieder. Von ganz besonderer Schönheit sind die grundsätzlich einfachen Teelichter und Kerzenleuchter, die wohl in keinem finnischen Sommerhaus fehlen und heute auch in vielen Wohnräumen der Welt zu finden sind.

Auch die weltbekannte Keramik und Porzellan Marke Arabia spiegelt die Verbundenheit der Finnen mit ihrer Umwelt wider. Es dominieren auch hier einfache Formen und die Designs scheinen tatsächlich der Natur entnommen zu sein. Dort findet man einfache Wiesenblumen, Ranken von Blaubeersträuchern, verfärbte Blätter auf einfachen weißen oder zumindest hellen Tellern, Schüsseln und Tassen. Aber auch ganz schlichte Formen ohne jegliche Bemalung in den Farben von Kiefernnadeln oder dem Graubraun der Baumstämme sind hier präsent. Natürlich findet man auch hier aufwendige Dekore, die aber eher für Porzellan verwendet wird, dass zu festlichen Anlässen vorgesehen ist.

Irgendwie schafft das finnische Design den Spagat zwischen Melancholie und Moderne, zwischen Schlichtheit und zeitgenössischem Futurismus, zwischen der Klarheit der einfachen Formensprache und der Vielfalt der unerschöpflichen Fundgrube der Natur.

11
Drei Blockhütten im Wald

Als passionierte Skilangläufer sind wir immer auf der Suche nach geeigneten Orten, um diesem Sport nach unseren Vorstellungen nachgehen zu können. Dabei wollen wir nicht über eine vollbesetze Loipe mit hunderten anderen Skiläufern jagen und dabei immer wieder dem Schnelleren den Vortritt lassen müssen. Wir dagegen genießen es, durch den Winterwald zu gleiten und dabei die Landschaft und die Stille um uns herum einzuatmen.

Nur knapp 100 km von der finnischen Stadt Lahti entfernt, finden wir durch die Vermittlung von Freunden den passenden Ort. So nehmen wir mit Kirsi und Rauno Kontakt auf buchen das erste Mal einer ihrer drei Blockhäuser, die mitten im Wald in völliger Einsamkeit liegen sollen.

Als wir das erste Mal an einem der letzten Tage im Februar nach einer etwa dreistündigen Autofahrt von Helsinki kommend die Gegend erreichen, wo das Wohnhaus der Vermieter stehen soll, ist es bereits stockfinster draußen. Wir sind auf einer geschlossenen Schneedecke unterwegs. Links und rechts der Straße türmen sich immer höhere Schneeberge und die Schneekristalle glitzern im Licht der Scheinwerfer. Schon viele Kilometer fahren wir nun schon durch dichte Wälder und beobachten besorgt die Straßenränder. Jeden Moment könnten wir einem Elch begegnen, die oft ganz unverhofft auf die Straßen treten. Sie lassen sich dabei weder vom Motorengeräusch noch vom Scheinwerferlicht zurückhalten. Dieser Sachverhalt führt jedes Jahr in den Ländern des Hohen Nordens zu vielen fatalen Unfällen. Zum Glück sehen wir keinen Elch an diesem Abend und unversehens endet der Wald und gibt den Blick auf eine Wiesenlandschaft zu unserer Linken frei.

Unweit der Straße entdecken wir auf einem Hügel ein Wohnhaus, dessen Zimmer alle hell beleuchtet sind. Auch wenn die Tage jetzt im Februar schon wieder deutlich länger werden, wird es noch immer recht zeitig dunkel in dieser Gegend. Kirsi und Rauno begrüßen uns herzlich, aber wortkarg, wie die Finnen nun einmal sind. Schnell schlüpfen sie in ihre Winterkleidung, steigen in ein bereitstehendes Auto und schon sind wir unterwegs auf einem vom Schnee geräumten Weg, der nun wieder in den Wald hineinführt. Hier scheint der Schnee noch höher zu sein. Vor allem aber ist er blitzsauber. Schneekristalle glänzen im Licht der Scheinwerfer. Kerzengerade Birken stehen direkt am Wegesrand. Dahinter liegen undurchdringliche Kiefernwälder. Die Strecke führt durch eine hügelige Landschaft. Immer wieder kreuzen Spuren von Elchen unseren Weg und wir hoffen instinktiv, eines der riesigen Tiere in den kommenden Tagen zu Gesicht zu bekommen.

Die Fahrstrecke führt über einige Kilometer immer tiefer in den Wald hinein. Plötzlich sehen wird durch den jetzt lichter gewordenen Wald ein Licht, dass sich schnell als die Außenlaterne eines der Blockhäuser erweisen sollte. Der Platz vor dem Haus ist vom Schnee geräumt und wir kommen direkt neben dem kleinen Vorbau des ebenen Blockhauses zu stehen. Die Luft ist klar und trocken an diesem Abend und die Temperatur ist jetzt bereits unter -10 Grad gesunken. Einzelne Sterne sind am Himmel zu erkennen und der Wetterbericht hat für die kommenden Tage Sonne und sehr niedrige Temperaturen vorhergesagt. Unsere Gastgeber führen uns durch das Haus und erklären uns schnell, wo wir alles Notwendige finden können und wenig später sind wir bereits mit uns allein mitten im Wald. Noch einmal treten wir vor die Tür, um die Stille und die herrlich saubere Luft zu inhalieren. Genau einen solchen Ort hatten wir gesucht, haben aber jetzt am späten Abend noch gar keine genaue Vorstellung, wo wir eigentlich gelandet sind.

Den zentralen Raum des Hauses bildet eine geräumige Wohnküche. Mittendrin gibt es einen großen Kaminofen, der mit Birkenholz zu beheizen ist. Allerdings verbreitet eine Fußbodenheizung auch so bereits eine angenehme Wärme. Große, bis zum Boden gehende Fenster werden am Tag viel Licht in den Raum fluten lassen, worauf wir uns ganz besonders freuen. Alles ist einfach, praktisch und urgemütlich eingerichtet. Wir fühlen uns auf Anhieb wohl in diesem Haus, das den schönen und klangvollen Namen »Gelbe Anemone« führt. Dementsprechend ist auch die Keramik ausgewählt. Alles passt wunderbar zusammen und ist dabei geschmackvoll abgestimmt und trotzdem schlicht. Das Haus verfügt über mehrere Schlafräume, eine überdachte Terrasse und natürlich fehlt auch die Sauna nicht.

Schnell haben wir ausgepackt, den Einkauf im Kühlschrank verstaut und ein Feuer im Kamin entzündet. Wir fühlen uns angekommen und genießen die vollkommene Harmonie, die das Haus ausstrahlt. Erst am kommenden Morgen aber erkennen wir wirklich, wo wir uns eigentlich befinden. Der Wohnraum des Hauses ist von Sonnenlicht durchflutet. Der Blick aus den großen Fenstern fällt direkt auf einen zugefrorenen See, der von einer dichten Schneeschicht bedeckt ist. Rauno hatte offenbar bereits an den Vortagen mit seinem Snowmobil eine Loipe auf dem See angelegt, die vom Haus aus gut zu erkennen ist. Ich werfe mir meine Jacke über, ziehe die Mütze tief in die Stirn und stampfe durch den tiefen Schnee zum Seeufer.

Überall entdecke ich Spuren im Schnee, die von verschiedenen Tieren zu stammen scheinen. Unter anderem sehe ich Luchsspuren ganz in der Nähe des Hauses. Wie gern würden wir doch einmal eine solche Raubkatze zu Gesicht bekommen! Jetzt am Morgen sind die Temperaturen noch niedriger und das Thermometer zeigt im Moment -15 Grad an. Es ist aber absolut windstill und trocken, so dass man die Kälte kaum spürt. Auch ist die Kraft der Sonne deutlich zu merken und am Tage werden die Temperaturen schnell steigen. Der Duft von frischem Kaffee empfängt mich bei der Rückkehr ins Haus. Das Frühstück ist bereitet und wir genießen das herrliche dunkle finnische Brot, das wir unterwegs gekauft hatten. Wir lassen uns Zeit in diesem Morgen und stärken uns ordentlich für die erste Skitour.

Kaum haben wir wenig später die Langlaufski angeschnallt, wird die Stille des Waldes durch das laute Motorengeräusch eines Snowmobils unterbrochen. Rauno ist mit seinem Motorschlitten unterwegs, der schon ein bisschen in die Jahre gekommen scheint. Er zieht eine Schleppe hinter sich her, mit der er die Loipen im Wald und auf dem See anlegt. Schon aus weiter Entfernung grüßt er uns bereits. Er ist weniger wortkarg als seine Frau Kirsi und eigentlich sogar ein ganz lustiger und geselliger Typ, wie wir in den kommenden Tagen feststellen können. Allerdings scheinen die Finnen ganz gut allein mit sich zurechtzukommen.

Langsam gleiten wir mit unseren Langläufern durch eine unglaublich schöne Landschaft. Über uns reckt sich ein blauer Himmel. Die Sonne spiegelt sich in abertausenden Schneekristallen wider. Die Bäume sind fast bis zum Boden verschneit und nur selten durchbricht der Ruf eines Vogels die Stille. Der See hat vielleicht die Fläche von einem Quadratkilometer und ist in wenigen Minuten zu umrunden. Er liegt eingebettet zwischen dichten Wäldern und einer wenig bewachsenen Hügellandschaft. Eigentlich sollte es hier doch möglich sein, einen Elch zu entdecken, zumal wir immer wieder unterwegs auf Elchspuren im Wald treffen.

Die Loipen führen vorbei an zwei weiteren Blockhäusern, die jeweils an einem anderen See stehen, so dass jedem Besucher seine Privatsphäre gewahrt wird. Diese ist nämlich den Finnen heilig. Überall gibt es einen kleinen Bootssteg und ein Bootshaus, unter dem ein kleines Boot liegt. Vermutlich sind die Seen voller Fische, wie wir das von anderen finnischen Seen kennen. Dazu gibt es jede Menge Blaubeeren, Preiselbeeren und natürlich Pilze im Spätsommer und Herbst. Ein Besuch in dieser abgeschiedenen Gegend ist damit auch zu anderen Jahreszeiten möglich und durchaus interessant.

Unvermittelt kommen wir auf eine kleine Lichtung, auf der eine hölzerne Kota steht, wie die finnischen Grillhütten genannt werden. Sie sind einem Zelt der Samen in Lappland nachempfunden und haben in der Mitte eine Feuerstelle, an den Seiten Bänke zum Sitzen oder Schlafen und sind oben offen, um den Rauchabzug zu gewährleisten. Holzscheite sind zum Trocknen aufgestapelt. Man betritt diese Kota durch eine kleine Tür, die durch ein kleines Fenster ein wenig Tageslicht in den ansonsten dunklen Innenraum fallen lässt. Hier sieht es urgemütlich aus und wir werden an einem Abend hierher zum Grillen zurückkehren.

Immer weiter führen uns die Loipen hinein in den Wald und dann wieder über tief verschneite Wiesen, um wieder einen der kleinen Seen zu erreichen, an dem eines der Blockhäuser liegt. Je nach Kondition kann man stundenlang unterwegs sein und immer wieder wechselt das Landschaftsbild. An den Nachmittagen, bei nun schon niedrigem Sonnenstand, wechseln die Farben des Schnees von zuerst Blütenweiß zu später gelblichen und bläulichen Farbtönen. Wir ziehen nun die Mützen tiefer ins Gesicht, da die Temperaturen schnell wieder fallen, wenn die Sonne hier schneller als bei uns am Horizont verschwindet. Nach einer herrlichen Langlauftour freuen wir uns schon auf die Sauna im Haus und das anschließende obligatorische Bad im Schnee. Zu unserer Freude sind wir unterwegs auf keine anderen Menschen gestoßen, obgleich wir an den Waldrändern in einiger Entfernung andere Häuser gesehen hatten. Vermutlich waren ihre Bewohner noch auf der Arbeit und die Kinder in der Schule.

Wenige hundert Meter trennen uns noch von dem Blockhaus, als wir völlig unvorbereitet auf eine Elchkuh stoßen, die sich im Schnee niedergetan hatte. Wir sind völlig begeistert vom Anblick des riesigen Tieres, dass sich nun ohne große Eile zu zeigen aus dem tiefen Schnee erhebt. Es ist ein riesiges Tier und wir bleiben lieber in gebührender Entfernung stehen. Elche können sehr aggressiv reagieren und durchaus einen Menschen angreifen, wenn sie sich bedrängt fühlen. Langsam zieht die Elchkuh in den tieferen Wald und kommt in dem hohen Schnee dabei nur langsam vorwärts. Die Begegnung mit einem dieser gewaltigen

Tiere in freier Natur ist ein ganz besonderes Erlebnis, das lange in einem nachklingt.

Schnell ist die Sauna angeheizt und alsbald strömt der Duft von brennendem Birkenholz durch alle Räume der herrlichen Blockhütte. Wie schön kann doch ein solcher Urlaub inmitten der finnischen Wälder sein!

12
Unser Boss ist eine Dame

SOEBEN SIND WIR MIT EINEM FLUGZEUG DER FINNISCHEN FLUGLINIE FINNAIR IN HELSINKI IN RICHTUNG LAPPLAND AUFGEBROCHEN UND BEREITS NACH WENIGEN MINUTEN SEHEN WIR UNTER UNS NUR NOCH EINE EINZIGE WEISSE SCHNEEDECKE. Wir erkennen die Konturen langgestreckter Seen und folgen im Moment einer direkt nach Norden führenden Autobahn. Unser Ziel ist die kleine finnische Stadt Kittilä, die bereits weit nördlich des Polarkreises liegt. Im finnischen Teil Lapplands gibt es mit Rovaniemi, Ivalo und Enentekio noch weitere 3 Flughäfen, was die Dimension dieses Landstrichs unterstreicht. Für die etwas mehr als 800 Kilometer lange Strecke von Helsinki braucht unserer Flieger gute 1,5 Stunden. Die Stimmung in unserer kleinen Gruppe von vier Freunden ist bestens. Wir schauen einem wirklichen Abenteuer entgegen, wollen wir doch mit Schlittenhunden bei Temperaturen zwischen –25 und –35 Grad einen Teil von Lappland bereisen. Je weiter wir in den Norden des Landes kommen, desto rarer werden die Siedlungen unter uns und minutenlang sehen wir nur zugefrorene Seen und tief verschneite Wälder unter uns. Unser Flieger ist nicht voll besetzt und die meisten der Fluggäste scheinen wie wir nur für eine kurze Zeit nach Lappland zu reisen. Eine allgemeine Spannung macht sich vor der Landung breit.

Eisige Kälte schlägt uns entgegen, als wir die Gangway verlassen und so schnell es geht zum Gebäude des Flughafens eilen. Die Außentemperatur liegt bei -28 Grad Celsius an diesem Abend. Vor dem Flughafen wartet ein Bus mit laufendem Motor. Die Scheiben sind bei diesen Temperaturen bereits mit einer dicken Eisschicht überzogen und so erkennen wir später nur schemenhaft etwas von der tief verschneiten Landschaft durch die Frontscheibe des Fahrzeuges. Mit uns sind andere Reisende aus dem Flieger unterwegs und scheinen das gleiche Ziel wie wir zu haben. Es ist mittlerweile stockdunkel draußen. Im Scheinwerferlicht erkennen wir gertenschlanke Kiefern, die bis zum Boden verschneit sind. Nach wenigen Kilometern stehen die ersten Renntiere auf der Straße. Als sie vor dem Bus in den Straßengraben springen, versinken sie bis zum Bauch im Schnee und kommen in dem Tiefschnee nur sehr langsam und mühsam vorwärts. Zweifelsfrei sind wir in einer Traumlandschaft unterwegs! Auch sind wir seit dem Flughafen keinem anderen Fahrzeug begegnet.

Im Scheinwerferlicht tauchen die Gebäude der Aekeskero Wildnis Lodge vor uns auf, in der wir uns für die kommenden Tage einquartiert haben. Erst beim Aussteigen erkennen wir wirklich, wie hoch der Schnee ist. Bäume, Häuser und die Landschaft scheinen ineinander zu verschmelzen und nur einige wenige Lampen an den Blockhäusern um die urige Lodge spenden ein wenig Licht. Der Schnee knirscht in der eisigen Kälte unter den Füssen. Da aber keinerlei Wind geht, kann man diese trockene Kälte eigentlich gut aushalten, wenn Mund, Nase und die Hände entsprechend geschützt sind. Eine dicke Fellmütze gehört hier wie selbstverständlich zur Ausrüstung. Für die Schlittenhundefahrt werden wir allerdings eine Spezialausrüstung brauchen, die wir noch am gleichen Abend in der Lodge bekommen sollen. Unser Blockhaus, das man hier als Mökki bezeichnet, ist urig und ein wenig spartanisch ausgestattet. Das aber stört hier keinen von uns, da wir nach zwei Nächten in der Lodge ohnehin mit den Hunden aufbrechen werden und dann die Nächte in kleinen Cabins verbringen werden, die entlang der Strecke liegen.

Erwartungsfroh betreten wir wenig später das Hauptgebäude der Lodge, um zunächst unsere Ausrüstung für die kommenden Tage in Empfang zu nehmen. Sie besteht aus warmen und hohen Stiefeln, einer dick gefütterten Hose und einem Parker, indem man selbst Temperaturen bis –40 Grad aushalten kann. Dazu gibt es ein Paar Überhandschuhe, die die Finger vor gefährlichen Erfrierungen schützen sollen. Gesichtsmasken haben wir ohnehin dabei und fühlen uns nun einigermaßen vorbereitet für das eigentliche Abenteuer, das am nächsten Morgen zunächst mit einem Trainingstag beginnen soll. Die Stimmung an diesem Abend ist bestens in unserem kleinen und internationalen Team, das neben mir aus meinem Sohn Jens und zwei guten Freunden aus Österreich und Tschechien, Gebhard und Marek, besteht. An diesem Abend soll uns ein Musher zugeteilt werden, mit dem wir in den kommenden Tagen unterwegs sein werden. Auch soll unsere kleine Gruppe noch Zuwachs von zwei allein reisenden Männern bekommen. Martin aus Deutschland und Franz aus Wien machen nun unser Team fast komplett und passen auf Anhieb in unsere Runde. Nur unser Musher zeigt sich nicht an diesem Abend und wird auch am morgigen Trainingstag nicht anwesend sein. Wir erfahren aber an diesem Abend, dass unser Boss eine Dame aus der Schweiz sein wird. Tina ist aber noch irgendwo unterwegs in der Wildnis und wird erst am kommenden Nachmittag zurückkommen. Wir sind überrascht und gespannt, zumal sie die einzige Frau unter den Mushern ist. Nach einem kräftigen Abendessen und einem guten Whisky verabschieden wir uns schnell, um ein wenig Schlaf nachzuholen, da der Anreisetag sehr lang gewesen war.

Am kommenden Morgen weckt uns strahlender Sonnenschein und wir können erst jetzt wirklich erkennen, in welcher märchenhaften Traumlandschaft sich die Lodge befindet. Kein Laut ist außer dem Knirschen des Schnees unter unseren Füßen zu hören. So etwas hatten wir alle noch nicht erlebt, auch wenn Gebhard in den österreichischen Alpen aufgewachsen ist und auch Jens und ich in einem deutschen Mittelgebirge leben. Hier aber ist aller anders. Die Konturen der Nadelbäume sind schmal. Die Äste sind nur kurz, reichen aber bis zum Boden, um nicht unter der Schneelast zu brechen. Die Bäume hier im Hohen Norden wachsen extrem langsam. Ihr Holz ist als Bauholz für Blockhütten entsprechend beliebt, da es u. a. eine besonders hohe Resistenz gegen Insekten aufweist.

Der Schnee um uns herum ist blütenweiß. Hier gibt es weit und breit keine Industriebetriebe oder Heizkraftwerke, die den Schnee verschmutzen könnten. Im Sonnenlicht nimmt bei bestimmtem Sonnenstand der Schnee manches Mal blaue Farbtöne an, was wir in den kommenden Tagen erleben werden. Wiederum werden wir nach dem Frühstück in den Bus verfrachtet, der uns weitere 20 Kilometer zu dem mitten in einem Waldstück liegenden Huskycamp fährt, wo uns ein erwartungsfrohes Bellen der unzähligen Schlittenhunde empfängt. Heute wird ein Musher mit uns das Führen der Schlittenhundegespanne üben, bevor wir dann ab morgen alles allein bewerkstelligen müssen. Schnell merken wir, dass wir viel Spaß miteinander in der kleinen Gruppe haben werden.

Jedem von uns werden eine dem Körpergewicht entsprechende Anzahl von Hunden zugeteilt. Man kennt alle Hunde genau und weiß welche miteinander harmonieren. Der wichtigste Hund ist in jedem Fall der Leithund. Herrliche Tiere schauen und mit ihren blauen oder brauen Augen an und freuen sich über jede Streicheleinheit. Sie bellen jetzt aufgeregt, da sie spüren, dass es bald losgehen wird. Huskys laufen leidenschaftlich gern und sind so als Schlittenhunde bestens geeignet. Wir spannen die schönen Tiere in einer Reihenfolge vor den Schlitten, die der Musher uns empfiehlt und schon wenig später sind wir bereit zu unserer ersten Ausfahrt, die heute nur ca. 10 Kilometer lang werden soll. Wir müssen lernen, den Schlitten zu lenken, auf dessen Kufen wir stehen. Ein Schneeanker verhindert im Moment noch, dass sich die Hunde mit ihren sagenhaften Kräften einfach losreißen. Nachdem man uns noch die wichtigen Befehle an die Hunde beigebracht hat, geht es fast unerwartet los. Die Hunde konnten sich vor Vorfreude kaum noch halten und legen sich mit voller Kraft in die Zugleine.

Wir folgen einer gespurten Piste und lassen die unglaubliche Intensität der Landschaft auf uns einwirken. Außer dem Hecheln der Hunde und dem gleitenden Geräusch der Schlittenkufen ist nichts zu hören im Wald. Kommen wir unterwegs zum Stillstand, legen sich die Hunde fast von selbst augenblicklich nieder, um ihre Energie zu sparen. Das kleinste Zeichen zu einem Aufbruch aber genügt, um sie augenblicklich zu elektrisieren und sie stehen sofort bereit und zerren in den Seilen. Bereits in einer der ersten Kurven verliere ich das Gleichgewicht und lande unter dem Gelächter der Anderen in hohem Bogen im Schnee. Das wiederholt sich an diesem Tag noch mehrfach und oftmals bin ich es nun, der über die anderen lachen kann. Wir haben einen riesigen Spaß und stellen uns nach der Ansicht des Mushers unerwartet gut an. Er hat da wohl schon Anderes erlebt! Nur Martin ist überängstlich und wird während der ganzen Reise immer das Schlusslicht im Team bilden. Seine Hunde werden sich schnell an die Situation gewöhnt haben und machen ihm so zusätzliche Probleme. Aber wen stört das wirklich, wir haben an diesen Tagen alle Zeit der Welt!

Noch am gleichen Abend lernen wir in der Lodge unsere Musherin Tina kennen. Sie ist Schweizerin und besitzt eine gehörige Portion an Selbstbewusstsein. Nicht nur mein Sohn Jens ist sofort begeistert von ihr! Allerdings stellt sie auch bei dieser ersten Begegnung klar, wer das Sagen auf dieser Reise haben wird! Tina liebt Hunde und die Hunde scheinen auch sie zu lieben, wie wir in den kommenden Tagen erfahren werden. Sie hatte an den vergangenen Tagen frei und da ihre Schwester und Eltern zu Besuch gekommen waren, konnten sie einige Tage zusammen in der Wildnis verbringen. Die junge Schweizerin wird mehr als ein Jahr lang in Lappland bleiben. Sie ist Tierarzthelferin und in der Lage, selbst kleine Operationen auszuführen. Bei den Hunden kommt es immer wieder zu Rangkämpfen, in deren Folge es zu Bisswunden kommt, die schnell genäht werden müssen. Somit ist sie ohne jegliche Frage die Idealbesetzung für diesen Job. Sie lebt in einem Haus mitten im Huskycamp zusammen mit Mushern und Doghandlern, die aus verschiedenen Ländern Europas kommen.

Am darauffolgenden Morgen wird es ernst. Wir packen unsere wichtigsten Sachen für die kommenden Tag in kleine Taschen, die wir später neben dem Hundefutter in den Schlitten verstauen werden. Dazu kommt unsere Verpflegung für mehrere Tage, die vom Camp zur Verfügung gestellt wird. Jeder von uns hat eine eigene eiserne Ration dabei, wozu auch eine kleine Flasche Hochprozentigen zählt. Tina hat bereits vor unserer Ankunft im Camp die Hunde eingespannt. In den nächsten Tagen werden wir diese Aufgabe selbst übernehmen müssen. Eine halbe Stunde nach unserer Ankunft im Hundecamp sind wir unterwegs, nachdem Tina noch schnell ein paar Positionen der Hunde verändert hatte. Wir haben die gleichen Hunde, wie am Tag zuvor und haben uns ihre Namen gut eingeprägt. Die heutige erste Etappe soll ca. 40 Kilometer betragen und wir werden mit den notwenigen Pausen bis zum frühen Abend unterwegs sein.

Der Trail führt durch eine wellige Landschaft. So manches Mal geht es kleine Hügel hinauf und wir müssen von den Kufen der Schlitten steigen und den Hunden helfen, den Anstieg zu bewältigen. Bei der darauffolgenden Talfahrt stehen wir mit einem Bein auf der Bremse und haben oft Mühe zu verhindern, dass der Schlitten mit seinem großen Gewicht die Hunde einholt. Als wir am frühen Abend die erste Cabin erreichen, sind wir alle von den ungewohnten Anstrengungen total geschafft. Jetzt aber beginnt die Arbeit erst. Zuerst muss für die Hunde gekocht werden, dann Holz für die Sauna und die Cabin bereitet werden. Erst dann können wir uns gemeinsam an die Vorbereitung des Essens machen, während sich die Hunde bereits in einer Kuhle gemütlich gemacht haben. Wir haben ein wenig Stroh unter sie gelegt, aber sie werden selbst bei den extrem niedrigen Temperaturen nicht frieren.

Langsam steigt auch die Temperatur in der Hütte an diesem Abend und nach dem Essen gehen wir noch einmal zu den Hunden hinaus. Über uns wölbt sich ein unglaublich schöner und intensiver Sternenhimmel. Die Temperatur ist nun bereits deutlich unter -30 Grad gesunken und auf den Hunden liegen kleine Schneekristalle. Sie haben sich fast zu einer Kugel zusammengerollt und heben zu unserer Begrüßung nur leicht die Nase. Für sie ist jetzt Schlafenszeit und sie müssen Kräfte sammeln für die deutlich längere Etappe, die am kommenden Tage bevorsteht. Wir werden dem Ufer des Pekanjaervi Sees folgen und müssen laut Tina mit einem schwierigen Trail rechnen. Nach einem guten Essen, einem noch besseren Schluck aus der Flasche und vielen lustigen Gesprächen, wiegen wir uns langsam in die Träume. Wir wissen nach dem ersten Tag, dass wir mit unser Musherin die beste Führerin an unser Seite haben, die wir uns nur vorstellen konnten. Sie ist witzig, charmant und gibt klare Anweisungen. Wir dagegen haben uns ohne Widerstand ihrer Führungsrolle gefügt, was für den einen oder anderen sicher nicht so leicht war.

So vergehen die Tage unterwegs in einer der Traumlandschaften Europas, angefüllt mit unvergesslichen Naturerlebnissen, die sich tief in die Erinnerung eingebrannt haben. So erleben wir in einer der Nächte und an einem Morgen die sagenumworbenen Polarlichter und widerstehen ohne Probleme die immer weiter sinkenden Temperaturen. Mit -35 Grad erleben wir den kältesten Morgen der vergangenen Tage an einem zugefrorenen Seeufer. Am Abend hatten wir hier ein Wasserloch bahren müssen, um Wasser für die Hunde zu haben, in dem wir das Fressen für die Tiere kochen konnten. Wir bekommen einen kleinen Eindruck, wie hart das Leben in der Wildnis ist und wie schnell der kleinste Fehler hier zum Verhängnis werden kann.

Tina wird uns später bescheinigen, dass wir die beste Gruppe waren, die sie je geführt hatte. Mit ihr und ihrer Schwester Corinne verbindet uns bis heute eine ganz besondere Beziehung. Wir haben einander mehrfach wiedergesehen und das in der Schweiz, in Österreich, Tschechien, Finnland, aber auch in Kanada, wo sie einen Winter lang später die Schlittenhunde des damals berühmtesten Mushers der Welt, Hans Gatt trainiert hatte. Hans Gatt ist der mehrfache Gewinner des härtesten Hundeschlittenrennens der Welt, dem Yukonquest, dass jedes Jahr im kanadischen Yukon und in Alaska ausgetragen wird. Ich sollte ihm eines Tages in Whitehorse im Yukon begegnen!

13
Tulpen, Fahrräder, Windmühlen und Käse

WENN MAN DAS ERSTE MAL IN SEINEM LEBEN IN DIE NIEDERLANDEN REIST, SO SOLLTE MAN DAZU EINEN DER FRÜHLINGSMONATE AUSWÄHLEN. Vor dem Landeanflug in Amsterdam fällt der Blick unweigerlich auf die endlosen Blumenfelder, auf denen jetzt zu dieser Jahreszeit Millionen und Abermillionen von Tulpen, Narzissen und Hyazinthen in allen nur möglichen Farbnuancen blühen. Es ist ein einziger Rausch der Farben, der die Sinne von Anbeginn an betört. Diese Farbenpracht findet sich auch in der Gestaltung des Flughafens wieder. Blumen und Blumenzwiebeln werden an jeder Ecke verkauft und die hier angebotene Vielfalt ist einfach unglaublich.

Wer genügend Zeit mitbringt, sollte sich einen Besuch auf dem nur wenige Kilometer vom Flughafen entfernt liegenden Keukenhof nicht entgehen lassen. Dieser wohl schönste Frühlingsgarten der Welt wurde bereits im Jahre 1949 von einem Konsortium von Blumenexporteuren und Züchtern von Zwiebeln gegründet, um das Geschäft mit Schnittblumen und Blumenzwiebeln anzukurbeln. Jährlich pflanzt man ca. 7 Millionen Blumenzwiebeln auf einem parkartigen Gelände von einer Größe von mehr als 32 Hektarn. Diese Blumenzwiebeln werden von mehr als 100 Züchtern jedes Jahr erneut gespendet, um dann ca. 8 Wochen lang von Ende März bis Mitte Mai eine Blumenpracht zu kreieren, die seinesgleichen auf unserem Erdball sucht. Da nimmt es auch nicht Wunder, wenn die Besucher aus allen Ecken der Welt kommen und man so immer von einem vielsprachigen Stimmengewirr umgeben ist. Alle eint wohl eine uneingeschränkte Begeisterung und Emotionen werden hier ganz offen gezeigt. Bis zu 1,5 Millionen Gäste aus aller Welt werden hier im Jahr willkommen geheißen und keiner verlässt wohl das Land ohne Blumen oder Blumenzwiebeln von dort mitgenommen zu haben. So hat sich der handfeste wirtschaftliche Hintergrund des Parks für seine Gründer wohl allemal mehr als bezahlt gemacht. Die Holländer sind nun mal ausgezeichnete Geschäftsleute.

Wenn auch die Tulpen symbolisch für das Land stehen, so sind es sicher die Fahrräder, deren allgegenwärtige Präsenz dem Besucher sofort ins das Auge fallen. Die Holländer sind eine Nation der Radfahrer und die dafür geschaffene Infrastruktur im Land sucht seines Gleichen in Europa und vermutlich auch weltweit. Der höchste Punkt des europäischen Teils der Niederlande liegt nur ganze 322 Meter über dem Meeresspiegel, während sich weite Teile des Landes nur wenige Meter über dem Meer erheben, nicht wenige sogar unter dem Meeresniveau liegen. Diese durch Sturmfluten gefährdeten Bereiche werden durch mehrere tausend Kilometer lange Deiche vor möglichen Überflutungen geschützt. Somit finden die Radfahrer nahezu ideale Bedingungen vor. Als Autofahrer dagegen muss man mehr als vorsichtig sein, um nicht mit einem der Radler zusammenzustoßen, zumal diese in vielen Fällen sehr schnell unterwegs sind. Dank ihrer schmalen Silhouette aber werden sie allzu oft übersehen, was zu einer traurigen Bilanz der Unfallstatistik führt. In den Niederlanden sterben jedes Jahr bei Unfällen mehr Radfahrer, als Autofahrer insgesamt und das trotz einer vorzüglichen Infrastruktur von separaten Radwegen. Das gibt einem schon sehr zu denken!

Viele der Radfahrwege führen entlang der unzähligen Kanäle und Grachten, die das Land durchziehen. Immer wieder trifft man dabei auf alte Windmühlen, die in den meisten Fällen liebevoll restauriert wurden. Die meisten dienen als Wasserpumpen der Entwässerung bestimmter Landstriche. Früher soll es viele Tausend Windmühlen in den Niederlanden gegeben haben. Etwa 1.000 Windmühlen soll es heute noch geben und viele von ihnen sind nach wie vor im Einsatz. Die historisch interessantesten Windmühlen sind in Kinderdijk zu besichtigen. Ende des letzten Jahrhunderts hat man diese historischen Bauwerke zum Weltkulturerbe der UNESCO erklärt.

Auf den ausgedehnten Wiesen zwischen den Kanälen sind viele Kühe anzutreffen, die hier nahezu ideale Bedingungen vorfinden. Es regnet besonders in die Küstenregionen überdurchschnittlich viel und auf den Weiden finden die Tiere über viele Monate im Jahr frisches Gras. Die Niederländer sind bekannt für ihre vorzüglichen Milchprodukte, allem voran der Käse, der fast überall im Lande produziert und von dort in die ganze Welt exportiert wird. Gouda, Edamer und Leerdamer sind vermutlich die bekanntesten Käsesorten des Landes.

Die Niederländer haben viel aus dem gemacht, was sie traditionell zur Verfügung haben. Sie sind die geborenen Geschäftsleute und man betreibt intensiven Handel mit fast allen Ländern der Welt. Die vier Hochseehäfen Rotterdam, Amsterdam, Groningen und Zeeland verbinden das Land mit dem Rest der Welt und unterstreichen die nach wie vor bedeutende Rolle der Schifffahrt und des Handels in diesem Land. Nach wie vor gehören die Karibik Inseln Bonaire, Sint Eustatius und Saba zu den Niederlanden und sind irgendwie die Überbleibsel der einstigen kolonialen Großmacht. Trotzdem hat aber gerade diese Zeit der Kolonialisierung zu dem heutigen Völkergemisch und der besonderen Offenheit der Niederländer für Menschen anderer Hautfarben beigetragen.

Über viele Jahre ist es dem Land dank dem scheinbar angeborenen Geschäftssinn seiner Menschen gelungen, einen hohen Lebensstandard zu sichern und die Arbeitslosigkeit auf einem sehr niedrigen Niveau zu halten. Eine sehr liberale Gesetzgebung unterstützt zusätzlich die ohnehin hohe Lebensqualität im Lande.

14
Die beneidenswerte Lebensart der Italiener

Es muss sicher einen triftigen Grund dafür geben, warum gerade Italien das Lieblingsurlaubsland der Deutschen ist. Vermutlich beneiden wir Deutschen im Stillen die ganz besondere Lebensart der Italiener, die sich tatsächlich bei einem Besuch Italiens auf Schritt und Tritt zu zeigen scheint. Wir Deutschen scheinen für die Arbeit geboren zu sein, während ohne jegliche Frage die erste Priorität der Italiener das Leben ist. Einen wirklich tieferen Einblick in die Lebensweise der Italiener, ihrer Denkweisen und Wertvorstellungen bekommt man allerdings erst, wenn man das Land nicht nur für wenige Tage oder Wochen im Jahr als Tourist bereist, sondern für längere Zeit im Land selbst gelebt hat. Mir war dieses besondere Glück zuteilgeworden und von Tag zu Tag durfte ich mehr über die Menschen in diesem von Sonne verwöhnten Land erfahren.

Ob man Italien nun mit dem Auto, dem Flugzeug oder mit dem Schiff erreicht, so ähneln sich die ersten Eindrücke immer. Man ist umgeben von eleganten Menschen, denen es selten an Selbstbewusstsein fehlt, das in nicht wenigen Fällen einen Hang von Selbstgefälligkeit zu erkennen gibt. Überwiegend sind die Menschen in Italien elegant gekleidet und dafür gibt man wie selbstverständlich einen nicht unbedeutenden Anteil seines Einkommens aus. Das Tragen stilvoller Kleidung wird selbst in hohem Alter zelebriert und da die Renten in Italien jahrelang auf einem überdurchschnittlich hohen Niveau lagen, konnten sich das die Menschen selbst bei fortgeschrittenem Alter in vielen Fällen auch leisten. Bummelt man abends durch die Straßen von Mailand, Venedig oder Neapel, trifft man unverhältnismäßig viele elegant gekleidete Menschen, die durch die Straßen flanieren. Italiener lieben es, zu Fuß unterwegs zu sein und viel Bewegung an der frischen Luft ist ohne Frage eines der Lebenselixiere der Menschen aller Altersgruppen. In keinem anderen Land der Welt habe ich so viele Leute selbst in den Morgenstunden vor dem Weg zur Arbeit bei ausgedehnten Spaziergängen oder einem sportlichen Lauf beobachten können.

Diese gesunde Lebensweise, verbunden mit einer hohen Qualität der Lebensmittel haben sicher dazu geführt, dass es in Italien deutlich mehr schlanke Menschen gibt, als in anderen Teilen Europas. Die italienische Küche hat ganz Europa und weite Teile der Welt erobert und steht für eine leichte und gesunde Kost. Dazu werden einige der weltbesten Weine im Land produziert und das hat zu einer Esskultur geführt, die ganz sicher in Europa seinesgleichen sucht. Man geht nicht einfach nur zum Essen, sondern macht aus dem Essen einen besonderen Genuss. Nicht selten erlebt man wie selbstverständlich Großfamilien beim gemeinsamen Abendessen, bei denen bis zu vier Generationen zusammen diesen besonderen Zeitabschnitt des Tages verbringen. Dazu muss es nicht immer einen besonderen Anlass geben.

Auch leben in Italien noch heute oftmals mehrere Generationen unter einem Dach, was zu einem nicht unbedeutenden Teil auf die extrem hohen Immobilienpreise bzw. Mieten zurückzuführen ist. Die Familie hat in Italien einen sehr hohen Stellenwert und man unterstützt sich untereinander, wo immer es nur geht. Die jeweils ältere Generation scheint zu Gunsten der jüngeren Generationen einen Schritt zurückzustecken, auch wenn sehr deutlich hierarchische Strukturen in den Großfamilien zu erkennen sind.

Ohne Frage ist Italien reich gesegnet mit besonders schönen Landschaften, die einmalig auf dieser Welt sind. Im Norden sind es die Berge der Dolomiten, die jedes Jahr abertausende Besucher zu allen Jahreszeiten in ihren Bann ziehen. Am

Fuße und im Schutz der Berge wachsen auf unzähligen Hängen Weintrauben, die zu hervorragenden Weinen verarbeitet werden. Mit dem Lago di Garda, Lago di Iseo, Lago di Como und dem Lago Maggiore liegen hier gleich vier wunderbare Seen umgeben von einer fantastischen Bergwelt. Daneben gibt es eine Unzahl berühmter Kulturlandschaften, wie die Toskana. die Amalfi Küste, die Inseln Elba, Sardinien und Capri oder das wilde Sizilien. Auf einer Küstenlänge von über 7.500 Kilometern wechseln atemberaubend schöne Orte mit sagenhaften Ausblicken einander ab. Kein Wunder also, dass die meisten Italiener stolz auf das eigene Land sind und sich mit ihm besonders eng verbunden fühlen.

Die unvergleichlich reiche Kulturgeschichte des Landes hat dazu überall seine Spuren hinterlassen und Traumstädte, wie Florenz, Siena, Mailand, Venedig oder Rom laden zu Besuchen regelrecht ein. Gerade hier begegnet man nicht nur der reichen Kulturgeschichte des Landes, sondern wird auf Schritt und Tritt Zeuge des Kunstverständnisses der Italiener selbst. So nimmt es auch nicht Wunder, dass man in vielen Wohnungen auf eine kleine Privatsammlung zum Teil recht wertvoller Kunstgegenstände trifft.

So wird bereits den Kindern in jungen Jahren ein Gefühl für die schönen Dinge des Lebens vermittelt. Damit ist es auch kein Wunder, dass gerade aus Italien viele der bedeutendsten Modeschöpfer der Welt entstammen und auch die wichtigsten Produktdesigner häufig italienische Wurzeln haben.

Während man geneigt ist, diese positiven Seiten der Italiener sofort zu übernehmen, gestaltet sich die berufliche Zusammenarbeit in vielen Fällen um einiges schwieriger. Oft werden stundenlange Diskussionen um eigentlich banale Dinge geführt und die Ausführungen werden noch dazu von einer reichen Gebärdensprache begleitet. Um zu einer Entscheidung zu kommen, dauert ungleich länger als in vielen anderen Ländern der Welt. Auch in der Berufswelt haben sich dabei sehr strenge Hierarchien herausgebildet und als Chef ist man solange respektiert, wie man seine Rolle mit einer großen Portion Machtbewusstsein zu unterstreichen weiß. Positionen, die mit einem Direktorentitel einhergehen, sind heißbegehrt in Italien. Dazu gehört dann auch wie selbstverständlich ein gut ausgestattetes Auto, dass ganz besonders gern ironischerweise von einem der Premiumhersteller in Deutschland stammen darf. Man mag in Italien einige der eigenen Automarken, allen voran vielleicht Alfa Romeo und die diversen Hersteller von Sportwagen. Im täglichen Leben will man sich dann aber lieber auf ein in Deutschland gebautes Auto verlassen, die zudem noch das Prestige von Direktorenposten besser unterstreichen.

Autofahren aber können die Italiener ohne Frage und fast jeder ist unabhängig vom Geschlecht ein rasanter Fahrer. Der italienische Straßenverkehr fließt, während wir in Deutschland oftmals völlig überlastete Autobahnen erleben und viel Zeit unseres Berufslebens in diversen Staus verbringen. Trotz der rasanten Fahrweise der Italiener kommt es eigentlich zu einer erstaunlich geringen Zahl von schweren Unfällen. So nimmt es auch nicht Wunder, dass sich unter den berühmten Rennfahrern der Vergangenheit immer wieder Italiener befunden haben. Irgendwie hat man das rasante Fahren im Blut und emotionale Ausfälle, besonders im dichten Stadtverkehr, sind nicht selten.

Wenn man positive und negative Erlebnisse in Italien auf die Wage legt, so wird diese wohl eindeutig zugunsten des Positiven ausschlagen. Vor allem sind da die vielen kleinen Begebenheiten quasi am Wegesrand, die man immer wieder erleben kann. Wenn man am Morgen zur Arbeit fährt, gehört es für viele Menschen in Italien dazu, an einem kleinen Café oder an einer Tankstelle mit Barbetrieb anzuhalten, um dort genüsslich seinen Morgenkaffee zu trinken und der ist in den meisten Fällen selbst an ganz einfachen Orten einfach vorzüglich! Nähert man sich in der Fabrik einem der allgegenwärtigen Kaffeeautomaten, so wird sich fast immer ein Mitarbeiter finden, der einem einen Espresso oder Cappuccino ausgeben möchte und einem so seinen Respekt bekundet.

Auch kann man in Italien immer wieder herzliches Lachen hören, besonders dann, wenn man in großer Runde zusammentrifft. Dabei geht es in vielen Fällen besonders im Süden des Landes lautstark zu. Definitiv könnten wir Mitteleuropäer uns etwas von der Lebensart der Italiener abgucken und einiges davon übernehmen! So gehören die Italienischen Restaurants in allen Ländern ganz selbstverständlich dazu und jeder Besucher schlüpft unweigerlich wenigstens für kurze Zeit in die Haut der Italiener und lässt sich so von seiner Lebensfreude anstecken. Diese Lebensfreude, die feste Einbindung in die Familie, gute klimatische Bedingungen und eine hohe Qualität der Lebensmittel haben sicher dazu beigetragen, dass in Italien die Menschen überdurchschnittlich alt werden.

Kaum jemand kann sich selbst bei einem flüchtigen Besuch im Land dem Charme der Italiener entziehen, der eine fast magische Anziehungskraft zu haben scheint. Wenn man einmal in Italien war, wird es einen immer wieder in dieses wunderbare Land zurückziehen. Und wenn man dann noch im Urlaub ist, verzeiht man den Italienern auch die eine oder andere Unzulänglichkeit, von denen es in Italien jede Menge gibt!

15
Mönch Evtemii

An einigen sonnigen Herbsttagen des Jahres 1998 habe ich bei einem Kunden in der Nähe der bekannten bulgarischen Hafenstadt Burgas zu tun. Die Firma liegt in dem eher schmucklosen Städtchen Sredez im Vorland der Strandja Mountains, einem Naturparadies, das bis zur Grenze zu der Türkei reicht. Die Verhandlungen zur Lieferung einer neuen Maschine ziehen sich wie oft in diesem Land in die Länge und mein bulgarischer Freund Ventzislav und ich brauchen dringend eine Auszeit von den Gesprächen. Wir fragen unseren Gastgeber nach einer Empfehlung zu einem Ausflug in die nähere Umgebung. So erfahren wir das erste Mal von der Existenz eines kleinen Klosters in den Omanbergen nahe des kleinen Ortes Goliamo Bukovo, knapp 25 Kilometer von der Berghütte Bojura entfernt, in der wir in diesen Tagen Quartier bezogen haben.

Kaum hat man Sredez verlassen, findet man sich in einem dichten Eichenwald wieder, der wunderbaren Schatten spendet. Die Straße führt zunächst bergan und nach wenigen Kilometern erreichen wir ein mit wilden Blumen übersätes Hochplateau. Nur wenig später ändert sich das Landschaftsbild erneut und die Fahrt führt durch ein liebliches Tal, dem ein Flüsschen selbst in der Trockenzeit saftiges Grün spendet. Am Flussufer beobachten wir Schildkröten, Frösche und Libellen und erfahren auch später, dass es hier viele Schlangen geben soll, was man sich gut vorstellen kann.

Die eigentlich gut ausgebaute Straße endet abrupt in dem Dörfchen Goliamo Bukovo, dass sich in einen weiten Talkessel schmiegt. Hier scheint die Zeit stehengeblieben zu sein. Uralte

Häuser im typisch bulgarischen Baustil sind von Weinreben umrankt. Weit ausladende Obstbäume spenden reichlich Schatten in der Mittagsglut. Sonnengebräunte, von Arbeit und Mühsal geprägte Gesichter ausschließlich alter Menschen schauen ungläubig unserem Wagen hinterher, der nicht in ihre Welt zu passen scheint. Die jungen Leute haben ganz offenbar, auf der Suche nach Arbeit, das Dorf schon lange verlassen. Für einen Moment fühlen wir uns in das Jahr 1872 zurückversetzt, in dem einem der Dorfbewohner die Heilige Jungfrau im Traum erschienen war.

Sie forderte Kosta Yanov auf, in den angrenzenden Omanbergen nach dem geheimnisvollen Ort des ehemaligen Klosters Goliam Zmiilak zu suchen. Dieses aus dem Mittelalter stammende Kloster wurde in Folge der türkischen Invasion auf dem Balkan zerstört. Kosta Yanov negierte der Legende nach den Wunsch der Heiligen Jungfrau, wonach sie ihn mit Krankheit bestrafte. Wunden überzogen daraufhin seine Gliedmaßen. Wieder erschien ihm die Heilige Jungfrau und forderte ihn erneut auf, nach dem bereits beschriebenen Ort in den Bergen zu suchen und an einer dort vorhandenen Quelle seine kranken Beine zu waschen. Nach seiner Genesung sollte er an dieser Stelle das Kloster erneut erbauen. Am nächsten Tag erklomm der kranke Mann die Hügel der Omanberge und fand tatsächlich die besagte Quelle. Er wusch seine Wunden mit dem klaren Wasser des Berges. Die Heilung ließ nicht lange auf sich warten. Fortan trug die Quelle den Namen »Holy Virgin Live Giving Spring«. Kosta Yanov fand die Überreste des alten Klosters. Im Jahre 1887 wurde ein Wiederaufbau des Klosters abgeschlossen.

Wir sind dieser Legende auf der Spur und wollen wissen, ob dieser geheimnisvolle Ort noch heute existiert. In Goliamo Bukovo beginnt ein Weg, den man lieber nur zu Fuß oder mit dem Geländewagen bewältigen sollte. Während unserer Fahrt begegnen wir hier bereits dem ersten Wunder. Wenngleich überall Trockenheit herrscht und nur der Fluss im Tal ein wenig Grün spendet, sind hier die Bergwiesen grün und mit Blumen übersäht. Der gesamte Bergrücken wird von vielen kleinen Wasserläufen durchzogen und einige Rinnsale kreuzen unseren Weg. So erklimmen wir den grünen Berg im Schritttempo und beginnen einen Teil des Wunders von Goliamo Bukovo langsam zu begreifen.

Der unscheinbare Komplex des Klosterns ist von einem baufälligen Zaun abgegrenzt. Das freudige Gebell von Hunden schallt uns entgegen, als wir das Klostergelände betreten. Das Hundegebell hat den hier lebenden Mönch Evtimii aus seinem kleinen Wohnhaus treten lassen, um uns als Besucher willkommen zu heißen. Wir werden gebeten, unter weit ausladenden Walnussbäumen Platz zu nehmen und der sicher mehr als 65 Jahre alte Mönch bietet uns eine Tasse Kaffee an, was wir nur zu gern annehmen. Danach sitzen wir wenig später zusammen und lauschen gebannt seiner Geschichte.

Im Jahre 1990 begann Mönch Evtimii seinen verzweifelten Kampf, um das in den letzten Jahrzehnten wiederum verfallene Kloster erneut instand setzen zu können. Bis zum heutigen Tage konnte er aus Spendenmittel lediglich die alte Kirche restaurieren lassen. Für die Errichtung eines Glockenturmes aber hatte das Geld gefehlt. Der Mönch ist ein hagerer und hochaufgeschossener Mann mit einem durchdringenden Blick. Seine Stimme ist ruhig und aus seinen Worten klingt viel Enttäuschung über oft getroffene Zusagen für die Bereitstellung von Geldern, die meistens nicht erfüllt wurden. Trotzdem ist Mönch Evtimii überzeugt, dass es ihm gelingen wird, eines Tages an diesem Standort einen Komplex zu errichten, der unter Nutzung der vom Bulgarischen Zentrum für Physiotherapie und Rehabilitation nachgewiesenen Heilkraft des Wassers besonders alten und kranken Menschen helfen soll. Auch wenn ich nicht der Konfession des Mönches angehöre, beeindruckt mich der feste Glauben des Mannes. Als er einem seiner Träume Ausdruck verleiht, eines Tages den Klang einer Glocke auf dem Klostergelände zu hören, fasse ich im Stillen einen Plan, den ich aber dem Mönch nicht an diesem Tage verrate. Ich frage ihn, ob er mir erlauben würde, einige Bilder von der Kirche und von ihm selbst zu machen, dem er bereitwillig zustimmt. Bei unserer herzlichen Verabschiedung verspreche ich Mönch Evtimii, das ich in absehbarer Zeit wiederkommen werde.

Erst später im Auto berichte ich meinem bulgarischen Freund Ventzislav von meinem Plan, den ich innerhalb weniger Monate umsetzen will. Aus den Fotos, die ich aufgenommen habe, werde ich Postkarten anfertigen lassen, die man im Kloster für wenig Geld verkaufen kann. Würde ich einige hundert Stück drucken lassen, könnte eine nicht unbedeutende Summe zusammenkommen, die für die weitere Renovierung der Kirche oder des gesamten Komplexes genutzt werden kann. Auch werde ich Visitenkarten für den Mönch anfertigen lassen, mit deren Hilfe er mehr Aufmerksamkeit erwecken kann, damit andere Menschen meinem Beispiel folgen. Auch habe ich mir vorgenommen, in Tschechien eine Glocke zu beschaffen, die man nahe der Kirche an einem Baum anbringen kann.

Nur wenige Wochen später habe ich alles zusammen und eine Einladung zur Teilnahme an einer Silvesterfeier meines bulgarischen Kunden in der Berghütte Bojura bringt mir die Gelegenheit, meinen Plan aus dem Herbst in die Tat umzusetzen. Meine Tochter Anne begleitet mich auf dem Weg nach Bulgarien und auch mein bulgarischer Freund hat seine Frau und Tochter zu der Feier mitgenommen. Es ist kalt in diesen Tagen. Die Temperaturen in der Nacht fallen deutlich unter den Nullpunkt und eine leichte Schneedecke hat die Straßen überzogen. Die Landschaft um die Berghütte gleicht einem Wintermärchen. Die Straße nach Sredez ist nur schlecht geräumt und nach dem Abzweig zur Berghütte gibt es keinen Winterdienst mehr. Trotzdem machen wir uns noch vor der Silvesterfeier auf den Weg nach Goliamo Bukovo.

Wir sind noch einige Kilometer von dem kleinen Dorf entfernt, als uns auf der Straße in weiter Entfernung mitten im Wald zwei Fußgänger entgegenkommen. Schon von weit her erkennen wir den Mönch an seiner langen brauen Kutte. Mit ihm ist ein Gehilfe unterwegs, der ihm hilft, eine prall gefüllte Reisetasche zu tragen. Die zwei Männer sind zu diesem Zeitpunkt sicher schon mehr als 8 Kilometer gelaufen und hätten noch einige Kilometer vor sich gehabt, ehe sie zu einer Haltestelle eines Busses gekommen wären. Mönch Evtimii wollte zum Jahreswechsel seine Schwester besuchen, die er lange nicht mehr gesehen hatte. Als er uns erkennt, ist ihm seine freudige Überraschung tief in das Gesicht geschrieben. Noch auf der Straße zeigen wir ihm die Visitenkarten und die Postkarten und mein bulgarischer Freund verrät ihm auch, dass wir eine Glocke in unserem schweren Gepäck haben. Der Mönch kann sein Glück kaum begreifen und kann nur mühsam seine Emotionen verbergen.

Spontan entscheidet sich Evtimii, seine Reise um einen Tag zu verschieben und mit uns zum Kloster zurückzukehren. Wir haben später große Schwierigkeiten, selbst mit Schneeketten den verschneiten Berg hinauf zu kommen. Ein weiterer Gehilfe des Mönches war im Kloster zurückgeblieben. Er ist ein ehemaliger Atomphysiker, der hier in den Bergen seinen Frieden gefunden hat. Schnell erteilt Mönch Evtimii seine Anweisungen, um innerhalb kürzester Zeit ein wahres Festmahl auf den Tisch zu zaubern, bei dem auch nicht der bekannte Traubenschnaps Rakija fehlt. Vermutlich haben viele Dorfbewohner in den letzten Tagen das Kloster besucht und die frommen Männer auf diese Weise gut versorgt.

Bevor wir uns aber an den Tisch setzten, bittet uns mein bulgarischer Freund Ventzislav noch einmal vor die Tür zu kommen. Er hatte mittlerweile die mitgebrachte gusseiserne Glocke ausgepackt und mit dem mitgeführten Werkzeug an einem Baum in der Nähe der Kirche angebracht. Mönch Evtimii lässt den Ton der Glocke erstmalig seit Jahrzehnten in den Bergen erklingen und Tränen stehen dem Mann in den Augen, als so sein langgehegter Traum in Erfüllung geht. An diesem Nachmittag sitzen wir noch lange im kleinen Haus des Mönches und genießen seine Gastfreundschaft. Meine Tochter Anne hatte alle Momente dieses denkwürdigen Tages mit der Kamera festgehalten. Beglückt kehren wir am Abend rechtzeitig vor der Silvesterfeier mit einem guten Gefühl in die Berghütte zurück. Mit einem guten Gefühl im Bauch rutschen wir dann zur Mitternacht von Feuerwerk begleitet in das neue Jahr.

Anfang 1999 gab Mönch Evtimii ein bedeutsames Interview im bulgarischen Fernsehen, wobei er unsere Unterstützung ganz besonders hervorhob und namentlich erwähnte. Das initiierte weitere Spendengelder für die Verwirklichung seines Vorhabens. Als Dank für unsere Unterstützung fertigte Evtimii eine kleine Holztafel mit meinem Namen, die seit dieser Zeit neben der kleinen Glocke an dem Baum hängt.

16

Schöne Landschaften und reiche Traditionen

VON BULGARIEN IST DEN MEISTEN MENSCHEN IN EUROPA VERMUTLICH NUR WENIG BEKANNT. Das Land ist wirtschaftlich schwach und die allgegenwärtige Korruption hat das Land in den vergangenen drei Jahrzehnten weiter ausgehöhlt. Millionen von Bulgaren haben ihre Heimat seit 1989 verlassen und leben heute vor allem in den USA, in Kanada und anderen europäischen Staaten. Meistens waren es aber gerade die fähigsten Köpfe des Landes, die ihrer Heimat den Rücken gekehrt haben, weil sie das Vertrauen in die Regierungen verloren hatten. So gehört Bulgarien heute zwar zur Europäischen Union und ist Mitglied der NATO, aber es rangiert weiter am unteren Ende des Lebensstandards innerhalb der Europäischen Gemeinschaft. Auch hat die geografische Lage nicht wie in anderen Ländern ausländische Investitionen begünstigt, da die Transportwege aus dem südlichen Balkan in das hochindustrialisierte Mitteleuropa einfach zu lang sind. Trotz der niedrigen Lohnkosten sind nur ein Bruchteil aller Investitionen in Osteuropa nach 1989 auf dieses Land entfallen. Dazu mag auch das Fehlen einer eigenen Automobilindustrie nicht unwesentlich beigetragen haben.

Umso wichtiger aber ist es hinter die Kulissen zu schauen auf der Suche nach den positiven Seiten des Landes, die es aus Sicht des Verfassers eine ganze Menge gibt. Wenn man häufig in dieses Land reist und dabei nur einigermaßen gewillt ist, Positives zu entdecken, dann wird man auch dort in Hülle und Fülle fündig werden.

Bulgarien ist ohne jegliche Frage durch herrliche Landschaften reichlich gesegnet. Mit dem vor den Toren der Hauptstadt Sofia liegenden Vitosha Gebirge, dem wilden Pirin, den lieblichen Rhodopen, dem an Seen reichen Rila und dem Stara Planina genannten Balkangebirge gibt es zahlreiche Hochgebirge in Bulgarien. Immerhin sind es mehr als 100 Gipfel, die über 2.500 Meter hoch sind. Der höchste Berg des Landes liegt mit dem Musala im Rila Gebirge und erreicht 2.935 Meter. Allein dadurch sind weite Teile des Landes von einer herrlichen Bergwelt durchzogen, die sich noch viel von ihrer Ursprünglichkeit erhalten konnte. Wer also bereit ist, Abstriche in der Qualität der Unterkünfte in diesen Gebirgen auf sich zu nehmen, wird einen Besuch in den bulgarischen Bergen sicher niemals vergessen. Dazu wird ganz sicher auch beitragen, dass vieles durch Improvisation und eine fantastische lokale Küche kompensiert wird.

Die bulgarische Küche kann es sicher locker bezüglich ihrer Reichhaltigkeit und des Geschmackes mit vielen Küchen in Europa messen, zumal im Schatten der Gebirgsketten sowohl traditionelle Weinanbaugebiete und gewaltige Obst – und Gemüseplantagen liegen. Der Geschmack von sonnengereiften Gurken und Tomaten aus Bulgarien sucht seinesgleichen in Europa. Wenn dazu frischer Schafskäse gereicht wird, dann hat man mit dem Schopska Salat ganz sicher eine der besten Vorspeisen auf dem Tisch, die wohl die europäische traditionelle Küche zu bieten hat.

In den Obstanbaugebieten in der geografischen Mitte Bulgarien reifen Pfirsiche, die faustgroß und so saftig sind, dass man sich den Kauf dieser Delikatesse kaum entgehen lassen kann. Ganze Berge von Pfirsichen werden entlang der Straßen und auf den kleinen Märkten der Orte zu einem Spottpreis in der Hochsaison angeboten. Diese Märkte sind einfach eine Augenweide, da neben den Pfirsichen auch anderes Obst, wie Birnen, Weintrauben, Aprikosen und natürlich Melonen aller Art angeboten werden. Definitiv könnte man sich in Bulgarien unschwer vegetarisch ernähren, wenn man das nur wollte. Allerdings sind die Bulgaren große Liebhaber von Fleisch aller Art, das vorwiegend in gegrillter Form verzehrt wird. Auch als Nachspeisen werden häufig neben Käse vor allem Wurst- und Schinkenspezialitäten gereicht, wie man sie nur in Bulgarien antreffen kann. In den meisten traditionellen Restaurants werden diese Speisen auf Tellern aus Keramik mit dem typischen Pfauenaugen Muster angeboten, das bis heute zumindest in den ostdeutschen Bundesländern in vielen Haushalten zu finden sein wird.

Das schöne Land auf dem Balkan ist also voller reicher Traditionen, die von einer wachen Volkskunstszene mit Auftritten von Tanzgruppen in Trachten bis zu filigraner Holzkunst reicht. Viele Kunstwerke von bulgarischen Malern spiegeln diese reiche Tradition des Landes wider, die auch ihren Niederschlag in einer völlig eigenständigen Architektur gefunden hat, der man nicht nur in den Bergen und in alten Fischerorten, wie Nesebar und Sozopol begegnet. Bulgarien hat hier wirklich eine Menge zu bieten, wenn man bereit ist, sich nicht nur auf die heute leider mit riesigen Hotelanlagen zugebaute Schwarzmeerküste und die Wintersportzentren in den Bergen zu konzentrieren.

In der Hauptstadt Sofia pulsiert das Leben und die Stadt scheint aus allen Nähten zu platzen. Vor allem aber spielt sich das Leben wie überall in Bulgarien auch hier draußen ab, sobald es das Wetter einigermaßen zulässt. Man flaniert gern in Bulgarien und sitzt beim Kaffeetrinken oder beim abendlichen Genuss lokaler exzellenter Weine draußen. Sehen und gesehen werden gehören in Bulgarien wie selbstverständlich dazu und das unterscheidet das Land keinesfalls von anderen südeuropäischen Ländern, wie Italien, Kroatien oder Spanien. Man muss dabei auch neidlos anerkennen, dass es in Bulgarien viele schöne Menschen gibt und das sowohl unter den Frauen, als auch unter den Männern! Wenn die Menschen doch nicht so viel rauchen würden! Sofia ist gesegnet mit seiner Lage direkt am Fuße eines Hochgebirges. Allerdings scheint die Infrastruktur nicht mit der Bevölkerungszahl mitgewachsen zu sein. Immerhin leben ca. 20 Prozent der Bevölkerung des Landes in der immer wachsenden Millionenstadt. Aus diesem Grund wird in der bulgarischen Hauptstadt an allen Ecken und Enden gebaut und besonders im Hochsommer kann man es hier vor Hitze kaum aushalten. Jeder, der es sich irgendwie leisten kann, wird über die nunmehr fertiggestellte Autobahn in nur wenigen Fahrstunden das Schwarze Meer erreichen, um das Wochenende dort zu verbringen. Ist das nicht ganz genauso, wie in Zagreb, Milano, Rom oder Madrid?

Wer etwas von den wahren Traditionen des Landes erleben will, muss aber die Hauptstadt so schnell wie möglich verlassen und einigen ganz besonderen Orten in Bulgarien einen Besuch abstatten. Dazu gehört ohne jegliche Frage die ehemalige Hauptstadt und Sitz des Zaren von Bulgarien, Weliko Tarnowo, die auf Terrassen oberhalb des Flusses Jantra im nördlichen Teil des Balkangebirges liegt. Die Stadt hat ohne jegliche Frage ein ganz besonderes Flair und ein Gang durch die engen Gassen der Stadt, entlang unzähliger Cafés und Restaurants, wird sicher unvergessen bleiben.

Ebenso sollte man der Industriestadt Plovdiv einen Besuch abstatten, in dessen altem Stadtzentrum viele Spuren der Geschichte zu finden sind. Vor allem die Römer haben das Gesicht der Altstadt von Plovdiv geprägt, bevor später die Besetzung Bulgariens durch das Osmanische Reich auch hier großen Einfluss auf die Geschichte der Stadt genommen hat. Ein Besuch des gut erhaltenen Amphitheaters auf einem der Hügel ist ein Muss, wenn man sich einen Eindruck von der zweitgrößten Stadt des Landes machen will.

Leider haben die Hafenstädte Burgas und Varna aufgrund der noch immer schwächelnden Wirtschaft Bulgariens viel von ihrer ehemaligen Bedeutung verloren, aber beide Städte sind trotz allem einen Besuch wert. Vor allem, wenn in der Sommerzeit hunderttausende Touristen die Schwarzmeerküste besuchen, erblühen diese Städte kurzzeitig zu ihrer alten Pracht.

Die bulgarisch – orthodoxe Kirche hat sich in den Zeiten des wirtschaftlichen Umbruchs zu einem wichtigen Hort uralter Traditionen entwickelt und ist selbst als wichtiger Bestandteil dieser anzusehen. Noch immer betreibt die führende Kirche Bulgariens mehr als 100 Klöster, von denen einige von ganz besonderer historischer Bedeutung sind. Dazu gehören vor allem das in der Nähe der Städte Plovdiv und Assenowgrad gelegene Batschkowa Kloster, das bereits im Jahre 1083 gegründet wurde und das zweitgrößte Kloster Bulgariens ist. Unabhängig welcher Konfession man sich zugehörig fühlt, kann man sich bei einem Besuch des ehrwürdigen Gebäudekomplexes kaum der dort herrschenden Ruhe und Stille entziehen. Als junger Bursche hatte ich hier einmal mit meinen Eltern und meiner Schwester übernachten dürfen, wobei Männer und Frauen in getrennten Bereichen des Klosters schlafen mussten. Schon damals war ich von der wundersamen Ruhe begeistert gewesen und kann mich noch heute gut an die schon damals riesigen Bäume im Klosterhof erinnern, die diese Atmosphäre noch weiter unterstreichen. Selbst in der größten Hitze spenden diese uralten Bäume fast überall Schatten.

Das aber mit Abstand bekannteste Kloster in Bulgarien ist das am Fuße des Rila Gebirges liegende Kloster des heiligen Iwan von Rila. Dieses Kloster gehört zum Weltkulturerbe der UNESCO, und wurde vermutlich im Zeitraum zwischen 927 und 941 gegründet und ist damit ca. 150 Jahre älter, als das Batschkowo Kloster. Weltberühmt ist das Kloster für seine Wand- und Deckenmalereien, die auch viele weltliche Motive aus dem einfachen Leben der Menschen wiedergeben. Ohne Frage kann das Rila Kloster zu den bedeutendsten Sehenswürdigkeiten in Bulgarien gezählt werden.

17
Die große Liebe wird vorhergesagt

NACHDEM ICH ZUSAMMEN MIT MEINER TOCHTER DIE TAGE ZUM ENDE DES JAHRES 1998 IN DER BERGHÜTTE BOJURA IN DER NÄHE DER BULGARISCHEN HAFENSTADT BURGAS VERBRACHT HATTE, laden mich anschließend die Eltern meines bulgarischen Freundens Ventzislav zu einem Besuch in ihr Haus in der Stadt Lovech ein, die ca. 90 Kilometer nordöstlich der Hauptstadt Sofia liegt. Lovech ist ein hübsches Städtchen und allemal einen Besuch wert. Da ich die sehr herzlichen Eltern des Freundes bereits vorab mehrfach besucht hatte, will ich meiner Tochter diesen Einblick in das Leben einer bulgarischen Familie nicht nehmen und wir nehmen die ausgesprochene Einladung gern an.

Auch wenn der Jahreswechsel nun bereits stattgefunden hat und wir bereits das Jahr 1999 schreiben, ist unser Kommen für die Eltern des Freundes der Anlass einer großen Feier. Es ist nasskalt an diesen Tagen und nach einer Besichtigung der Stadt mit seiner berühmten überdachten Brücke, die viele kleine Geschäfte birgt, kommen wir gern in das kleine Haus mitten in der Stadt zurück. Eigentlich ist es nur richtig warm in einem Raum des Hauses, der Küche, wo wir uns nach dem ausgiebigen Spaziergang zum Mittagessen versammeln. Typische bulgarische Gerichte werden aufgetischt und natürlich fehlt auch der Schopska Salat nicht, auch wenn jetzt im Winter die Tomaten und Gurken nicht den gleichen Geschmack wie im Sommer haben, wenn alles unter der Sonne reift und nicht im Gewächshaus gezüchtet worden ist. Auch steht ein Glas des hochprozentigen Traubenschnapses Rakija bereit, der bei kaum einem Essen in Bulgarien fehlt. Der Hausherr trägt einen Trinkspruch aus, indem er uns beste Gesundheit wünscht und uns für unseren Besuch in seinem Hause dankt. Das Essen ist köstlich und wohl an diesem Tage mit besonders viel Liebe zubereitet.

Beide Eltern des Freundes sind bereits sehr zeitig in Rente gegangen und verdienen sich mit Nebentätigkeiten ein wichtiges Zubrot. Allein mit der sehr geringen Rente in Bulgarien könnten sie ihren Lebensunterhalt kaum bestreiten. Die Mutter betreibt im Hause ein kleines Textilgeschäft, das wohl auch gleichzeitig ein wenig als Nachrichtenzentrale funktioniert. Hier verdient sie nicht nur ein bisschen Geld dazu, erfährt aber von ihren Kunden die wichtigsten Neuigkeiten aus der Stadt. Sie liebt den kleinen Laden und wir lassen es uns nicht nehmen, auch etwas bei ihr einzukaufen. Der Vater nimmt für einen Hersteller von Fenstern bei Kunden die Aufmaße auf und ist wohl gleichzeitig froh, ab und zu unter andere Menschen zu kommen. Wie gut es doch dagegen den Rentnern im modernen Mitteleuropa geht, die von ihren Pensionen nicht nur gut leben, sondern auch intensiv am gesellschaftlichen Leben teilnehmen können. In Deutschland werden die Rentner zu den kaufkräftigsten Schichten der Bevölkerung gezählt.

Bei diesem bedeutsamen Besuch können wir gut den Wert und den Zusammenhalt der Familien in Bulgarien erkennen, ohne den besonders alte Menschen kaum allein überleben können. Mein bulgarischer Freund lebt zwar einige Autostunden von seinen Eltern entfernt, ein regelmäßiger Besuch dort zu allen möglichen Anlässen ist aber eine Selbstverständlichkeit.

Unser Besuch ist ein besonderer Anlass für die Eltern unseres Freundes und da lassen sie es sich nicht nehmen, auch für den Abend eine Besonderheit vorzubereiten. Das Esszimmer wird an diesem Tage geheizt, was sonst vermutlich in der kalten Jahreszeit nur zu besonderen Feiern oder Festtagen erfolgt. Die Tafel am Abend biegt sich fast vor Köstlichkeiten und neben dem fast obligatorischen Rakija ist auch eine gute Flasche Rotwein bereitgestellt. Während man in den Sommermonaten überwiegend Weißwein trinkt, gehört das Winterhalbjahr eher den Rotweinen, von denen es viele wirklich schmackhafte in Bulgarien gibt. Die Rebensorte Mavrud aus der Gegend um Assenowgrad gehört wohl zu den besten des Landes. In dieser trockenen und heißen Gegend des Landes gedeiht dieser vollmundige, kräftige und trockene Rotwein bestens. Wenn dieser Wein aus Italien, Spanien oder Frankreich käme, würde er wohl leicht in den Regalen der Supermärkte Mitteleuropas, oder auf den Speisekarten guter Restaurants zu finden sein. An diesem Abend machen wir uns aber darüber keine Gedanken und genießen den köstlichen Rotwein in vollen Zügen.

Nach einer tollen Vorspeise und natürlich viel Fleisch als Hauptgereicht wird quasi als Nachtisch die bulgarische Blätterteig Spezialität Baniza serviert. Unter dem Blätterteig verstecken sich vor allem Schafskäse, Quark und Jogurt. Das Ganze wurde in einer runden Kuchenform im Backofen gebacken und wird heiß serviert. Da wir an diesem Abend zu acht Personen um den Tisch sitzen, ist die Baniza von der Mutter des Freundes bereits in acht etwa gleich große Stücke geschnitten worden. Dem Ältesten in der Runde obliegt nun die Aufgabe, die Baniza mehrfach um die eigene Achse zu drehen, da jeder genau das Stück erhalten soll, was auf ihn zeigt. Es ist ein althergebrachtes Ritual, da in die Baniza kleine Papierstücken aus Pergamentpapier eingebacken sind, die mit guten Wünschen versehen sind. Davon wissen meine Tochter und ich natürlich zu diesem Zeitpunkt nichts.

Als ich völlig unvorbereitet das kleine Papier in meinem Stück der köstlichen Baniza finde, erwartet mich eine große Überraschung. Es wird mir die große Liebe vorhergesagt, die mir in Kürze begegnen sollte. Auch wenn ich das an diesem Abend als eine schöne Vision empfinde und mich das mit innerer Wärme erfüllt, will ich dieser Vorhersage kaum glauben.

Als ich aber nur 4 Wochen später der Liebe meines Lebens begegne, verbindet mich das für immer mit dem kleinen unscheinbaren Stück Papier, dass ich an diesem Abend in Bulgarien in so wunderbarer Atmosphäre bekommen hatte. Offenbar stimmt es also doch, dass wichtige Ereignisse im Leben vorhergesehen werden können. Zwangsläufig und nur allzu gern habe ich in den vergangenen Jahrzehnten immer wieder an diesen Abend zurückgedacht und habe mir dabei oft gewünscht, in dieses einfache Haus voller Güte in Lovech zurückzukehren. Zu den nun nicht mehr lebenden Eltern meines bulgarischen Freundes hat mich so immer ein innerliches Band verbunden. Mit großer Dankbarkeit erinnere ich mich heute an alle Einzelheiten dieses denkwürdigen Abends.

Die Temperaturen waren dort in der Nacht noch einmal tief gesunken und in unserem eigentlich ungeheizten Schlafzimmer bemühte sich ein kleines Elektroheizgerät verzweifelt, dem Raum ein wenig Wärme zu spenden. Die wunderbare Stimmung des Abends im Verbund mit einigen Gläsern des guten Rotweines hatte uns trotz der klammen Betten schnell in einen tiefen Schlaf gewiegt!

18
Atemberaubende Landschaften im Hohen Norden

Es gibt ganz sicher viele schöne Länder in Europa, aber vermutlich für jeden von uns nur eines, dass sich mit dem Attribut schmücken kann, das schönste Land auf unserem Kontinent zu sein. Sucht man nur nach dem landschaftlich eindrucksvollsten Land, so schränkt sich aber die Auswahl schnell ein. Will man aber ein Land erleben, das sich so vollkommen von den anderen Ländern unterscheidet und in seiner Wildheit und Ursprünglich kaum zu übertreffen ist, dann kommt man vermutlich an Norwegen kaum vorbei. Noch dazu ist das Land relativ dünn besiedelt und so hat der Mensch dort nur behutsam in die Natur eingegriffen, was als sehr wohltuend empfunden wird, kaum dass man seinen Fuß in das Land setzt.

Überhaupt wird Norwegen mit Superlativen überhäuft. Es zählt zu den wohlhabendsten Ländern der Welt mit einen der besten Gesundheitssysteme und gesicherter Sozialversorgung. Das Land steht an der Spitze des Rankings bezüglich des Lebensstandards und der demokratischen Entwicklung. Kein Wunder also, wenn dem Besucher von Norwegen bereits Wellen der Sympathie für den skandinavischen Staat entgegenschlagen, bevor er nur das Land betreten hat. Irgendwie scheint sich dort alles zu einem harmonischen Bild zusammengefügt zu haben.

Wenn man das erste Mal nach Norwegen reist, sollte man unabhängig mit welchem Verkehrsmittel man ankommt, die Reise entweder in Oslo oder in Bergen beginnen. Organisierte Rundreisen starten oft in einem der beiden Städte und enden dann unweigerlich in der anderen. Von den 5,4 Millionen Einwohnern des Landes leben mehr als eine Million in der sehenswerten Hauptstadt Oslo, die trotz aller Moderne ihren eigenen Charme bewahrt hat. So den schönsten Vierteln gehört ganz sicher der alte Hafen und seine ihn umgebenden herrschaftlichen Häuser. Liebevoll restaurierte Schiffe liegen hier neben modernen Segeljachten vor Anker. Auch erwarten einen in Oslo mit dem Wikinger Museum und dem Kon-Tiki-Museum zwei hochinformative Ausstellungen über die Geschichte der Wikinger und das Forscherleben des berühmten norwegischen Ethnologen und Anthropologen Thor Heyerdahl, der mit seinen aus Balsaholz und Schilf gebauten Booten Überquerungen der Ozeane vorgenommen hatte, um Zusammenhänge zwischen einzelnen Siedlungsgebieten der Menschheit in der Vorzeitgeschichte herauszufinden. Die Bücher mit den Berichten seiner Forschungsreisen hatte ich in meiner Jugendzeit regelrecht verschlungen. Im Wikingermuseum wird ein gut erhaltenes Schiff der tollkühnen Seefahrer zur Schau gestellt, dass man in einem Grabhügel gefunden und anschließend restauriert hatte. Es stammt aus dem 9. Jahrhundert und ist ein Beweis für die Fertigkeit im Bootsbau zu dieser Zeit.

Verlässt man die Hauptstadt Norwegens, wird man sich in den meisten Fällen in Richtung Westen oder Norden wenden, um so schnell wie möglich das Fjordland zu erreichen, was Norwegen wirklich so einmalig macht. Unterwegs gibt es viele Möglichkeiten, eine der bekannten hölzernen Stabskirchen zu besuchen, von denen es einmal mehr als 750 gegeben haben soll. 28 Kirchen, die mehr oder weniger authentisch erhalten worden, sind heute noch zu besichtigen und geben Auskunft über ihre ganz besondere Bauweise. Besonders eindrucksvoll ist die völlig schwarze Stabskirche von Borgund, die bereits im Jahre 1180 erbaut worden ist. Sie liegt in ein kleines Tal eingebettet und ist von saftigen Wiesen umgeben, die im Frühjahr von den Blüten gelber Blumen übersäht sind, die einen schönen Kontrast zu dem fast beängstigenden Schwarz der Kirche bilden. Auch die traditionelle Bauweise dieser Kirchen ist ein Beleg für die hohe Kunstfertigkeit der Handwerker zu dieser Zeit.

Erreicht man einmal die Welt der Fjorde, dann kommt man aus dem Staunen nicht mehr heraus. Die Fjorde haben sich tief und weit in die Landschaft eingeschnitten und zeigen sich in einer dramatischen Schönheit, für deren Beschreibung der Wortschatz nicht auszureichend erscheint. Jeder der großen und bekannten Fjorde, wie der Sognefjord, der Hardangerfjord oder der Geirangerfjord haben ihre Besonderheiten und überbieten sich fast gegenseitig an Vollendung. Hier sollte der Besucher wirklich ausreichend Zeit mitgebracht haben und sich zumindest eine der Gegenden zu Fuß erschließen, um diese in Europa einmalige Landschaft zutiefst zu inhalieren. Vermutlich ist es der Geirangerfjord, der die meisten Besucher anzieht, da er auch von vielen Kreuzfahrtschiffen angefahren wird. Von der Adlerkehre hat man einen wunderbaren Ausblick auf den Fjord und die ihn umgebenden schneebedeckten Berge. Mit etwas Glück liegt ein Kreuzfahrtschiff oder ein Schiff der Hurtigruten im kleinen Naturhafen vor dem Ort Geiranger. Lohnenswert aber ist eine Bootsfahrt durch den Fjord, wo man viel Wissenswertes über die Landschaft und das Leben am Fjord erfährt. Die Fahrt führt auch vorbei an den imposanten Wasserfällen »Die sieben Schwestern«. Auch ist ein Besuch des toll gemachten Besucherzentrum von Geiranger zu empfehlen. Während im Frühjahr die Berge noch lange schneebedeckt sind, wird man dann am Mai ein kleines Wunder erleben, sobald man das Tal erreicht. Hier stehen dann die Obstbäume in voller Blütenpracht. Welch ein Kontrast und was für eine Augenweide!

Fast fällt es einem schwer, sich von der Schönheit und Erhabenheit der Landschaft an den Fjorden loszureißen. Dabei gib es noch so viel in Norwegen zu entdecken. Nicht weit vom Geirangerfjord sollte man sich einen Besuch der Bergstraße Trollstigen nicht entgehen lassen, die bereits im Jahre 1936 eröffnet wurde und infolge von Felsstürzen mehrfach umgebaut werden musste. Zweifelsfrei ist der Bau der Straße eine technische Meisterleistung zu damaliger Zeit gewesen und das Befahren noch immer ein Stück Nervenkitzel, auch wenn die schlimmsten Kurven bereits entschärft wurden.

Spätestens seit den Olympischen Winterspielen des Jahres 1994 hat die kleine Stadt Lillehammer mit seinen nur gut 28.000 Einwohnern die Öffentlichkeit der Welt mit seinem Charme verzaubert. Auch heute noch ist die Innenstadt einen Besuch wert und ist ein idealer Ausgangspunkt für die Weiterfahrt in die Berge des nahen Rondane Nationalparks, der sich ganz besonders für ausgedehnte Wandertouren eignet. Auch hat man hier gute Chancen Renntiere zu beobachten, die von den Flechten und Moosen leben, die auf den Berghängen zur Genüge wachsen.

Noch intensiver wird das Naturerlebnis, wenn man noch weiter in Richtung Norden fährt und das weit über den Polarkreis hinaus. Hier liegt die unglaublich schöne und wilde Inselgruppe der Lofoten. Die größten Inseln sind mit Tunneln oder Brücken untereinander verbunden. Die vermutlich einfachste Anreise hat man mit dem Flugzeug von Oslo aus nach Narvik. Alternativ kann man nach Tromso fliegen, wenn einen die etwas weitere Autofahrt nicht stört. Dort sollte man sich einen Mietwagen nehmen, um die Schönheiten der Inselkette zu erkunden. Bringen sie lieber dazu einige Zeit mit, um diese ganz besondere Gegend Norwegens wirklich genießen zu können.

Bei einer meiner Reisen nehme ich einen Flug nach Tromso. Es ist Angang Mai und die Tage sind schon richtig lang hier im Norden. Die Sonne geht bereits nach 3 Uhr morgens auf in der Finnmark, in der ich jetzt anfangs unterwegs sein werde. Mein erstes Ziel ist der kleine Ort Andenes an der Nordspitze der Inselgruppe Vesteralen, die noch weiter nördlich der Lofoten liegt. Hier soll man gute Chancen haben, Wale zu beobachten und das will ich mir nicht entgehen lassen. Immer wieder muss ich eine der kleinen Fähren nehmen, um die Fahrstrecke abzukürzen. Wiederholt sehe ich jetzt auch unterwegs Rentiere zu meiner großen Freude. Im Untergrund ist es hier noch immer grau, auch wenn die Tage bereits lang sind. Bäche voller Schmelzwasser stürzen überall ins Tal und künden vom endgültigen Ende des Winters in dieser Region.

Andenes empfängt mich mit Nieselregen. Trotzdem finde ich ein Boot, das zur Walbeobachtung aufbrechen möchte. Ganze sechs Passagiere sind zusammen mit mir an Bord. Hoher Wellengang und schlechte Sicht machen es dem Kapitän nicht leicht an diesem Tag, Wale auszumachen. Das mitgeführte Echolot aber verrät ihre Nähe und plötzlich tauchen die Humpback Wale direkt neben dem Schiff auf! Was für ein unglaubliches Erlebnis! Der Bootsmann drosselt den Motor und die Wale kommen immer näher. Auch können wir jetzt das Blasen hören, die nach dem Tauchgang die Atemluft ausstoßen. Fasziniert von den gewaltigen Riesen vergesse ich fast das Fotografieren. Aufgrund des schlechten Wetters werden die Bilder ohnehin nicht besonders gut werden! Am nächsten Morgen empfängt mich strahlender Sonnenschein und ich bin erstaunt über die herrlichen Strände hier im Hohen Norden.

Später besteige ich wiederum eine Fähre, die mir einen weiten Umweg erspart. Somit erreiche ich die Lofoten auf die Wasserwege und vermutlich gibt es kaum eine schönere Anreise, als auf dem Weg über das Meer. Langsam nähern sich die Berge der Inselkette, die jetzt zum Teil noch immer schneebedeckt sind. Immerhin ragen einige der Gipfel über 1.000 Meter aus dem Meer heraus. Auf dem Wasser gleist die Sonne, weiße Wolkenfetzen liegen über den Bergen. Alles strahlt eine Vollkommenheit aus, einfach unglaublich schön. Das Fährschiff ist nur mäßig besetzt und nach der Ankunft auf den Lofoten, bin ich bereits nach kurzer Zeit wieder mit mir allein. Von nun an kommen ich nur langsam vorwärts und bin froh, allein im Auto zu sein. Kein Mitfahrer hätte es wohl ertragen, wenn man alle paar hundert Meter anhält, um ein immer interessanteres Motiv mit der Kamera festzuhalten. Beifahrer eines Fotografen zu sein, ist keine dankbare Aufgabe!

Ich beziehe mein Hotel in der Hauptstadt der Inselgruppe. Svolvaer empfängt mich mir seiner herrlichen Lage unter einem Berggipfel. Farbenfrohe Häuser drängen sich um das Hafenbecken. Die Stadt wird auch regelmäßig von den Schiffen der Hurtigruten angelaufen. Schnell habe ich ausgepackt und sitze wenig später wieder im Auto, da für den kommenden Tag Regen angesagt ist und ich lieber das warme Abendlicht nutzen möchte, um einige besondere Orte der Lofoten abzulichten. Der erste Zwischenstopp gilt dem pittoresken Nussfjord, um den sich einige bunte Fischerhäuser drängen. Boote liegen im Wasser und die bereits tief stehende Sonne zaubert herrliche Bilder. Ich bin begeistert! Hier sehe ich auch die ersten Holzgestelle für das Trocknen von Fischen. Trockenfisch ist nämlich ein Exportschlager der Lofoten. Vor allem wird dazu Kabeljau gefangen und an der salzhaltigen Lauft getrocknet.

Der wohl schönste Ort der Lofoten aber ist Reine. Rot bemalte Fischerhütten stehen hier auf Stelzen im Wasser und viele von ihnen können gemietet werden. Auf den Trockengerüsten sehe ich jetzt tausende Fische, die einen penetranten Gestank verbreiten. Hier würde ich nicht unbedingt übernachten wollen, aber die Bilder in der untergehenden Sonne hätten kaum besser sein können! Dankbar trete ich die Rückreise in die Inselhauptstadt an.

Die Reise durch Norwegen ließe sich noch beliebig fortsetzen. Vor allem der norwegische Teil von Lappland wäre eine Reise für sich wert. Schließlich leben mehr als die Hälfte der Volksgruppe der Samen auf norwegischem Staatsgebiet. Eines Tages sollte ich auch dorthin reisen und das mitten im tiefsten Winter. Die Erlebnisse in Lappland aber wären eine eigene Geschichte wert!

19
Angeborener Geschäftssinn und Fleiß lassen eine Nation Anschluss finden

Wie kaum ein anderes Land hatte Polen unter den Folgen des Zweiten Weltkrieges zu leiden. Die ohnehin nicht weit entwickelte Wirtschaft des Landes lag völlig am Boden und die Kriegsjahre hatten der Landwirtschaft verheerende Schäden zugefügt. Dazu kam, dass große Teile der jüdischen Bevölkerung des Landes in Konzentrationslager verschleppt wurden und dort den Tod gefunden hatten. Anderen war es im letzten Moment gelungen, das Land zu verlassen, um nie wieder dorthin zurückzukehren.

Mit viel Fleiß gelang es in den Jahren nach dem Kriege, die Wirtschaft wieder einigermaßen in Gang zu bringen und die Landwirtschaft wieder zu dem zu machen, die es einmal gewesen war. Auch wenn man den Deutschen nach wie vor misstraute, verdingten sich viele Polen schnell wieder als Saisonarbeiter vor allem in der deutschen Landwirtschaft. Das dabei verdiente Geld wurde fast ausnahmslos wieder in Polen investiert.

So war es nicht selten, an einem Haus in Polen gleich mehrere Firmenschilder zu finden. Der Vater hatte mittels des erworbenen Geldes eine Autowerkstatt gegründet. Die Mutter betrieb einen selbstverständlich privaten Friseursalon und der Sohn hatte auf dem Grundstück eine kleine Halle errichtet, wo er gebrauchte Maschinen für sich arbeiten ließ, die in den meisten Fällen auch wieder in Deutschland erworben waren.

Auch wenn der Argwohn den östlichen und südöstlichen Nachbarn gegenüber noch grösser war, so waren Weißrussland, die Ukraine und vor allem Russland aber willkommene Absatzmärkte, zumal die dortigen Wirtschaften noch viel weniger wettbewerbsfähig waren. Auch hatten die geschäftstüchtigen Polen schnell erkannt, dass man in Deutschland erworbene Waren mit gutem Gewinn in seinen Nachbarländern verkaufen konnte. Nimmt man die Slowakei, Tschechien und die baltischen Staaten hinzu, so ist Polen von einem Markt umgeben, in dem ca. 300 Millionen Menschen leben. Hinzu kommt ein Binnenmarkt mit immerhin auch 38,5 Millionen Menschen. Diese aus wirtschaftlicher Sicht ideale geografische Lage des Landes, hatte man in Polen bereits vor der politischen Wende im Jahre 1989 erkannt. Danach aber begann das Geschäft umso mehr zu wachsen, zumal tausende von Polen nun Jobs vor allem in den westeuropäischen Ländern annahmen, um wiederum ihr Geld in der Heimat zu investieren.

Mit dem Beitritt Polens in die Europäische Union aber nahm die bereits begonnene starke Industrialisierung des einstiegen Agrarlandes erst richtig Fahrt auf. Vor allem sind es Unternehmen in der Leichtindustrie, die mit Hilfe von Fördermitteln schnell international wettbewerbsfähig wurden. Der angeborene Geschäftssinn vieler Polen hat nicht unwesentlich dazu beigetragen, aus dem eher rückständigen Land in den letzten 15 Jahren ein hoch entwickeltes Industrieland zu machen.

Hinzu kommt, dass im Rahmen der Beitrittsverhandlungen Polens zur Europäischen Union der polnischen Landwirtschaft Sonderkonditionen zugestanden wurden, die ansonsten nur den französischen Bauern vorher zuteilgeworden waren. So können heute polnische Landwirte besonders wettbewerbsfähig produzieren und dieser Industriezweig gehört zu den starken Exporteuren im Lande, was nunmehr in anderen europäischen Ländern stark kritisiert wird, da dort einheimische Produkte oft nur mit deutlich höheren Kosten hergestellt werden können. Da aber die führenden Supermarktketten heute über ein Filialnetz in vielen Ländern und einen Zentraleinkauf verfügen, werden polnische Produkte bei vielen Einkäufern einfach bevorzugt.

In den Bereichen der Verpackungsindustrie oder der Herstellung von Möbeln etwa, gehört heute Polen zu den größten Lieferanten in ganz Europa. Für den schwedischen IKEA Konzern beispielsweise ist Polen heute nach China der zweitgrößte Lieferant aller dort vertriebenen Produkte.

Bedenkt man, dass abhängig von der Region in Polen einzelne Projekte mit 50 Prozent und mehr der Investitionskosten durch Gelder der Europäischen Union gefördert wurden und sich die Polen zu einem Spitzenreiter in der Inanspruchnahme dieser Gelder entwickelt haben, so wundert es nicht, dass neben dem Fleiß und dem Geschäftssinn vor allem dieser Faktor ausschlaggebend für die Entwicklung des Landes seit dem Jahre 2004 war.

Auch haben viele Zulieferer der internationalen Automobilindustrie den Wettbewerbsvorteil des Standortes Polen erkannt, obwohl das Land selbst nie über eine nennenswerte Automobilindustrie verfügt hatte. Die Investition von Elon Musk in seine Fertigung von Tesla Elektrofahrzeugen in Brandenburg in unmittelbarer Nähe zur Grenze nach Polen ist wohl auch unter diesem Gesichtspunkt zu sehen. Es kann wohl als ganz sicher angesehen werden, dass sich viele der notwendigen Zulieferer in der Nähe der Grenze zwischen Deutschland und Polen, aber auf polnischer Seite ansiedeln werden. Dank eines gut ausgebauten Autobahnnetzes wird der Transport von Teilen dann je nach Lage der Unternehmen nur eine kurze Zeit in Anspruch nehmen. Das Ingenieurpersonal dagegen wird man bei Tesla maßgeblich aus erfahrenen Leuten der deutschen Automobilindustrie rekrutieren. Auch setzt man bei Tesla ohne Frage auf den Fleiß und die Flexibilität der polnischen Mitarbeiter. Man arbeitet in Deutschland, um Geld zu verdienen, mit dem die Familien in Polen gut leben können. Letztendlich kommt auch das wieder der polnischen Industrie selbst zugute, da man die Waren des täglichen Bedarfes, die Baumaterialien für den Bau von Häusern und die notwendigen Einrichtungsgegenstände dann doch wieder in Polen kauft.

Umso beunruhigender sind die Tendenzen in der aktuellen polnischen Politik, die das Verbleiben des Landes in der Europäischen Union infrage stellen. Ein Austritt Polens aus der Europäischen Handels – und Zollunion hätte für den Warenverkehr und den Handel unabsehbare Folgen und würde die Polen selbst um die Errungenschaften der letzten drei Jahrzehnte bringen, die dem Land einen deutlich sichtbaren Wohlstand geschenkt haben. Es bleibt also nur zu hoffen, dass die Vernunft dem politischen Populismus überlegen bleibt und sich die Menschen in Polen selbst klar zu einem Verbleib in der EU bekennen. Die Probleme, die sich heute nach dem Austritt von Großbritannien aus der Europäischen Gemeinschaft zeigen, sollten eigentlich den Polen eine Lehre sein.

Bedenkt man dazu, dass heute zehntausende Polen in allen möglichen Bereichen der Wirtschaft vor allem in Deutschland arbeiten, so wäre ein Austritt Polens nicht nur für das Land selbst ein nicht wieder gut zu machendem Rückschritt mit fatalen wirtschaftlichen und sozialen Folgen. Immerhin ist Polen heute die sechstgrößte Volkswirtschaft in Europa und ist mit Abstand die größte Volkswirtschaft unter allen ehemaligen osteuropäischen Staaten. Das ist nur gut 30 Jahre nach der politischen Wende in Osteuropa ein riesiger Erfolg, der vor allem dem Fleiß der Polen selbst gutgeschrieben werden kann. Es bleibt also nur zu hoffen, dass die Vernunft der Bürger des Landes grösser als die der aktuellen Politik ist, in der zu starke nationalistische Tendenzen in den Vordergrund gestellt werden.

Schaut man in die Geschichte der politischen Wandlung in Osteuropa, so waren es schließlich die Polen, die als erste eine politische Wende in Gang gebracht hatten. Heute sollten auch handfeste wirtschaftliche Interessen der Bürger selbst und des etablierten Unternehmertums ein Abdriften Polens verhindern.

20
Sonnenfinsternis auf Schloss Dracula

Seit einigen Tagen schon war ich zusammen mit meiner Tochter Anne unterwegs in Osteuropa. Nahe der rumänischen Grenze hatten wir in Ungarn ein Hotelzimmer bezogen, das wir aber bereits am frühen Morgen des kommenden Tages verlassen hatten, nachdem uns ganze Scharen von Mücken in der Nacht attackiert hatten. So waren wir ganz allein an der Grenze und mürrische Grenzbeamte auf ungarischer und rumänischer Seite winkten uns einfach durch. Sie wollten offenbar so zeitig am Morgen nicht gestört werden. Das Bild auf der rumänischen Seite der Grenze änderte sich schlagartig. Nachdem wir in Ungarn auf gut ausgebauten Straßen unterwegs gewesen waren, reihen sich in Rumänien auf den ersten Kilometern die Schlaglöcher buchstäblich aneinander. Alles sah hier ein wenig heruntergekommen aus, die Häuser oft verfallen und die Gärten in vielen Fällen ungepflegt.

Nun haben das die Grenzregionen fast überall in Europa so an sich. Auf beiden Seiten der Grenze wird nichts investiert und meistens handelt es sich um eher ärmliche Gegenden. Hier aber scheint uns der Unterschied besonders krass zu sein. Auf den Straßen sind viele Pferdefuhrwerke unterwegs, auf denen teilweise ganze Familien sitzen. Irgendwie fühlt man sich in eine längst vergangene Zeit zurückversetzt. Meine damals 14-jährige Tochter aber ist begeistert beim Anblick der vielen Pferde. Sie liebt diese Tiere ganz besonders und erkennt erst auf den zweiten Blick die Armut der Menschen, die hinter diesen Bildern steckt. Oft sind es vor allem die Familien der Roma, die unter besonders ärmlichen Verhältnissen leben. Viele junge

Mädchen, die kaum älter als meine Tochter sind, tragen bereits Babys mit sich herum, deren Mütter sie zweifelsfrei sind.

Vor wenigen Wochen war ich mit dem Auto in Bukarest gewesen und hatte unterwegs wahre Prunkbauten der Roma in der kleinen Stadt Buzescu erleben können. Die Wohlhabenden Romas haben sich hier tatsächlich Paläste bauen lassen mit besonders imposanten Dachkonstruktionen, die ein Beleg für die Kunstfertigkeit dieses im gesellschaftlichen Abseits lebenden Volkes ist. Leider kann ich meiner Tochter diesen besonderen Ort auf unserer Fahrt nicht zeigen, da er zu weit von unserer Fahrtroute entfernt liegt. Nur ab und zu entdecken wir die kunstvollen Dächer auf einigen Häusern unterwegs und Anne bekommt so einen kleinen Einblick in die uns fremde Welt der Roma.

Mit Arad passieren wir unterwegs nach Brasov die erste große Stadt in Rumänien und hier sieht alles schon ein wenig besser aus. Auch fehlen die Pferdegespanne in der Stadt. Auffallend aber sind die vielen Industrieruinen an der Peripherie der Stadt, die auf den wirtschaftlichen Verfall im Lande hinweisen. Zehn Jahre nach der politischen Wende in Rumänien sind Investitionen der westeuropäischen Länder noch eine Ausnahme im Land und der Lebensstandard in weiten Teilen Rumäniens liegt weit unter dem von Ungarn, Tschechien oder Polen. Erst viele Jahre später wird sich viel Industrie gerade in dieser Grenzregion zu Ungarn ansiedeln, die das niedrige Lohnniveau nach Rumänien lockte.

Weiter führt unsere Reise über Deva. Hier hatten meine Eltern Bekannte, die wir einmal besucht hatten. Die Frau war Deutschlehrerin gewesen und bei unserem Besuch machten wir auch einen Abstecher in die nahe gelegenen Berge. Dort wohnte die Mutter der netten Frau in einem teilweise verlassenen Bergdorf. Die Zufahrtstrasse endete an einem Flusslauf, den man bei niedrigem Wasserstand ohne Probleme mit dem Auto durchqueren konnte. Ich kann mich noch heute daran erinnern, dass es im ganzen Ort überall nach Alkohol roch, da zum Zeitpunkt unseres Besuches die Pflaumen reif waren und fast in jedem bewohnten Haus illegal Alkohol gebrannt wurde. Auch gab es im Haus keine Toilette und nur aus Anlass unseres Besuches war ein hölzernes Plumpsklo nahe dem Misthaufen von einem Schreiner errichtet worden. Auf einem der Holzbalken fanden wir damals das Datum des Vortages, an dem das Klo wohl fertiggestellt worden war. Wir blieben damals über Nacht und für uns Kinder war der Aufenthalt in dem kleinen Ort ein echtes Abenteuer. Nachts hörten wir überall auf dem Dachboden über uns die Mäuse herumflitzen und konnten so kaum ein Auge zudrücken. Ich erzähle Anne unterwegs auf der Fahrt von diesen vergangenen Tagen, die sich nachhaltig bei mir eingeprägt haben.

Nach vielen Stunden Fahrt erreichen wir die Stadt Sibiu, die früher einmal Hermannstadt hieß. Die Stadt war eine der wichtigsten Siedlungsorte der Siebenbürger Sachsen, von denen sehr viele heute Rumänien verlassen haben und vor allem in Bayern und Baden-Württemberg eine neue Heimat gefunden haben. Sibiu machte einen gepflegten Eindruck und auch waren hier zu dieser Zeit bereits ausländische Investitionen angekommen. Vermutlich wurde auch jetzt wieder viel von den Sachsen aus Siebenbürgen investiert, die heute in Deutschland leben und auf die auch viele der Investoren vor allem aus Deutschland zählten. Einige von ihnen hatten bereits jahrelang in Deutschland gearbeitet und waren nun in die alte Heimat zurückgekehrt, um führende Positionen in neu errichteten Unternehmen zu besetzen. Auch in dieser Stadt hatten meine Eltern Freunde, die wir als Kinder mit ihnen gemeinsam besucht hatten. Heute lebt die ganze Familie seit vielen Jahren in Bayern.

Die Fahrt zwischen den Städten wird nun immer anstrengender, da auf den schlecht ausgebauten Straßen viele Lastkraftwagen unterwegs sind. Auch führt die Strecke teilweise durch bergige Regionen und an ein Überholen ist kaum zu denken. So schaffen wir in einer Stunde mit Mühe ganze 50 Kilometer. Die Fahrt nach Brasov dauert so eine halbe Ewigkeit und wir sind froh, endlich am frühen Abend die schöne Stadt am Fuße der Berge zu erreichen. Auch hier hatten einst viele Siebenbürger Sachsen gelebt, die ebenfalls in vielen Fällen Rumänien den Rücken gekehrt hatten, um sich in Deutschland einen besseren Lebensstandard und eine Zukunft für die Kinder zu erarbeiten. Die Menschen aus Siebenbürgen haben sich in Deutschland durch ihren unglaublichen Fleiß und den festen familiären Zusammenhalt einen guten Ruf erworben.

Ohne große Mühe finden wir das gebuchte Hotel und treffen uns wenig später in einem netten Restaurant mit unserem liebenswerten Vertreter, der in Brasov wohnt. Am kommenden Tag stehen einige Treffen mit Kunden auf dem Programm, ehe wir am Nachmittag einen Abstecher in die Berge unternehmen. Polana Brasov liegt nur 12 Kilometer entfernt und ist ein bekanntes Ausflugsgebiet, wo man im Sommer ausgedehnte Bergtouren unternehmen und im Winter dem Skilauf frönen kann. Herrlich frische Luft schlägt uns beim Verlassen des Autos entgegen. An einigen kleinen Ständen werden wunderbare Arbeiten aus Holz und Wolle angeboten. Einige davon wechseln an diesem Tag den Besitzer und werden später daheim viel Freude bereiten.

Am nächsten Morgen sind wir bereits zeitig auf den Beinen. Es ist der 11. August des Jahres 1999 und an diesem Tag wird es gegen 11 Uhr Ortszeit eine totale Sonnenfinsternis geben, die gerade hier in der Nähe von Brasov besonders gut zu erleben sein soll. Wir nehmen uns Zeit an diesem Morgen zu einem ausführlichen Spaziergang durch die wunderbar rekonstruierte Altstadt von Brasov. Nach einem ausführlichen Frühstück treffen wir uns wiederum mit unserem Vertreter. Er will uns an diesem besonderen Tag einen ebenso besonderen Ort ca. 30 Kilometer südwestlich von Brasov zeigen. Wir wollen gemeinsam dem Schloss Bran einen Besuch abstatten, dass auch als Schloss Dracula bekannt geworden ist. Der nette Herr Vlad hat eigens für die Beobachtung der Sonnenfinsternis spezielle Schutzbrillen gekauft, die eigentlich in ganz Europa seit Tagen bereits ausverkauft waren. Das Schloss Barn ist imposant und die gespenstische Geschichte des blutsaugenden Grafen Dracula hat das ihrige zu dem ständigen Besucherandrang beigetragen.

Wir erleben die Sonnenfinsternis direkt nach unserem Besuch auf Schloss Bran. Alle schauen wie gebannt zum Himmel. Langsam schiebt sich der Mond vor die Sonne und für einen Zeitraum von mehr als zwei Minuten verdeckt er die Sonne vollständig. Für einen kurzen Moment war ein starker Wind aufgekommen und es verdunkelte sich zusehends. Wir kommen inmitten eines Waldstückes zum Stehen. Mit uns haben viele Fahrzeuge angehalten und das Erlebnis ist fast beängstigend, wenn man nicht von der Sonnenfinsternis wüsste. Fast scheint es uns, als ob Graf Dracula selbst sein Unwesen zu treiben scheint! Wenige Minuten später aber ist der Spuk tatsächlich vorbei und die Sonne kommt allmählich wieder zum Vorschein. Auch legt sich der Wind so plötzlich, wie er gekommen war. Nur langsam kehren die Fahrer wieder in ihre Fahrzeuge zurück und ganz allmählich setzt sich die Kolonne in Bewegung. Irgendwie fühlen wir uns lange wie gelähmt nach dem Erlebnis dieses Naturschauspiels.

Allmählich kehren wir wieder in das Flachland Rumäniens zurück. Oft entdecken wir große Schafherden auf den Weiden entlang der Straße und das erinnert mich unweigerlich an eine Begegnung mit einem jungen Schaefer in Rumänien, die bereist einige Jahre zurück liegt. Auch damals war ich zur Osterzeit mit dem Auto in Rumänien unterwegs gewesen. Überall blühten die Obstbäume an den Straßenrändern und bei einem Halt unterwegs entdeckte ich ganz in der Nähe des Parkplatzes eine Schafherde mit vielen Osterlämmern. Mit dem Rücken an einen alten Bauwagen gelehnt, machte ein junger Schaefer im Schatten ein Nickerchen. Es war ein wirklich junger Mann, der mir ein breites Lächeln zuwarf, als er aufwachte und mich ganz in seiner Nähe entdeckte. Der gute Mann hatte perfekte weiße Zähne und sein offenes Gesicht strahlte eine tiefe Zufriedenheit aus. Da er meine Kamera bemerkt hatte, nahm er kurzerhand ein kleines Lamm auf den Arm und schlenderte ohne jegliche Scheu zu mir hinüber. Er ließ sich völlig entspannt von mir fotografieren. Irgendwie fühlten wir uns seelenverwandt, auch wenn ich bis auf wenige Worte nicht seiner Sprache mächtig war und er die meinige ebenso wenig verstand. Was war das für eine emotionale Begegnung. Zwischen unseren Leben schienen Welten zu liegen, aber beide schienen wir den besonderen Moment unserer Begegnung zu spüren. Auf einen kleinen Zettel schrieb er mir später seine Adresse, damit ich ihm sein Bild zuschicken konnte, was ich natürlich auch getan habe.

Davon erzähle ich meiner Tochter, während wir weiter der Grenze zu Ungarn entgegenstreben. Wir sind jetzt unterwegs nach Kroatien und noch viele hundert Kilometer Fahrt liegen vor uns. Der Gesprächsstoff aber geht uns unterwegs kaum aus und die Vorfreude auf kroatische Küste hält uns ohnehin wach, zumal wir uns dort mit der Frau treffen wollen, die noch im gleichen Jahr meine Ehefrau werden sollte.

21
Die liebe Verwandtschaft

Ich betrachte es als ein grosses Geschenk, Verwandte und Freunde zu haben zu haben, die heute in vielen Ländern der Welt wohnen. Einige von ihnen sind irgendwo auf unserer Welt geboren und haben dann oft aus wirtschaftlichen Gründen ihre Heimat verlassen. Andere sind dem Ruf lukrativer Arbeitsangebote gefolgt und haben den neuen Lebensort in einem anderen Land seit Jahren zu ihrer Wahlheimat gemacht. Da gibt es auch einige, die es durch die Liebe ins Ausland verschlagen hat, in dem sie heute zufrieden und glücklich leben. In meinem Fall habe ich zu unserer Hochzeit quasi als Geschenk meiner in der Tschechoslowakei geborenen Frau die Verwandtschaft in der Slowakei dazu bekommen. Wie wertvoll dieses Geschenk war, sollte ich erst in den Jahren darauf wirklich erkennen können. Auch wenn ich bereits zuvor für ein knappes Jahr einmal in der Slowakei gelebt hatte, so hat erst diese neue Verbindung einen tieferen Einblick in das Leben der Menschen in dem kleinen Land erlaubt, das seine Grenzen mit Tschechien, Oestereich, Ungarn, Polen und der Ukraine teilt.

Nach der friedlichen Teilung der Tschechoslowakei in die Tschechische Republik und die Slowakische Republik zum 1. Januar 1993 brach ein völlig neues Zeitalter in der Slowakei an. Dieser Teil der ehemaligen Tschechoslowakei war deutlich weniger industrialisiert und besaß vor allem kaum eine nennenswerte Infrastruktur für die Regierungsarbeit, da die Hauptstadt der Tschechoslowakei Prag gewesen war, die von diesem Tag an die Hauptstadt der Tschechischen Republik wurde. So musste vieles in der Slowakei neu aufgebaut werden. Da das

Land zudem deutlich weniger Industriepotential besaß, flossen dementsprechend in den ersten 10 Jahren nach der Trennung weniger Investitionen aus dem westlichen Ausland in die junge Slowakische Republik. Auch waren es mehrheitlich die Tschechen, denen ein guter Ruf als versierte Techniker nachgesagt wurde, so dass sich anfangs Technologieunternehmen lieber in Tschechien ansiedelten, zumal dort zusätzlich einige Hersteller von Fahrzeugen traditionell angesiedelt waren. Das bot nicht gerade die besten Voraussetzungen für eine rasche Entwicklung in der Slowakei.

Erst mit der Einführung einer Flat Tax Rate im Mai des Jahres 2004 und der Einführung des Euro im Januar 2009 änderte sich die Situation vollständig. Beide klugen Schritte der damaligen slowakischen Regierung verschafften der jungen Republik einen starken Zustrom kapitalkräftiger Investoren.

Während sich die Tschechen nach massiven ausländischen Investitionen kaum um einen Arbeitsplatz im Ausland bemühen mussten, waren viele Slowaken über viele Jahre darauf angewiesen. Vor allem im Dienstleistungssektor, aber auch in den Industrieunternehmen Deutschlands, in Oestereich und Italien fanden viele der flexiblen Slowaken eine Anstellung. Nicht wenige von ihnen suchten ihr Glück auch in Tschechien, da es vor allem dort keine Sprachbarrieren gab. In der damaligen Tschechoslowakei hatten sowohl Tschechisch, als auch Slowakisch als offizielle Amtssprachen gegolten und vor allem die ältere Generation hatte kein Problem damit, die jeweils andere Sprache zu verstehen.

In all den vergangen Jahren hielten wir eine enge Verbindung zu unserer Verwandtschaft. Nicht nur die Sprachen der Tschechen und Slowaken unterscheiden sich erheblich. Auch sind deutliche Unterschiede in den Mentalitäten und Wertvorstellungen beider Voelker zu erkennen. Trotz eines oftmals deutlich niedrigeren Lebensstandards in der Slowakei, haben wir dort seltener Klagen über Unzufriedenheit gehört, als das in Tschechien der Fall ist. Auch erscheint uns der Familienzusammenhalt in der Slowakei ein Heiligtum zu sein, auf dessen Wahrung streng geachtet wird. So haben wir es oft erlebt, dass man in der Slowakei eigentlich nicht um einen Besuch bei der Verwandtschaft ansuchen muss, sondern einfach seinen Besuch avisiert und dabei immer das Gefühl hat, willkommen zu sein. Immer wieder haben wir eine tiefe Zufriedenheit unter den Slowaken erlebt und die Bereitschaft, auftretende Probleme selbst zu lösen und dabei oft mit deutlich weniger auszukommen, verglichen mit dem höheren Lebensstandard und Bedürfnissen der Menschen in Tschechien oder gar in Deutschland.

Vermutlich hat zu der deutlich höheren Leidensfähigkeit der Slowaken die enge Bindung zur Katholischen Kirche beigetragen. Immerhin bekennen sich 68 Prozent der Slowaken zu dieser Religion, während es in Tschechien nur ganze 10 Prozent der Bevölkerung sind. So scheint die Katholische Kirche zumindest in der heutigen Zeit der Geschichte des Landes zu einem Hort der Traditionen geworden zu sein.

Fährt man zu Allerheiligen durch Tschechien und die Slowakei, so wird man den deutlichen Unterschied auf den Friedhöfen wahrnehmen. Natürlich besuchen auch die Menschen in Tschechien die Graeber der verstorbenen Verwandten, aber in der Slowakei ist dieser Tag ein offizieller Feiertag und besonders abends und in der Nacht erhellen überall hunderte oder vielleicht tausende von Kerzen die würdevoll geschmückten Graeber. Auch sind an diesem Tag viele Besucher auf den Friedhöfen anzutreffen, wo zwar ein emsiges Treiben, aber gleichzeitig eine ehrenvolle Stille herrscht.

Besonders im slowakischen Teil der ehemaligen Tschechoslowakei haben sich viele Traditionen der Volkskunst bewahrt. In vielen Orten werden Jahr für Jahr Festivals abgehalten, wo Tanzgruppen in traditionellen Kostümen um die Gunst der Zuschauer wetteifern. Besonders in den bergigen Regionen der Hohen und Niederen Tatra oder der Mala Fatra sind wunderbar gestaltete Holzhäuser zu bewundern, die von einer wachen Kunstfertigkeit der Handwerker besonders in den ländlichen Gegenden zeugen. Auch leben die Menschen gerade dort noch immer wie ihre Vorfahren in einem engen Einklang mit der Natur.

Das alles haben wir wieder und wieder bei unseren zahlreichen Besuchen bei unserer Verwandtschaft in der Slowakei beobachten können, die wir ganz besonders in unser Herz geschlossen haben. Ihre Herzlichkeit ist echt. Man gibt und teilt gern, ohne eine Gegenleistung zu erwarten. Bestehende Probleme löst man selbst, ohne eine Hilfe von anderen zu fordern. Auch spüren wir immer wieder erneut eine wohltuende Genügsamkeit, die einen selbst das eine oder andere Mal ermahnt, seine eigenen Wünsche auf das wirklich Notwendige und Wichtige zu reduzieren. Wir jedenfalls fühlen uns in irgendeiner Weise magisch angezogen von der Slowakei und seinen Menschen. Vor allem ist das wohl der Warmherzigkeit zu danken, die uns bei jedem einzelnen Besuch erneut entgegenschlägt!

Nach schwierigen Anfangsjahren haben sich heute zumindest im westlichen Teil des Landes dank massiver ausländischer Investitionen blühende Industriestandorte entwickelt. Auch wenn es in der Slowakei keine eigenen Automarken im Gegensatz zu Tschechien gab, werden heute dort mehr Autos pro Kopf produziert als in Tschechien mit all seinen technischen Traditionen. So werden heute Fahrzeuge für Kia, Volkswagen, Audi, Jaguar und Land Rover in der Slowakei gefertigt und diverse weltbekannte Zulieferer haben sich nahe der Montagewerke der Automobilhersteller angesiedelt. Diese Investitionen haben einen bescheidenen Wohlstand in das Land gebracht. Noch immer aber arbeiten zehntausende Slowaken im Ausland und deren Einkommen sind für einen angemessenen Lebensstandard ihrer Familien daheim bis heute unersetzbar.

Natürlich bleiben weiter die Menschen von Tschechien und der Slowakei eng verbunden. Dazu tragen viele Ehen bei, wo je einer der Partner aus dem jeweils anderen Land stammt und der Wohnsitz dabei entweder in der Slowakei oder in Tschechien sein kann. Der durchschnittlich höhere Lebensstandard in Tschechien hat allerdings dazu geführt, dass heute mehr Slowaken in Tschechien leben, als umgekehrt. Dem hat auch die Filmindustrie und das Fernsehen Rechnung getragen und besetzt heute wie damals viele vor allem tschechische Filme wieder mit slowakischen Schauspielern.

Auch wenn auf internationaler Bühne die Slowakei bis heute noch immer ein wenig im Windschatten Tschechiens agiert, so hat sich das Land zu einem geachteten und stabilen Mitglied der Europäischen Union entwickelt. Wir selbst genießen immer wieder die kleinen, aber spürbaren Unterschiede zwischen den Menschen beider Nationen, die durch enge Bande weiter miteinander verbunden bleiben.

22
Starke Persönlichkeiten und der brave Soldat Svejk

SEIT VIELEN JAHREN BEREITS IST DURCH EINE VERKETTUNG GLÜCKLICHER ZUFÄLLE TSCHECHIEN ZU MEINER WAHLHEIMAT GEWORDEN. Lange bevor ich das erste Mal meinen Fuß in dieses schöne Land setzte, hatte ich das weltbekannte Buch »Die Abenteuer des braven Soldaten Svejk« gelesen und beim Genuss der Lektüre wieder und wieder geschmunzelt. Zu dieser Zeit war ich mir keinesfalls bewusst, dass der Autor des Buches scheinbar mit Svejk eine Romanfigur erfunden hatte, die ein Spiegelbild, ja eine Karikatur des Lebens im Lande darstellt. Jawohl, Svejk scheint bis heute insbesondere unter der Männerwelt in Tschechien sehr lebendig zu sein! Fast scheint es so, dass wie Svejk zu sein, nicht nur einfach die Kopie einer Romanfigur bedeutet, sondern eine Lebenseinstellung insbesondere vieler Männer in Tschechien darstellt. Und das hat wohl ebenso viele gute Seiten, wie auch einige weniger positive, die man einfach kennenlernen muss, will man die Tschechen wirklich verstehen.

Da ist zuallererst der ganz besondere Humor, den es wirklich zu erlernen gilt. Ansonsten versteht man seinen Gegenüber unweigerlich völlig falsch. Dieser Humor scheint in Zeiten entstanden zu sein, wo die Tschechen von der Geschichte hin- und her gebeutelt wurden. Immer wieder wechselten diejenigen, die das Land gegen seinen Willen beherrscht hatten und vor allem »Mann« musste sich an diese Situation so gut es eben ging anpassen. Also lachte man dem neuen Herrscher, Vorgesetzten, Besetzer oder sonst einem Höhergestellten einfach freundlich in das Gesicht. In Wirklichkeit aber steckte dahinter eine tiefe Abneigung oder minimal eine große Portion Misstrauen und Skepsis. Wurde ein Befehl oder ein Gesetz erlassen, so suchte man zunächst einmal nach einem möglichst eleganten Weg, den Befehl anders und vor allem in seinem Sinne auszulegen und das erlassene Gesetz zu umgehen. Daraus hat sich im Laufe der Geschichte ein wahrer Volkssport im Lande entwickelt. Nun muss man den Tschechen tatsächlich zugutehalten, dass selbst in der jüngsten Geschichte des Landes viele Politiker selbst eine so große Portion Svejk in sich vereint haben, dass der einfache Bürger fast unweigerlich dazu bewegt wird, erneut tiefes Misstrauen zu empfinden und wiederum nach Wegen suchen wird, die erlassenen Gesetze und Anordnungen nach eigenen Vorstellungen auszulegen.

Auf keinen Fall will ich falsch verstanden werden. Ich mag die Tschechen, so wie sie sind! Ich habe die Menschen in diesem Land als ungemein fleißig, handwerklich geschickt, technisch hochbegabt und zielstrebig kennengelernt! Man will besser leben und eine scheinbar ständig präsente Unzufriedenheit mit der eigenen Situation wird so automatisch zu einer Motivation, mehr zu leisten, um vorwärts zu kommen. Nicht umsonst geht es heute Tschechien deutlich besser, als den meisten anderen ehemalig sozialistischen Ländern in Europa. In den allermeisten Fällen arbeiten in den Familien beide Partner und der Lebensstandard in den Nachbarländern Deutschland und Oestereich ist der Maßstab der Dinge geworden. Das es den Nachbarn in der Slowakei oder Polen durchschnittlich schlechter geht interessiert hier kaum jemand. Man schaut gern nach vorn und selten zurück.

Zweifelsfrei dürfen die Tschechen stolz darauf sein, was sie in den Jahren seit der Revolution im Jahre 1989 auf die Beine gestellt haben. Immerhin war es mit Vaclav Havel auch ein Tscheche, der in diesem denkwürdigen Jahr der politischen Wende in ganz Europa ein Gesicht gab, nachdem man bereits im Jahr 1968 einen ersten Versuch unternommen hatte, sich von der russischen Besatzungsmacht zu befreien.

Auch wenn wohl in jedem tschechischen Mann eine mehr oder weniger große Portion Svejk steckt, habe ich unter ihnen starke Persönlichkeiten kennenlernen dürfen, die heute zu meinem Freundeskreis zählen. Zu ihnen gehören herausragende Unternehmer, bekannte Ärzte, Manager und Künstler, die auch auf internationaler Ebene ein Wort mitreden können.

Wenn sich auch die Männer oft als die dominanten Personen präsentieren, was immerhin auch ein wenig der natürlichen Rolle des Beschützers entspricht, so sind es in Tschechien aber eindeutig die Frauen, die insbesondere in den Familien das Heft fest in der Hand haben. Ich halte gerade die tschechischen Frauen für ausgesprochen stark und selbstbewusst. Allerdings drängeln sie sich ungern an den Männern vorbei in den Vordergrund und sind es eher gewohnt, das Schicksal der Familie aus der zweiten Reihe zu lenken. In den allermeisten Fällen kann man davon ausgehen, dass die tschechischen Frauen das halten, war sie zugesagt haben. In der Ausbildung stehen sie den Männern ohnehin in nichts nach! Als besonders angenehm darf dabei empfunden werden, dass die Frauen in Tschechien ihre Weiblichkeit dabei erhalten haben und nicht um jeden Preis die Positionen von Männern einnehmen wollen.

Die Hauptstadt Prag gilt als eine der schönsten Städte Europas, ja vielleicht auf der ganzen Welt, wenn man an die unzähligen Kulturdenkmäler denkt, die es hier auf engstem Raum zu besichtigen gibt. Einer der großen Vorzüge von Prag liegt nämlich darin, dass man die allermeisten Sehenswürdigkeiten zu Fuß erreichen kann. Der Besucher braucht sich also keinen Mietwagen zu buchen, um all das Lohnenswerte zu sehen, sondern bucht sich einfach in eines der zahllosen Hotels im Zentrum der Stadt ein und kann von dort alles spielend einfach erreichen.

Die Kulturszene von Prag ist so vielfältig, dass ein Wochenendbesuch nur einen ersten oberflächlichen Eindruck vermitteln kann und es so viele der Besucher einfach immer und immer wieder zurück in die Stadt an der Moldau zieht.

Fragt man irgendwo in Europa jemand, ob er schon in Tschechien gewesen ist, so lautet die Antwort in den meisten Fällen:

»Ja, ich war bereits einige Male in Prag!« Allerdings ist Tschechien deutlich mehr als Prag. Mit dem Riesengebirge, dem Adlergebirge, dem Isergebirge, dem Böhmerwald und den Beskiden laden wunderschöne Mittelgebirge au ausgedehnten Wanderungen oder zum Skifahren ein. Auch kann sich die dort vorhandene Infrastruktur heute bereits sehen lassen und verspricht bei noch immer moderatem Preisniveau einen erholsamen Urlaub auch für die Geldbörse.

Bierliebhaber kommen natürlich in Tschechien ganz besonders auf ihre Kosten. Vielen der Pils Trinker ist nicht bewusst, dass Pilsen eine Stadt ist, die in Tschechien liegt und mit seiner Braukunst viele Jahrhunderte Biergeschichte geschrieben hat. Auch Budweis liegt in Tschechien und der Name der Stadt hat so einem weiteren berühmten Bier seinen Namen gegeben. Bier ist in Tschechien tatsächlich ein Nationalgetränk und der Bierkonsum im Lande liegt so nicht unerwartet weltweit auf einem der führenden Plätze.

Tschechien ist auch aufgrund seiner großen Anzahl gut erhaltener Burgen und Schloesser Schauplatz vieler Hollywood Filme geworden und viele der amerikanischen Schauspiellegenden haben das eine oder andere Mal im Lande gedreht. Die eigene Filmindustrie in Tschechien ist hochentwickelt und das erklärt auch, dass für Film und Fernsehen sehr gute Filme in Tschechien selbst gedreht werden. Das lokale Publikum ist sachkundig und kritisch zugleich und der alljährlich stattfindende Filmfestival in Karlovy Vary ist eine feste Größe im Kalender von Kulturschaffenden in allen Ländern der Welt.

Einen wahren Siegeszug feiert die Automobilmarke Škoda, die heute zum Volkswagenkonzern gehört. Kaum einer anderen Automobilmarke ist der Spagat zwischen Preis und Leistung so gut gelungen, wie Škoda! Die Fahrzeuge werden heute in alle Welt exportiert und die Marke gehört ganz zu Recht zu den profitabelsten des Volkswagenkonzern. Nun mögen kritische Zeitgenossen anmerken, dass man diese Position ausschließlich Volkswagen zu verdanken habe, worin natürlich ein großes Stück Wahrheit steckt. Ohne die Findigkeit und Kreativität tschechischer Ingenieure wäre Škoda aber nicht dort, wo man heute ist!

Es mag wohl zum Teil daran liegen, dass Tschechien ein reines Binnenland ist und somit nicht an ein Meer grenzt. Die Reiselust der Tschechen ist legendär und so ist es auch keine Überraschung, dass man heute Tschechen überall auf der Welt antreffen kann. Ein im europäischen Maßstab überaus hoher Anteil der Bevölkerung macht jedes Jahr Urlaub im Ausland und zu den beliebtesten Reisezielen gehören die Küstenregionen der Länder an der Adria und dem Mittelmeer.

Das kleine Land hat in den letzten Jahrzehnten viele bekannte Forschungsreisende und Weltenbummler hervorgebracht. Bereits kurz nach dem Ende des Zweiten Weltkrieges waren so Hanzelka und Zigmund mit ihrem Tatra Pkw zu Reisen über alle Erdteile aufgebrochen und ihre Berichte haben noch heute einen festen Platz in Bücherregalen von Menschen in vielen Ländern der Welt.

Bei meinen ungezählten Reisen um die Welt hatte ich das Glück, eines Tages den bekannten tschechischen Fotografen Jiří Kolbaba zu treffen. Ich stand gerade zusammen mit meiner Frau am Check In Schalter in Prag, als ich am Nebenschalter den Fotografen entdeckte, der wie wir in Richtung Vancouver in Kanada unterwegs war. In Amsterdam mussten wir in eine Maschine der KLM umsteigen und auf dem Fluge über den Atlantik bat ich einen Flugbegleiter dem Fotografen, unsere Visitenkarten zu bringen, auf denen ich vorher unsere Sitzplatznummern notiert hatte. Jiří Kolbaba sollte selbst entscheiden, ob er uns treffen wolle, oder nicht! Nach einigen Stunden Flug stand er plötzlich neben uns und begrüßte uns mit einem freundlichen Lächeln. Er wollte jetzt zu Beginn des Septembers versuchen, Bären beim Fischen von Lachsen zu fotografieren, während wir eine Tour durch Vancouver Island mit einem Pickup Camper geplant hatten. Sofort entspannte sich ein hochinteressantes Gespräch, das letztendlich mit einer Einladung zu einem Besuch bei ihm zuhause endete. Seit dieser Zeit treffen wir regelmäßig bei einer seiner vielen Lichtbildervorträge zusammen, in denen er begeisterte Zuschauer an seinen Reisen teilnehmen lässt.

So ist Tschechien mit seinen inspirierenden Menschen ein lebenswertes Land, das insbesondere in den letzten mehr als 30 Jahren eine tolle Entwicklung gemacht hat und so heute einen festen Platz in der Europäischen Gemeinschaft einnimmt. Der Lebensstandard im Land ist dabei bereits durchschnittlich höher, als in Ländern in Südeuropa. Dabei wurde vor allem in den letzten Jahren mit nur etwas mehr als 3 % Arbeitslosigkeit fast die Vollbeschäftigung erreicht, was dem Land soziale Stabilität garantiert. Welch ein Erfolg für ein Land, das vor gut 30 Jahren noch unter den Einschränkungen und Restriktionen einer Staatswirtschaft ganz besonders zu leiden hatte!

23 Begegnungen im Land der Schwarzerde

Mehr als 5 Jahre nach der verheerenden Nuklearkatastrophe in Chernobyl unweit der Grenze zu Weissrussland, erklärte die Ukraine am 24. August 1991 ihre Unabhängigkeit von der Sowjetunion und setzte damit ein bedeutendes Zeichen für einen neuen Weg in die Zukunft, der aber alles andere als leicht werden sollte.

Ich bin in diesen Tagen im Baltikum und Russland unterwegs und habe auch einen Termin in Kiew vereinbart und werde von der Unabhängigkeitserklärung des Landes völlig überrascht. Ich lande am Tag nach der Unabhängigkeit von Riga kommend in Kiew, das am Vortag zur Hauptstadt der Ukraine gekürt worden war. Da ich auf dem Inlandsflughafen nahe der Stadt lande, fragt keiner nach einem Visum für das erst einen Tag existierende unabhängige Land. Mich hatten zwei freundliche Piloten für sage und schreibe 200 Deutsche Mark zusammen mit einem Kollegen in einer uralten Antonow 24 direkt von Riga nach Kiew geflogen, nachdem alle Flüge über Moskau gestrichen worden waren. Wir waren die einzigen Fluggäste an Bord gewesen und die Piloten hatten sich wohl ein kleines Zubrot mit dem Ausflug nach Kiew verdient.

Lettland selbst hatte seine Unabhängigkeit offiziell am 21. August 1991 erreicht und die Spannungen zwischen dem Baltikum und Russland waren zu dieser Zeit immens. Fluglinien aus dem Baltikum bekamen in diesen Tagen keine Landeerlaubnis in Russland und so erreichte ich die Ukraine auf direktem Wege, anstelle wie ursprünglich geplant über Moskau zu reisen.

Im Hotel aber war dann die Verwirrung entsprechend groß. Ich hätte zu dieser Zeit eigentlich noch gar nicht in Kiew sein dürfen und mir fehlten die Stempel im Pass von einer Zwischenlandung in Moskau, die es aber nicht gegeben hatte! Die Freude über die frisch erlangte Unabhängigkeit überwog aber eindeutig und so wurde ich im Hotel willkommen geheißen, auch wenn es ein Durcheinander in den Papieren gab. Beim Rückflug hatte ich dann besonderes Glück, als ich bei meinem Flug über Moskau einem in der Ukraine geborenen Grenzbeamten an der Passkontrolle gegenüberstand, der nun zum ersten Mal einen Stempel von der unabhängig gewordenen Ukraine sah. Seine Freude war entsprechend groß und er winkte mich einfach großzügig mit einem Augenzwinkern weiter.

Von diesem denkwürdigen Tag an führten mich immer wieder Reisen in das Land der Schwarzerde. Schnell spürte ich große Unterschiede zwischen den Menschen in den unterschiedlichen Regionen des Landes. Je weiter man von Kiew weg war, desto weniger wollten die Menschen scheinbar mit der Hauptstadt zu tun haben. Im Osten des Landes überwog eindeutig die russische Bevölkerung und dort war die Skepsis gegenüber den neuen Herren in Kiew groß. Gerade dort aber im Donbass liegen die Reichtümer des Landes unter der Erde verborgen und so waren die Spannungen in dieser Region von vorn herein vorprogrammiert.

Immer wieder hatte ich in der wohlhabenden Stadt Donetsk im Osten der Ukraine zu tun, die international durch seinen Fußballklub bekannt geworden war, der dem reichsten Mann im Lande gehörte. Seinen Reichtum hatte er den vielen Kohleminen zu verdanken, die ihm gehörten. Diese Minen aber haben aufgrund katastrophaler Sicherheitsvorkehrungen einen sehr zweifelhaften Ruf. Sehr viele Bergleute verloren dort in den vergangenen Jahren ihr Leben. Da die Jobs aber überdurchschnittlich gut bezahlt sind, fanden sich aber immer wieder neue Minenarbeiter, die in der Hoffnung in den Berg einfahren, dass gerade ihnen nichts passieren wird. Die Stadt selbst profitierte von den Steuereinnahmen der florierenden Unternehmen des

Oligarchen. Großzügige Parkanlagen zeugten vom Wohlstand der Stadt, die man später auch mit einem Direktflug aus Wien kommend erreichen konnte.

Zu der Familie eines meiner Kunden entstand in den vergangenen Jahren eine sehr enge Beziehung, die auch der Krieg in der Ostukraine in den letzten sieben Jahren nicht unterbrechen konnte. Einer der Söhne wohnt heute mit seiner Familie in Russland. Der Rest der Familie ist geblieben und hofft auf eine bessere Zukunft. Allerdings fühlt man sich hier Moskau eindeutig näher als Kiew und ich bin sicher, dass man das Angebot Moskaus angenommen hat und bereits seit einiger Zeit über russische Pässe verfügt. Aus Sicht der Ukraine handelt damit Russland gegen die Interessen der Ukraine und mischt sich in die inneren Angelegenheiten eines souveränen Landes ein.

Viele Menschen im Donbass aber haben in den Jahren den Glauben an die Regierung in Kiew verloren, die leider allzu oft nur persönliche Interessen verfolgt hatte. Viele Millionen Menschen haben infolge der Unzufriedenheit mit der Entwicklung des eigenen Landes die Ukraine verlassen, die einst mehr als 50 Millionen Einwohnen hatte. Ausgewandert sind die Menschen vor allem nach Russland, aber auch nach Kasachstan, Deutschland und Nordamerika. Das ist ein gewaltiger Aderlass für das große Land mit seinen so verschiedenen Menschen und Kulturen.

Eine ganz besondere Erinnerung habe ich an einen Besuch in der Stadt Luhansk, die nahe der Grenze zu Russland liegt. Hier kam ich einmal nach einer langen Autofahrt am Abend des Internationalen Frauentages an, der in der Ukraine und Russland ein Feiertag ist und in beiden Ländern auf ähnliche Weise begangen wird. Kaum hatten wir das Foyer des Hotels betreten, sahen wir uns von einer großen Menge auslassend feiernder Frauen umringt, die ohne Ausnahme bestens gekleidet waren und aus ihrer Weiblichkeit kein Hehl machen. Selten habe ich so viele gutaussehende Frauen auf einmal gesehen. Nachdem wir unser Gepäck auf die Zimmer gebracht hatten, mischten wir uns unter die Feiernden, die zu einer übergroßen Mehrheit aus Frauen bestanden. Auf den Tischen standen große Vasen, die mit herrlichen Blumensträußen gefüllt waren. Die Frauen in der Ukraine und in Russland werden an ihrem Ehrentag besonders reich mit Blumen beschenkt. Es waren gerade die Blumen, die der ansonsten grauen Stadt Luhansk ein wenig Farbe verliehen hatten. Erst in den frühen Morgenstunden entließen uns die wild feiernden Frauen auf unsere Hotelzimmer und vermutlich waren einige von ihnen am Folgetag nicht in der Lage, ihrer Arbeit in der gewohnten Weise nachzugehen, da der Alkohol am Abend in Strömen geflossen war!

Noch am Tag darauf sah man überall in der Stadt Blumenstände, deren Verkäufer nun verzweifelt versuchten, Kunden für die verbleibenden Blumengebinde zu finden. Auch der Besuch bei meinem Kunden war ein Erlebnis der ganz besonderen Art. Hinter mehrere Meter hohen Mauern versteckte sich ein hochmodernes Unternehmen der Verpackungsbranche, dessen Besitzer es zu viel Wohlstand gebracht hatte, den er aber auf geschickte Weise mit seinen Mitarbeitern teilte. Jeder verdiente in seinem Unternehmen für ukrainische Verhältnisse überdurchschnittlich viel und die Stimmung im Unternehmen war entsprechend gut. Der Unternehmer vertrat die Meinung, dass er zwar nicht aus der Ukraine ein modernes und wohlhabendes Land machen könne, aber im Kleinen dieses Ziel sehr wohl erreichbar ist, was er mit seinem Unternehmen nachdrücklich unter Beweis gestellt hatte. Tief beeindruckt von so viel Weitsicht verließ ich an diesem Tag die graue Stadt Luhansk.

Während man im Osten das Zugehörigkeitsgefühl zur russischen Nationalität förmlich spuren kann, so fühlt man sich im Westen des Landes Europa sehr verbunden. Allein schon ein Besuch in der schönen westukrainischen Stadt Lvov lässt die Nähe dieser Region zu Europa erkennen. Die gleichen Baumeister, die Wien, Bratislava, Prag und Budapest ihr Gesicht gegeben hatten, waren auch in Lvov tätig gewesen. Eine aktive künstlerische Szene gibt der Studentenstadt eine ganz besondere und unverwechselbare Atmosphäre. Trotzdem aber ist auf den ersten Blick zu erkennen, dass auch diese Region weit hinter der Entwicklung von Oestereich, Ungarn, der Slowakei und

Tschechien zurückgeblieben ist. Die politische Unstabilität der Ukraine hat den Zustrom von westlichen Investoren weitgehend verhindert. Folgerichtig ist die Arbeitslosigkeit in dieser Region und in großen Teilen der Ukraine hoch und das Heer von Pendlern ist viele hunderttausend Frauen und Maenner stark, die in den entwickelten Ländern Europas die dort fehlenden Arbeitskräfte ersetzt haben. Bedrückend aber ist der Gedanke, dass damit aber der Ukraine viele Fachkräfte verloren gegangen sind, die bei der Versorgung der eigenen Bevölkerung an allen Ecken fehlen. Besonders groß ist der Notstand bei medizinischem Personal.

Einmal hatte ich das große Glück, als Vortragender an einer Konferenz teilzunehmen, die auf der Halbinsel Krim abgehalten wurde. Als Konferenztage waren der Donnerstag und Freitag ausgewählt worden, wobei die meisten Konferenzteilnehmer bereits am Mittwoch angereist waren und das direkt an der Steilküste von Alushta gelegenen schöne Hotel bis zum Sonntag gebucht hatten. Offenbar hatten viele Firmen ihren Mitarbeitern die Teilnahme an der Konferenz als Auszeichnung in Anerkennung guter Arbeit geschenkt. Zum Glück fiel mein Vortrag auf den ersten Konferenztag, da am zweiten Tag bereits am Vormittag gähnende Leere im Konferenzsaal herrschte. Das war auch kein Wunder nach dem übermäßigen Alkoholgenuss am Abend des ersten Tages, der einem opulentem Bankett gefolgt war. Viele Konferenzteilnehmer hatten sich einer Flasche Wodka bemächtigt, der kostenlos angeboten wurde und den die vortragenden Firmen natürlich mitfinanziert hatten. Mit dem Wodka im Gepäck war man in kleinen Gruppen an den Strand gezogen, wo es bis zum frühen Morgen lustig zuging.

Ich hatte an diesem Abend eine Unternehmerin aus Dnipropetrovsk kennengelernt, die sehr viel Interesse an einer kanadischen Maschine aus meinem Lieferprogramm zeigte. Wenige Monate später bat sie mich, sie nach Kanada zu begleiten, wo sie dem Hersteller der Maschinen in Nova Scotia einen Besuch abstatten und im Rahmen des Besuches, einen Kaufvertrag unterzeichnen wollte. Die Dame war eine gutaussehende und hochintelligente Frau und schon die Gespräche mit ihr in Alushta hatten viel Spaß gemacht. Für die Reise nach Kanada hatte sie als Ankunftsflughafen Montreal gewählt, wo wir uns treffen sollten. Von dort aus wollte sie mit einem Mietwagen ca. eintausend Kilometer durch Kanada fahren, um auf diese Weise etwas von dem Land kennenzulernen. Ich übernahm wie selbstverständlich die Rolle des Fahrers und Reiseleiters, da mir Kanada bereits zu diesem Zeitpunkt bestens bekannt war.

Als wir unterwegs an einem Abend in einem Hotel einchecken wollten, fragte mich eine nette Dame an der Rezeption schmunzelnd, warum ich bei meiner hübschen Begleiterin unbedingt zwei Einzelzimmer haben wollte. Ein Zimmer würde doch wohl auch genügen! Die mich begleitende Unternehmerin aus der Ukraine verstand kein Wort Englisch, bestand aber darauf, dass ich ihr übersetzte, was die Dame an der Rezeption gesagt hatte. Nachdem ich der Bitte nachgekommen war, meinte sie nur lachend, dass die Idee mit dem Doppelzimmer doch gar nicht so schlecht wäre! Auf jeden Fall haben wir uns einen vergnügten Abend in dem Hotel gemacht! Immer wieder fragte mich Ludmilla unterwegs über Kanada aus. Viele Ukrainer lebten zu dieser Zeit bereits seit Jahren in Kanada und sie hatten sich zusammen mit ihrem Mann Gedanken über eine Auswanderung gemacht, obwohl sie eine erfolgreiche Managerin war. Sie traute einfach der Entwicklung in der Ukraine nicht und wollte ihren Töchtern eine gute Zukunft sichern. Ich riet ihr damals dazu in der Ukraine zu bleiben, da sich ihre Kinder zwar in Kanada integrieren können, sie aber für immer Ausländer bleiben würden. Heute bin ich mir angesichts der Entwicklungen in der Ukraine nicht sicher, ob ich ihr einen guten Rat gegeben habe.

Diesen besonderen Kontakt konnte ich bis zum heutigen Tage bewahren. Auch habe ich später wiederholt das Unternehmen in Dnipropetrovsk mehrfach besuchen können und auf diese Weise auch die moderne Stadt am Dnepr kennengelernt, der es nur wenige tausend Einwohner zu einer Millionenstadt fehlen. Nur wenige Kilometer östlich von der Stadt beginnt heute das Gebiet, das von Separatisten besetzt gehalten wird und möglicherweise früher oder später einen Anschluss an Russland finden wird.

Die Ukraine ist somit ein gespaltenes Land, dessen östlicher Teil lieber heute als Morgen den Anschloss an Russland sehen möchte, während der westliche Teil des Landes sich zu Europa hingezogen fühlt. So wird die Ukraine vermutlich noch lange Zeit ein Spielball der großen politischen Mächte bleiben!

24
Überleben in der Diktatur

VIELE MALE HABE ICH IN DEN LETZTEN JAHREN WEISSRUSSLAND BESUCHEN DÜRFEN. Ja, Sie hören da richtig! Ich habe das Land besuchen dürfen und bin dabei viel in einem Land herumgekommen, das sich zu entdecken lohnt. Wie in jedem anderen Land der Welt, das man bereist, wird man auch hier Positives und Negatives entdecken. Wichtig ist nur, dass man dem Positiven gegenüber aufgeschlossen ist und Weißrussland nicht mit der leider oft üblichen Überheblichkeit begegnet, die vielen Menschen eigen ist, die aus der westlichen Welt kommend, dieses Land besuchen.

Meistens ist der Minsker Flughafen, weit vor den Toren der Stadt, die erste Begegnung mit dem Land, von dem man eigentlich nicht allzu viel weiß. Auf den ersten Blick wirkt das Flughafengebäude fast futuristisch. Beim genauen Hinschauen aber erkennt man schnell, dass hier offenbarer akuter Geldmangel seine Fertigstellung in der ursprünglich geplanten Vollendung verhindert hat. Trotzdem liegt das Flughafenareal inmitten von einem Wäldchen, in dem vor allem Birken dominieren.

Beim Autofahren auf den fast durchweg guten Straßen des Landes muss man vor allem in Waldgebieten aufpassen. Eine Begegnung mit Elchen soll nicht selten sein, auch wenn ich selbst bei meinen häufigen Reisen nicht einmal ein solches Tier zu Gesicht bekommen habe. Mit einer Waldfläche von mehr als 43 Prozent der Gesamtlandfläche scheinen die Tiere hier ideale Voraussetzungen zu finden. Hinzu kommen mehr als 10.000 Seen im Lande. Ganz Weißrussland ist ein einziges flaches Land, dessen höchste Erhebung nicht über 345 Meter hinausgeht. Das mag sich auf den ersten Blick etwas langweilig anhören, ist es aber nicht. Das Land verfügt über einige Nationalparks, von denen sicher der in Weißrussland und Polen liegende Belaweschka Nationalparks mit seinen darin freilebenden Wisenten der sehenswerteste ist.

Seit 1994 regiert Alexander Lukaschenko das Land mit harter Hand und hatte dabei viele Jahre lang zumeist Rückhalt in der Bevölkerung, da das soziale System des Landes inklusive des Gesundheitswesens im Vergleich zu anderen ehemaligen Sowjetrepubliken auf deutlich besserem Niveau ist. Auch hat sich die Qualität des Wohnens in den letzten zwei Jahrzehnten vor allem für die Menschen in den großen Städten stark verbessert. Aufgrund seiner rigiden Regierungsform wird Weißrussland heute als die letzte Diktatur in Europa bezeichnet. Da gibt es nur geringen Spielraum für eine positive Berichterstattung über das Land und dabei gibt es einiges positives zu berichten.

Auffallend war schon immer die Sauberkeit im Lande. Wenn auch nicht immer alles supermodern war, so hält man das in Ordnung, was man hat. Die Straßen sind großzügig angelegt und in einem deutlich besseren Zustand, als im benachbarten Russland oder in der Ukraine. Die Parkplätze der Überland Straßen zieren oft hübsch bemalte Dekorationen aus Holz und Stein. Auch stapelt sich kein Unrat auf den Parkplätzen, wie es man selbst auf mitteleuropäischen Autobahnen antreffen kann. Viele der Rastplätze verfugen heute auch über kleine Selbstbedienungsrestaurants, wo oftmals selbst zubereitete und schmackhafte Speisen angeboten werden und das zu Preisen, die wirklich erschwinglich sind.

In den Fabriken des Landes werden zumeist Produkte gefertigt, die in der westlichen Welt kaum wettbewerbsfähig sind. Sie sind in den meisten Fällen aber solide und finden ihre Märkte in Teilen von Russland und anderen Nachfolgestaaten der Sowjetunion. Ein gutes Beispiel sind die Traktoren der Marke Belarus, die sich sicher nicht mit denen von Fendt, Class oder John Deere vergleichen lassen. Dafür sind sie aber um Klassen billiger und kaum zerstörbar. Dank nur einfacher Elektronik, kann man sie selbst in Regionen mit einem geringen Ausbildungsstand reparieren.

Und wie sind die Menschen in Weißrussland? Diese Frage wurde mir immer wieder gestellt, da kaum einer meiner Freunde und Bekannten je auf die Idee kommen würde, das Land im Osten von Polen zu besuchen. Ich betrachte sie als wahre Lebenskünstler, die das Überleben in der Diktatur über Jahrzehnte perfekt beherrscht haben. Mach was aus dem, was Dir zu Verfügung steht! Das schien mir immer die Devise vieler Weißrussen zu sein. Immer wieder habe ich gerade in den Fabriken ein unglaublich hohes Niveau an Improvisationsvermoegen kennengelernt, das in der westlichen Welt schon lange verloren gegangen ist und das auch in den ehemaligen Staaten Osteuropas von Generation zu Generation weniger werden wird. Improvisieren ist eben ein Abprodukt einer Mangelgesellschaft, aber ist das ist ja eigentlich nichts wirklich Schlechtes.

Auch habe ich immer wieder die weißrussischen Frauen bewundern dürfen, wie sie sich geschickt selbst ohne Markenkleidung sehr damenhaft zu kleiden wussten. Das steht ganz im Gegensatz zu den Frauen im Nachbarland Russland, wo die Fummel nicht teuer genug sein dürfen. Und gutaussehende Frauen gibt es in Weißrussland in scheinbar besonders großer Zahl! Auch glaube ich, dass es gute Frauen sind, die im Haushalt, der Familie und auch im Beruf ihre Aufgaben erfüllen. Es arbeiten ein großer Teil der Frauen, schon allein um sich einen besseren Lebensstandard leisten zu können.

Ganz besonders oft bin ich im Südosten des Landes gewesen. Mit seinen mehr als 535.000 Einwohner ist Gomel ein bedeutendes politisches, kulturelles, aber vor allem wirtschaftliches Zentrum. Es ist eine Stadt mit breiten Boulevards und schön rekonstruierten fast herrschaftlichen Bauwerken im Zentrum der Stadt. Leider war es gerade die Stadt Gomel, die unter den Folgen der atomaren Katastrophe von Tschernobyl im Jahre 1986 leiden musste. Angeblich haben russische Flugzeuge mittels Chemikalien die auf Moskau zutreibende Atomwolke über der Gegend von Gomel heruntergedrückt. Menschen in dieser

Gegend leiden noch heute an einer frühen Sterblichkeit und noch immer gibt es viele Missbildungen bei Geburten. Trotzdem lieben die Menschen aber ihr Gomel und wollen in vielen Fällen mit der Hauptstadt lieber nicht zu tun haben müssen.

Nach der Atomkatastrophe flossen viele Gelder in die Stadt und eine Sonderwirtschaftszone wurde eingerichtet, in der sich einige Unternehmen befinden, die westliches Niveau aufweisen. Meist sind es Produzenten der Leichtindustrie, die in den Bereichen der Lebensmittelfertigung und deren Verpackung tätig sind.

Es sind vor allem aber die Menschen, die Weißrussland ein anderes Antlitz verleihen, als das allgemein bekannte politische Bild. Ich halte die Menschen für fleißig und genügsam. Die Kriminalität ist vergleichsweise gering im Land. Auch will man mit dem Nachbarland Russland eigentlich nichts zu tun haben. Mehr als 81 Prozent der Menschen sind gebürtige und stolze Weißrussen und lassen das einen auch wissen. Ganz sicher will die überwiegende Mehrheit der Menschen nicht, dass ihr Land in Zukunft nur eine Provinz von Russland ist. Das hat man nach den Wahlen im Jahre 2020 mehr als deutlich zum Ausdruck gebracht, auch wenn der Opposition im ersten Anlauf der politische Umbruch nicht gelungen ist.

Die Hauptstadt Minsk ist auf jeden Fall einen Besuch wert und man muss dabei versuchen, die Stadt ohne Vorbehalte zu betreten. Natürlich weiß man, dass Minsk zu einer Vorzeigestadt geworden ist, mit der sich der Präsident selber feiern will. Begegnet man dann aber den flanierenden Paaren in den weitläufigen Parkanlagen oder in den schönen Restaurants und Cafés der Stadt, dann sind es die wiederum die Menschen, die den Charme der Stadt bestimmen, den Minsk ohne Frage hat. Aus meiner Sicht hat das Land eine gute Zukunft, aber der Schritt dahin wird kein einfacher sein! Und da in Minsk mehr als ein Fünftel der Bürger des Landes leben, wird Minsk in der Geschichte seine Rolle weiter spielen!

25
Leben auf dem Pulverfass

EINES TAGES HATTEN WIR BEI EINER REISE NACH VANCOUVER ISLAND DEN BEKANNTEN TSCHECHISCHEN FOTOGRAFEN UND WELTREISENDEN JIRI KOLBABA GETROFFEN und waren hoch über dem Atlantik in einem Flugzeug auf dem Wege von Amsterdam nach Vancouver in Kanada ins Gespräch gekommen. Wie wir, war auch er nach Vancouver Island unterwegs, um dort zu fotografieren. Spontan wurden wir nach unserer Rückkehr aus Kanada zu einem Besuch bei ihm zuhause eingeladen und lernen so einen sehr angenehmen Mann mit einem enormen Wissen über unsere Welt kennen, dass er in Vorträgen an seine Zuschauer und Zuhörer weitergibt. Bei unserem ersten Zusammentreffen hatte er bereits mehr als 120 Länder der Welt bereist und dabei auch unzugängliche Regionen, wie die Antarktis kennenlernen dürfen. Auch war er auf vielen Inseln in Polynesien unterwegs gewesen.

Die Antwort auf unsere Frage nach seiner Lieblingsdestination überrascht uns dann aber doch. Sein eindeutiges Lieblingsziel wäre Island, teilte er uns bei unserem Besuch in seiner Wohnung mit. Die sich dort teilweise im Minutentakt ändernden Lichtverhältnisse seien für ihn immer wieder eine neue Herausforderung als Fotografen. Auch hält er auf Island für Interessenten Fotokurse ab, die gut besucht sein sollen. Allerdings wäre Island nicht unbedingt ein Reiseziel für Frauen. Die Natur dort wäre rau und schroff. Definitiv hat mich Jiri Kolbaba neugierig gemacht an diesem Nachmittag und ich beschließe einige Wochen später, der Insel zusammen mit einem Freund einen Besuch abzustatten.

Es ist Mitte Juli und die Temperaturen in Island sollen gemäß der Wettervorhersage für isländische Verhältnisse angenehm sein. Wir haben einen Flug über Helsinki gebucht, wo wir einen Weiterflug mit der Iceland Air nehmen wollen. Island liegt fast genau in der Mitte zwischen Europa und der Ostküste der Vereinigten Staaten von Amerika. So ist die Flugzeit von Helsinki nach Keflavik ebenso lang, wie diese von dort nach Boston in den USA. Allein der Zwischenstopp in Helsinki ist kurzweilig. Ich mag diesen überschaubaren und modernen Flughafen, in dem viele gestalterische Elemente aus Holz dominieren.

Nach angenehmen zwei Stunden Wartezeit sind wir unterwegs nach Island mit seinen nur 361.000 Einwohnern, von denen etwa ein Drittel in seiner Hauptstadt Reykjavik leben. Allerdings kommen in guten Jahren fast 2,5 Millionen Menschen als Besucher auf die Insel. Damit ist der Tourismus natürlich zu einer wichtigen Einnahmequelle geworden. So nimmt es auch nicht Wunder, dass fast ein Zehntel der Einwohner Islands in der Tourismusbranche arbeitet.

Wir haben uns einen Kleinwagen gemietet, da Mietwagen in Island wahnsinnig teuer sind. Mit diesem Wagen dürfen wir die gut 1.300 lange Ringstraße und einige Nebenstrecken befahren. Ein Abstecher in das Hochland von Island ist mit diesen Autos nicht erlaubt und wird auch keinem geraten. Auf den sogenannten Mountain Roads muss man ein Fahrzeug mit Allrad haben, am besten einen hochbeinigen und robusten Geländewagen. Diese Routen bestehen ausschließlich aus Schotterpisten, auf denen oft Flussläufe überquert werden müssen. Nur allzu gern hätten wir einen Abstecher in das Inland der Insel unternommen, aber die Preise für einen Geländewagen übersteigen bei weitem unser Budget und sollten am besten von einer Gruppe von vier Reisenden gemietet werden. So kann man die Kosten erträglicher gestalten. Jiri Kolbaba hatte uns aber bei unserem ersten Besuch in Island gerade zu der Strecke entlang der Ringstraße geraten, da dort bereits wahnsinnig viel zu entdecken wäre. Auch kann man kleine Abstecher auf asphaltierten Straßen in das Hinterland unternehmen, die befahren werden dürfen.

Das erste, was uns in Island ins Auge fällt, sind die schroffen Landschaften, die von teilweise mit Moos überwuchertem Lavagestein übersäht sind, die ganz offenbar bei Vulkaneruptionen herausgeschleudert worden. Es handelt sich dabei um ein tief schwarzes Gestein, dass zum Teil messerscharf ist, wie wir einmal bei näherer Betrachtung feststellen können. Dazwischen blühen jetzt Millionen von blauweißen arktischen Lupinen. Das bildet einen wunderbaren Kontrast und bietet dem Fotografen jede Menge an Motiven auf Schritt und Tritt. Als erstes Tagesziel haben wir das Goldene Dreieck angesteuert, das im Hinterland der Hauptstadt liegt und wo sich der berühmte Geysir Strokkur und der Gullfoss Wasserfall befinden.

Die Fahrt führt vorbei an ausgedehnten Pferdekoppeln, auf denen die herrlich anzuschauenden, ausschließlich reinrassigen Islandpferde mit ihren langen Mähnen weiden. Weit mehr als 70.000 Pferde soll es auf der Insel geben. Einmal aus Island ausgeführte Pferde dürfen nie wieder in das Land eingeführt werden. So hat man unter strengen Auflagen eine erstklassige Qualität unter den Pferden erhalten. Wir können uns kaum sattsehen an den schönen und wild wirkenden Tieren.

Der Strokkur Geysir bricht regelmäßig in einem Abstand von wenigen Minuten aus und ist allein dadurch einer der meist besuchten Geysire des Landes. Wir kommen gerade rechtzeitig an. Nachdem ich den Old Faithful Geysir im Yellowstone Nationalpark in den USA gesehen hatte, ist der Besuch des Strokkur Geysirs eher eine Enttäuschung. Der Geysir stößt eine relativ dünne Wassersäule aus, die vielleicht eine Höhe von zehn Metern erreicht. In unregelmäßigen Abständen allerdings soll es zum Ausstoß von weitaus größeren Wassermengen kommen. Uns zieht es aber weiter zu dem in der Nähe gelegenen Gullfoss Wasserfall, der sicher zu den schönsten in Island zu zählen ist. Wir haben ein kleines Hotel nahe dem Wasserfall gebucht und werden dort an der Rezeption freudestrahlend von einer Landsmännin begrüßte, die hier über mehrere Monate einen Job angenommen hat.

Ein Besuch des Gullfoss Wasserfalls ist definitiv ein unglaublich intensives Erlebnis. Das Wasser donnert in eine schmale Schlucht und die Geräuschkulisse ist beeindruckend. Wir können uns nahe dem Wasserfall nur noch mit Handzeichen verständigen. Fotografen und Besucher aus vielen Ländern der Welt sind anwesend und erleben wie wir einen ganz besonderen Moment, als die Sonne auf die Gischt einen herrlichen Regenbogen zaubert. Die Auslöser der Kameras klicken um uns herum pausenlos. Am nächsten Morgen stehen wir zeitig auf und sind schließlich vollkommen allein an diesem Wasserfall, der vermutlich einer der schönsten in Europa ist. Tief beeindruckt fahren wir zurück auf die Ringstraße, auf der wir Island in östlicher Richtung umrunden wollen.

Über viele Kilometer fahren wir durch eine Mondlandschaft, die von einer dichten Aschedecke bedeckt ist. Nur ganz vereinzelt, streckt sich vorsichtig ein Grasbüschel oder niedriger Busch durch diese Ascheschicht, die ein Resultat der gewaltigen Eruption des Vulkan Eyjafjallajökull im Jahre 2010 ist. Diese hatte damals einen großen Teil des Flugverkehres in ganz Europa lahmgelegt. Ich kann mich bis heute gut daran erinnern, wie ich in Minsk in Weißrussland vor der Anzeigetafel abgehender Flüge auf dem Flughafen stand und erleben musste, wie auch mein Flug nach Berlin als einer der letzten Flüge gestrichen wurde. Das hatte mir damals eine überaus lustige Zugfahrt von Minsk nach Berlin beschert.

Unterwegs wechseln sich Regen, Sonne und stark böiger Wind einander ab. Wir bewundern immer wieder einige Fahrradfahrer, die gegen die Wetterunbilden antreten und auf dieser Insel keinen Schutz vor den Urgewalten finden. Ansonsten trifft man auf viele Touristen, die oft ihre eigenen Fahrzeuge mitgebracht haben. Die Anreise mit der Fähre von Dänemark dauert aber lange und man muss genug Zeit mitbringen. Mit einem obligatorischen Zwischenstopp in Thorshaven auf den zu Dänemark gehörenden Färöer-Inseln ist man 2,5 Tage unterwegs. Bei den Mietwagenpreisen lohnt sich das aber vor allem bei längeren Aufenthalten in Island. Wir treffen besonders viele Deutsche, Niederländer und zu unserer Überraschung auch Tschechen. Asiaten und Russen reisen zumeist in kleinen Gruppen, auf die man an den besonders schönen Ort und ggf. abends im Hotel trifft. Die Islandbesucher aber eint das Interesse der Natur und so kommt man mit den meisten der Besucher leicht ins Gespräch.

Vom Seljalandsfoss Wasserfall sind wir tief beeindruckt. Das Wasser schießt über einen Felsvorsprung in einen kleinen See und man kann vor allem hinter dem Wasserfall durchlaufen, wobei man nicht so hundertprozentig trocken bleibt. Wieder gibt es Fotomotive in Hülle und Fülle und es fällt einem schwer, sich zum Weiterfahren zu entschließen.

Ein Zwischenstopp an der Eislagune des Joekulsarlon, die vom Vatnajökull Gletscher gespeist wird, ist ein Muss für jeden Island Besucher. Mit einem Boot kann man bei gutem Wetter einen Ausflug auf der Lagune unternehmen, in der riesige Eisberge treiben, die vom größten Gletscher Europas vorher in das Wasser gestürzt waren. Das Kalben des Gletschers selbst kann man von der Straße aus nicht beobachten. Jiri Kolbaba hatte uns unglaublich schöne Bilder dieser Gegend gezeigt. Sonnenstrahlen brechen sich im Eis, das Blau des Treibeises leuchtet im Sonnenlicht. Alles sieht aber ganz anders aus, wenn es gerade wieder einmal regnet, wie zum Zeitpunkt unseres Besuches. Damit muss man allerdings in Island immer rechnen und Regenbekleidung gehört einfach zur Ausrüstung.

Island gehört zu den Ländern mit einem der höchsten Lebensstandards der Welt. Das Vorhandensein von thermischer Energie im Überfluss sichert ein aus ökologischer Sicht perfektes Beheizen der Häuser des Landes. Man lebt irgendwie hier wie auf einem Pulverfass und man ist sich dieses Risikos sehr wohl bewusst. Regelmäßige Vulkanausbrüche zeugen von den seismologischen Aktivitäten, die maßgeblich auf das Zusammentreffen der eurasischen und amerikanischen Platten zurückzuführen ist. Die außerordentlich große Erdwärme speist aber nicht nur Haushalte, sondern auch herrliche Thermalbäder unterwegs im Lande. Wir haben den Genuss, unterwegs einige erholsame Stunden in Myrvatn zu verbringen und baden dort im warmen Wasser, das bläulich schimmert. Was ist das für ein herrliches Erlebnis! Die Entspannung ist einfach perfekt!

Nach zwei Tagen erreichen wir die kleine Stadt Husavik im Nordosten der Insel. Diese wird auch als europäische Walhauptstadt bezeichnet. Die Veranstalter von Touren zur Walbeobachtung geben hier eine 95% Garantie, dass man bei seinen Ausfahrten Wale zu Gesicht bekommt. Mehr als 200.000 Wale leben in den Gewässern rund um Island. Ein stürmischer Wind fegt über die See bei unserer Ankunft im pittoresken Hafen der Stadt. Viele hölzerne Fischerboote liegen hier vor Anker. Einige sind für die Wale Beobachtung ausgelegt. Es würden jetzt die letzten Boote vor einem aufkommenden Sturm hinausfahren, erklärt man uns. Wir müssten aber bereits mit einem hohen Wellengang rechnen und man warnt uns vor möglicher Seekrankheit. Nach kurzer Abstimmung entscheiden wir uns, es zu versuchen. Mit uns gehen nur weitere zehn Menschen an Bord des vielleicht 30 Meter langen Holzschiffes, das mit einem starken Dieselmotor ausgestattet ist.

Das Schiff stampft kräftig durch die langegezogenen Wellen, die schnell höher werden, kaum haben wir den schützenden Hafen verlassen. Mit uns an Bord gegangen ist eine niederländische Walforscherin, die hier in jedem Jahr mehrere Monate verbringt. Sie hat eine Menge äußerst wertvoller Informationen und wir zeigen ihr unser wirkliches Interesse. Sie berichtet von einer Sichtung der gigantischen Blauwale an den Vortagen, rechnet aber nicht, diese bei dem starken Wellengang zu Gesicht zu bekommen. Humpback Whales sollen sich aber in großen Stückzahlen nicht weit vom Ufer aufhalten und die sollten wir ganz sicher beobachten können. Die Forscherin hat eine sehr gute Kamera dabei und zeigt uns Bilder der vergangenen Tage. Dann bedeutet sie uns, ihr in den Mastkorb zu folgen, der über eine schmale Leiter zu erklimmen ist. Paradoxerweise sollte man dort den starken Seegang fast zehn Meter über dem Deck weitaus besser ertragen können. Auch gäbe es dort ausreichend Platz für genau drei Personen. Das lassen wir uns nicht zweimal sagen und folgen der Frau, wie geheißen. Tatsächlich ist es hier einfacher gegen die aufkommende Übelkeit anzukämpfen. Unten auf dem Deck aber klammern sich bereits alle anderen Mitreisenden an die Reling und werden sich nur an Bruchstücke des Erlebten erinnern. Nach einer Stunde Fahrzeit haben wir uns bereits weit vom Hafen entfernt. Der Wind ist stärker geworden und der Kapitän informiert, dass er aus Sicherheitsgründen den Rückweg antreten muss.

Genau in diesem Moment folgen unsere Augen dem ausgestreckten Arm der neben uns stehenden Niederländerin. Mit geübten Augen hat sie Wale entdeckt. Es sind tatsächlich Humpback Whales, auf die wir getroffen sind. Über Sprechfunk informiert sie den Kapitän von ihrer Entdeckung. Zu unserem Glück ziehen die Wale in Richtung Hafen und wir können das Schiff wenden und ihnen folgen, ohne weiter hinaus in die jetzt schon wild brodelnde See zu fahren. Was haben wir doch für ein Glück, zumal wir die erfahrene Forscherin an unserer Seite haben. Unsere Mitreisenden aber erbrechen einer nach dem anderen und haben absolut nichts von dem besonderen Erlebnis. Einige werden mir später ihre E-Mail-Adressen geben, mit der Bitte, ihnen einige Bilder zu schicken. Mir gelingen mit meinem starken Teleobjektiv einige hervorragende Bilder der riesigen Wale, die sich teilweise vollkommen aus dem Wasser herausschnellen. Bei unserer Ankunft im Hafen stehen wir dann auf ganz wackligen Beinen und beschließen, das Erlebte mit einem guten Abendessen im Hafenrestaurant zu feiern!

Immer wieder muss ich unterwegs an die Worte von Jiri Kolbaba denken. Es ist tatsächlich eine ungewöhnlich raue Landschaft, in der wir unterwegs sind und vermutlich hat er Recht, dass viele Frauen keine Freude an einem Besuch in Island finden würden. Der Charme der Landschaft lässt sich nicht auf den ersten Blick entdecken und manchmal vermutlich auch auf den zweiten nicht. Uns aber kommt Island spannend und reizvoll vor. Vielleicht hat das auch damit zu tun, dass eine Reise durch

Island in jedem Fall einem Abenteuer gleicht, wo man nicht weiß, was einen nach der nächsten Straßen Biegung erwartet.

Definitiv ist Island aber ein Land, in das man sich eine Wiederkehr wünscht, wenn man einmal dort gewesen war. Das Reisen dort ist anstrengend und entspannend zugleich. Man spürt nach einigen Tagen eine merkbare Entschleunigung und das allein ist eine Reise auf die Insel wert!

26

Unsere Tage im Asylantenheim in Gent

An einem regnerischen Oktobertag des Jahres 1999 sind wir mit dem Auto zum Flughafen von Wien unterwegs. Wir hatten vor wenigen Tagen entschlossen, noch im Dezember des gleichen Jahres zu heiraten. Vorher aber wollten wir ein wichtiges Versprechen erfüllen, dass ich im Frühsommer der Frau des in Kenia tödlich verunglückten Piloten Zacharie gegeben hatte. Ich würde sie auf jeden Fall in Europa besuchen, sobald sie sich nach ihrer Flucht aus Kenia bei mir melden sollte. Viele Wochen hatte ich auf den Anruf von Rose warten müssen. Schließlich hatte sie sich aus Gent in Belgien gemeldet, wo sie zusammen mit den Kindern in einem Asylantenheim untergekommen war.

Für meine künftige Frau sollte es der erste Flug in ihrem Leben werden und sie verspürte eine leichte Flugangst an diesem Tag. Unser Ziel war die belgische Hauptstadt Brüssel, wo wir einen Mietwagen gebucht hatten, der groß genug war, um mit Rose und ihren drei Söhnen Ausflug in die Umgebung von Gent machen zu können.

Die Autofahrt dauert nur eine gute Stunde und ohne große Mühe finden wir die angegebene Adresse. Es ist kalt und die Blätter der Pappeln vor dem Haus haben sich gelb gefärbt und fallen im Regen auf das Dach unseres Autos. Das Wetter passt bestens zur Tristesse des zwölftägigen Plattenbaus des Asylantenheimes, das so sehr an die gesichtslosen Neubausiedlungen in der DDR erinnert. Tiefes Unbehagen beschleicht uns beim Anblick dieses Gebäudes. Auf den Balkonen stapeln sich die wenigen Habseligkeiten der Mieter und neugierige Blicke mustern uns bei unserem Eintreffen aus vielen Fenstern. Irgendwie fühlen wir uns mit unserem gemieteten Mercedes unwohl. Hier hat man Menschen zusammengepfercht, die vor den unzumutbaren Verhältnissen in ihrer Heimat oder aus Angst vor politischer Verfolgung geflohen sind. Auf engstem Raum leben hier Europäer, Asiaten, Afrikaner, Araber und Südamerikaner zusammen, streng getrennt von den wohlhabenden Belgiern. Wir wissen aber sehr wohl, dass gerade dieser Wohlstand es ermöglichen wird, einigen der Asylgesuche stattzugeben.

Der Fahrstuhl bringt uns schnell in eine der obersten Etagen des Gebäudes und wir klingeln an einer Tür, durch die Kinderlachen dringt. Jubelnd wird die Tür aufgerissen und wir blicken in die strahlenden Gesichter von drei schwarzen Jungs. Die beiden älteren Brüder können sich noch gut an mich nach unserem Zusammentreffen im Vorjahr in Mombassa in Kenia erinnern, als ich meinen Freund und Piloten Zacharie zusammen mit seiner Frau und den drei Söhnen zum Essen in mein Hotel eingeladen hatte. Der Jüngste erinnert sich scheinbar eher nicht mehr an mich. Dafür hat er sofort Gefallen an Marcela gefunden, der er von nun an nicht mehr von der Seite weicht.

Rose schließt uns in die Arme und kann ihre Freude über das Wiedersehen mit mir und das Zusammentreffen mit Marcela kaum verbergen und bittet uns in ihre Wohnung, die viel gemütlicher ist, als das der hässliche Plattenbau hatte erwarten lassen. Die Möbelstücke der Einrichtung sind zwar alt und stammen durchweg aus Spenden, sind aber in einem guten Zustand. Mit viel Geschmack und geringem finanziellen Aufwand hat Rose die Wohnung dekoriert. Auf einer Vitrine im Wohnzimmer stehen Bilder ihres verstorbenen Mannes und seine Pilotenmütze liegt daneben. Mir steckt ein Kloss im Hals beim Anblick der Bilder. Wie hatte ich doch Zacharie gemocht! Der Freund wird mir mein Leben lang fehlen. Für Rose und die Kinder aber ist der Verlust um vieles grösser und umso erstaunlicher ist es, wie die schöne Frau die neue Situation gemeistert hat.

Erst als die Kinder an diesem Abend nach einem ausgiebigen Abendessen und einem Versprechen zu einem Ausflug mit dem Mercedes am nächsten Tag, im Bett liegen, zeige ich Rose die Bilder von dem verunglückten Flugzeug ihres Mannes, die ich vor wenigen Monaten von einem Flugzeug aus gemacht hatte. Damals hatten mich andere Piloten zu der Unfallstelle unter der Bedingung geflogen, niemals ihre Namen zu nennen. Sie waren es auch gewesen, die mir die Telefonnummer zu Rose in Kenia gegeben hatten und ihnen ist es somit zu danken, dass wir hier in Belgien überhaupt zusammentreffen können. Rose sieht zum ersten Mal Bilder von der verunglückten Maschine und ein innerliches Beben geht durch ihren Körper. Einen kurzen Moment lang schaut sie aus dem Fenster und hat sich Sekunden später wieder fest unter Kontrolle. Wie bewundern wir diese starke Frau! Zacharie kann stolz auf die Mutter seiner Kinder sein!

Das Bugrad der kleinen Maschine von Zacharie konnte beim Landeanflug auf ein Camp in der Savanne scheinbar nicht ausgefahren werden und der Pilot hatte verzweifelt versucht, die Maschine auf der Grasnarbe neben der Landepiste zu landen. Dabei war die Maschine auf einen Steinblock geprallt und sofort in Brand geraten. Zacharie und sein Copilot hatten keine Chance, diesen Aufprall zu überleben. Da Zacharie sich in letzter Zeit politisch engagiert hatte, war Rose sofort davon überzeugt gewesen, dass er jemandem in die Quere gekommen war und man sein Flugzeug manipuliert hatte, um ihn aus dem Wege zu räumen. Somit waren auch ihr Leben und das Leben der Kinder in Gefahr. Ohne mit jemandem darüber zu sprechen, hatte sie einen Asylantrag bei der Botschaft von Belgien gestellt, der ihr schnell und unbürokratisch genehmigt worden war. Danach hatte sie die Asche von Zacharie von einem Fischerboot aus in den Indischen Ozean vor Mombassa gestreut. So hatte sie das mit ihrem Ehemann vereinbart, falls einem von ihnen etwas passieren sollte.

Bereits 5 Jahre zuvor hatte die Familie bei der Flucht aus Ruanda nach Kenia alles verloren. Rose hatte als leitende Angestellte in einer Bank gearbeitet. Ihr Mann war Pilot der Ruanda Airways gewesen und in ganz Afrika unterwegs. Die Familie besaß große Ananasplantagen. Der Ausbruch des Krieges hatte die Familie um alles gebracht, was sie besaßen. Der Neuanfang in Kenia war ihnen gelungen, da Zacharie einen gut dotierten Job als Buschpilot bekommen hatte. Nun aber ist Rose vollkommen auf sich allein gestellt und muss im fremden Europa wieder ganz von vorn anfangen! Wir beneiden sie nicht um die Herkulesaufgabe, die vor ihr steht und sind trotzdem überzeugt davon, dass sie auf die Beine kommen wird. Ihre solide Ausbildung als Bankkauffrau sollte ihr den Weg in die Zukunft ebnen! Wir sind voller Bewunderung dafür, dass wir weder an diesem Abend, noch in den kommenden Tagen ein Klagen vernehmen. Rose hat sich dieser neuen Situation und Herausforderung gestellt und ein Scheitern ist für sie keine Option!

Am nächsten Morgen werden wir von Placide, Remy und Johnny zeitig aus den Betten geworfen. Sie freuen sich so auf den versprochenen Ausflug und vor allem aufs Fußballspielen, das ich ihnen versprochen hatte. Wir hatten einen Fußball als Geschenk mitgebracht, der nun natürlich auch ausprobiert werden soll.

Allerdings will uns Rose am Vormittag zunächst einmal die Altstadt von Gent zeigen. Unsere Fahrt führt vorbei an Grachten, die die gesamte Altstadt durchziehen und bewundern die Sankt Bavo Kathedrale und die im gotischen Stil errichtete Sankt Nikolauskirche am Korenmarkt. Ganze Straßenzüge schmücken reiche Patrizierhäuser, die eine gewisse Ähnlichkeit zu Amsterdam erkennen lassen. Diese Häuser stammen aus der Zeit der Hochkonjunktur der Textilproduktion, dessen Metropole Gent gewesen war. Zeitweilig war die heutige Hauptstadt von Ost Flandern die zweitgrößte Stadt dieser Region nach Paris, was man sich heute kaum noch vorstellen kann. Ohne Frage ist Gent eine wunderschöne Stadt, für die aber die drei Jungs von Rose kaum Augen haben. Vielmehr freuen sie sich über die Leckereien, die hier überall angeboten werden und zu denen wir sie nur allzu gern einladen, nachdem wir die Zustimmung ihrer Mutter eingeholt haben.

Nach einem guten Mittagessen in der Stadt machen wir uns auf den Weg zu einem Spielplatz, um nun endlich den neuen Fußball auszuprobieren. Meine Fußballkünste sind hier gefragt, aber gegen die jungen afrikanischen Kicker habe ich einfach keine Chance. Sie scheinen alle mit dem Ball an den Füssen geboren zu sein. Das hatte ich wiederholt in Afrika beobachten können!

Am nächsten Morgen entschließen wir uns zu einem Ausflug ans Meer, das Rose und die Kinder seit ihrer Ankunft in Belgiern noch nicht gesehen haben. In Ostende befinden sich die ehemalige königliche Sommerresidenz, ein Kurbad, Yacht- und Fischerhäfen, Werfen und der Hafen für die Fähren nach England. Ostende wird auch als die »Königin der Seebäder« bezeichnet und ist ohne Frage eine lebendige Stadt mit malerischen Ecken, einem gemütlichen Vergnügungsviertel und einer abwechslungsreichen Gastronomie. Die Strandpromenade führt entlang des Deiches. Dutzende Cafés und Restaurants laden hier zum Verweilen ein. Das sonnige Herbstwetter hat noch einmal viele Menschen zu Spaziergängen gelockt, die nun nach und nach die Lokale füllen.

Ostende liegt in der Provinz Westflandern und ist definitiv einen Besuch wert. Die Jungs zieht es trotz der niedrigen Temperaturen ans Wasser und ehe wir es uns versehen, laufen sie mit nackten Füßen durch das kalte Wasser. Erst als wir sie mit einer Pizza locken, bekommen wir sie wieder aus dem Wasser heraus und können vermutlich auf diese Weise eine Erkältung der Buben verhindern. Schnell improvisieren wir am Strand ein kleines Fußballspiel, bevor wir uns auf den Weg zu einer versprochenen Pizza machen.

Tief zufrieden und beglückt kehren wir an diesem Abend in das Asylantenheim zurück und wieder spüren wir neidvolle Blicke aus vielen Fenstern, wobei wir dieses Mal auch ein wenig Anerkennung für unseren Besuch dabei zu erkennen glauben. Unweigerlich muss ich in diesen Tagen immer wieder an die

Gespräche mit meiner Großmutter denken, die am Ende des Zweiten Weltkrieges aus Schlesien nach Sachsen geflohen war und eine Bleibe bei einer Familie gefunden hatten. Im Jahre 1961 war sie dann zusammen mit meinem Großvater erneut geflohen. Dieses Mal hatten sie die DDR verlassen, um im westlichen Teil Deutschlands erneut von vorn zu beginnen. Irgendwie erkenne ich in dem Schicksal von Rose und ihrer Familie viele Parallelen.

Seit unserem Besuch im Asylantenheim in Gent haben wir eine Vorstellung bekommen, was es für Flüchtlingen wirklich heißt, alles verloren zu haben und auf die Hilfe anderer Menschen angewiesen zu sein. Viel zu oft schlägt den Flüchtlingen dabei Ablehnung und Feindseligkeit entgegen, wohl eher aus Angst, seinen eigenen Wohlstand mit anderen teilen zu müssen. Wir jedenfalls sind dankbar dafür, diese Erfahrungen gemacht zu haben, die unseren Blick für die Nöte anderer Menschen geschärft hat.

Anderen Menschen etwas zu geben, mit anderen zu teilen, kann um vieles wertvoller und auch befriedigender sein, als nur an sich selbst zu denken! Auch tut es gut zu lernen, dass nicht alles selbstverständlich ist, was wir nur zu oft als normal und gegeben ansehen!

27
Erlebnisse in einem Land, in dem es keine Armen geben müsste

Mehr als 25 Jahre lang habe ich Russland immer wieder bereisen dürfen. Ja, ich gebe es zu. Ich bin freiwillig und gern nach Russland gereist und habe dabei sehr unterschiedliche Erfahrungen machen dürfen. Mit seiner unermesslichen Weite, seiner Vielzahl unterschiedlicher Landschaftsformen, seiner Rauheit der Lebensbedingungen und seinen zumeist überaus gastfreundlichen Menschen, übte das Land über viele Jahre eine große Anziehungskraft auf mich aus.

Mit einer Fläche von mehr als 17 Millionen Quadratkilometern ist Russland das flächenmäßig größte Land der Welt. Gleichzeitig gehört es aber zu den am wenigsten besiedelten Staaten der Erde. 85 Prozent der gut 144 Millionen Einwohnern leben im europäischen Teil des Landes und damit in einem Gebiet von der Grenze zu Weißrussland im Osten bis zum Uralgebirge im Westen. Auch liegen viele der Millionenstädte des Landes in dieser Region, angeführt von der Hauptstadt Moskau, die mit mehr als 12 Millionen Einwohnern gleichzeitig die größte Stadt Europas ist. Russland ist ohne jegliche Frage ein Land der Superlative, das zunehmend mehr von geopolitischer Bedeutung ist.

Bedenkt man, dass 20 bis 30 Prozent der weltweiten Rohstoffvorräte auf Russland konzentriert sind und das Land heute bereits zu den größten 10 Volkswirtschaften der Welt zählt, dann wird einem schnell bewusst, dass an diesem Land kein Vorbeikommen ist. Man sollte sich lieber mit dem Land beschäftigen, als es aus irgendeinem Grunde zu ignorieren!

Eines Tages war ich mit einer Führerin in der an der Newa in Sankt Petersburg liegenden Gemäldegalerie der sogenannten Kleinen Eremitage unterwegs, die im Jahre 1775 für Katharina die Große erbaut worden war. Unvermittelt kamen wir vor einem überlebensgroßen Porträt des Zaren Peter dem Großen zu stehen. Zu Lebzeiten war er ein wahrer Hühne gewesen und hatte das Land mit harter Hand regiert. Meine nette Führerin war eine ältere Dame und überraschte mich mit ihrer Bemerkung, dass Russland wieder einen solchen harten Führer brauchen würde, wie der Zar es gewesen war. Die Russen hätten nie eine Demokratie gehabt und würden sich darin nicht zurechtfinden. Die übergroße Mehrheit des Volkes erwarte eine harte Hand, die sie führte. Seit dem letzten Dezembertag des Jahres 1999 führt mit Wladimir Putin ein solcher Mann das Riesenreich und man darf ihm seine Erfolge nicht abreden, auch wenn wir sicher auf vieles eine andere Sichtweise haben. Unter seiner Führung fanden Millionen von Russen zu ihrer Selbstachtung zurück, die sie in der Zeit der Sowjetunion nach dem Ende des Zweiten Weltkrieges verloren hatten.

Die unglaublichen Reichtümer des Landes sollten allen Bewohnern einen sehr guten Lebensstandard bescheren, aber die Realität ist davon meilenweit entfernt. Während besonders die großen Städte in Europa sichtlich aufgeblüht sind und sich zu modernen Metropolen entwickelt haben, versinken weite Teile des Landes, vor allem westlich des Urals, in bitterer Armut. Die Unterschiede zwischen arm und reich sind unermesslich, da eine kleine Gruppe von Oligarchen den Besitz wichtiger Rohstoffquellen an sich gerissen haben. Natürlich profitieren auch hunderttausende anderer Menschen von dem weit verzweigten Netzwerk der Begünstigung, aber die Mehrheit geht nach wie vor leer aus. Das hat auch dazu beigetragen, dass viele gut qualifizierte Fachkräfte in den vergangenen Jahren das Land verlassen haben und heute in Westeuropa, den USA und Kanada eine neue berufliche Heimat gefunden haben.

Der Export von Rohstoffen hat dem Land ohne Frage Reichtum beschert. Davon haben der Wohnungsbau, die Infrastruktur und der Dienstleistungsbereich spürbar profitiert. Geht man heute in Sankt Petersburg, Nischni Novgorod, Jekaterienburg, Omsk oder Moskau in ein Restaurant, wird man dort oftmals einen um Klassen besseren Service genießen, als bei uns in Westeuropa. Sankt Petersburg hat sich zu einer blühenden und modernen Metropole mit einer hippen Szene entwickelt, die westeuropäischen Großstädten in nichts nachsteht. Das muss man einfach anerkennen. Auch können wir uns vom Modebewusstsein vor allem russischer Frauen einiges abschauen. Ganz ohne Frage hat sich das Land verändert, vor allem seit Putin das Sagen in Russland hat und das hat er nun bereits mehr als 20 Jahre. Leider hat es aber Russland bislang nicht geschafft, eine nennenswerte und schlagkräftige Industrie aufzubauen, auch wenn das Land über brillante Intellektuelle, Ingenieure und andere Fachleute verfügt, wie ich bei meinen ungezählten Besuchen im Land immer wieder feststellen konnte. Außer einer hochentwickelten Waffenindustrie sind andere Industriezweige, wie der Maschinenbau oder die Automobilindustrie, unterentwickelt.

Oft hatten mir erfolgreiche private Unternehmer in der Leichtindustrie ihr Leid geklagt. Ihnen macht eine verkrustete Bürokratie das Leben schwer und bremst so viele ihrer bemerkenswerten Initiativen. Würde man diese Situation verbessern, könnte sich die Privatwirtschaft sicher deutlich schneller entwickeln, als das heute der Fall ist. Das aber sind genau die Reserven, über die Russland verfügt und eigentlich jederzeit aktivieren könnte, wenn man die Voraussetzungen dafür schafft.

Immer wieder beindruckten mich die Menschen mit ihrer ganz besonderen Gastfreundlichkeit. Ganz besonders habe ich diese weit ab von Moskau im Ural, in Sibirien oder in Rostov am Don zu spüren bekommen. Die Menschen, die hier leben, müssen mit einigen Unwägbarkeiten zurechtkommen. So sind die Transportwege im Land oftmals in einem schlechten Zustand und eine von mir gelieferte Maschine kam nicht immer am Bestimmungsort in dem gleichen Zustand an, wie wir sie versandt hatten. Mit viel Geschick und Improvisationsvermögen fand man aber allerorts schnell und ohne zu murren eine Lösung. Wenn ich aber vor Ort kam, war von all den kleinen Problemen keine Rede mehr. Man ist stolz darauf, was man in den dortigen Unternehmen oft unter schwierigsten Bedingungen aufgebaut hat. Dazu gehören oft auch harte klimatische Bedingungen, wie im Ural oder vor allem in Sibirien, wo die Temperaturen im Winter oft unter -30 Grad fallen. Bei einem gemeinsamen Saunabesuch kann man sich ja schließlich auch wieder aufwärmen. Das dann bei einem anschließenden Essen, reichlich Wodka ausgeschenkt wird, gehört einfach zur russischen Lebensart dazu. Dieser ist eigentlich auch ganz gut verträglich, wenn man nicht zeitgleich andere alkoholische Getränke konsumiert. Passend zum Wodka gibt es deftiges Essen in Hülle und Fülle, wie es die russische Gastfreundschaft einfach gebietet. So manches Mal hat man Probleme, beim Gegenbesuch der Kunden in Deutschland, diese Gastfreundschaft im gleichen Masse zu erwidern.

Ein Kunde aus dem sibirischen Omsk hatte von mir einige Maschine erworben und ich hatte ihm lange einen Gegenbesuch versprochen. Irgendwie hatten wir uns in Deutschland über das Leben in der Millionenstadt und die nahe Taiga unterhalten. Er hatte daraus völlig richtig mein Interesse am Besuch dieser großartigen Landschaft abgeleitet. Allerdings fällt mein Besuch mitten in die kältesten Wintertage. Die Temperaturen fallen in den Nächten bis auf -40 Grad. Allerdings ist es eine trockene Kälte, die eigentlich gut auszuhalten ist. Zusammen mit meinem Moskauer Partner Sergej werden wir in einem netten und modernen Hotel einquartiert, wo wir die erste Nacht verbringen. Beim Frühstück überrascht mich Sergej mit der Mitteilung, dass wir nach dem Frühstück auschecken sollten. Der Kunde würde uns abholen und wir würden die nächsten Nächte anderswo verbringen.

Die Fahrt führt zunächst in die Firma, wo wir ein paar geschäftliche Dinge zu erledigen haben. Die gelieferten Maschinen laufen zur Zufriedenheit. Ein paar Ersatzteile bräuchte man noch und auch der nächste Auftrag zur Lieferung einer weiteren

Maschine wird in Aussicht gestellt. Die Russen sind treue Kunden, harte Verhandler, aber zum Schluss in den meisten Fälle fair in der Abwicklung. Nicht ein einziges Mal in all den Jahren hatte es irgendwelche ausstehende Zahlungen gegeben. Da hatte ich in anderen Ländern ganz andere Erfahrungen machen müssen.

Nach Abschluss der Gespräche werden wir in einen Nachbarraum zu einem Imbiss gebeten. Zu unserer Überraschung liegt hier dicke Winterbekleidung bereit, wozu auch die in Sibirien typischen Filzstiefel gehören, die unglaublich gut die Wärme halten. Als Dank für die gute Zusammenarbeit werden wir zu einem Ausflug in die tief verschneite Taiga eingeladen. Die Fahrt mit zwei großen Toyota Land Cruisern sollte mehrere Stunden dauern. Wir würden in einem Touristenkomplex, der aus Blockhäusern besteht, mitten in der Taiga übernachten und vor Ort einen Ausflug mit dem Motorschlitten unternehmen. Das ist ein unglaubliches Geschenk, das wir nur allzu gern annehmen.

Die Fahrt führt durch eine tiefverschneite Landschaft. Anfangs durchfahren wir außerhalb von Omsk noch einige kleine Orte. Dann aber werden die Abstände zwischen den Ansiedlungen immer grösser. Einige Male verweist unserer Fahrer auf Elchspuren im Schnee. Allerdings bekommen wir keines der Tiere zu Gesicht. Nach fast fünf Stunden Fahrzeit erreichen wir ein kleines Dorf mit flachen, schönen und erstaunlich gut gepflegten Holzhäusern. Alle haben weiße Fensterrahmen und oft sind die Einfassungen der Fenster in blau oder weiß kunstvoll verziert. Auf den Straßen sehen wir fast ausschließlich Frauen, die oft Kinder in einem Holzschlitten vor sich herschieben. Auf meine Frage nach den Männern, erklärt man mir, dass diese meistens auf den Ölfeldern bei Tjumen arbeiten und nur alle zwei bis drei Wochen nach Hause kommen, um nach einer Woche Pause wieder gen Norden zu fliegen. Jungen Paaren wird das Bauholz für ihre Häuser kostenlos zur Verfügung gestellt, um sie anzureizen, in der Gegend wohnen zu bleiben. Auf den Ölfeldern aber wird gut verdient, was die gepflegten Häuser erklärt. Wenig später erreichen wir unser Quartier und erfahren an diesem Abend, was Sibirier unter Gastfreundschaft verstehen. Der Tisch zum Abendbrot biegt sich vor Köstlichkeiten, die zwei Frauen in der angrenzenden Küche zaubern und mit einem breiten Lächeln immer wieder servieren. Die russischen gefüllten Teigtaschen Pelmeni gehören dazu, die hier u.a. mit selbst gesammelten Steinpilzen gefüllt sind. Einfach unfassbar, was uns alles aufgetischt wird. Natürlich fehlt auch an diesem Abend der Wodka nicht, aber es wird keiner gezwungen, mehr zu trinken, als man vertragen kann.

Am kommenden Morgen empfängt uns strahlend blauer Himmel. Russische Motorschlitten stehen bereit und wir gleiten auf einer vorbereiteten Piste durch die Wälder der Taiga, die hier aus einem Gemisch von Birken und Kiefern bestehen. Ab und zu kreuzen erneut Spuren von Wild unseren Weg und wir sehen einige Vögel auffliegen. Ansonsten umgibt uns himmlische Stille, sobald wir die dröhnenden Motoren der Motorschlitten ausschalten. Ich bin wirklich in der Taiga und kann es kaum fassen. An einem Lagerfeuer machen wir uns einen Tee und Schaschlik Spieße werden hervorgezaubert. Ausnahmsweise gibt es heute keinen Wodka dazu. Dankbar für diesen Ausflug in die Taiga kehren wir am kommenden Tag von Omsk nach Moskau zurück.

Was wäre auch ein Besuch Russlands ohne einen Besuch in der Hauptstadt Moskau. Moskau ist groß, laut und immer in Bewegung. Auf den Prachtstraßen fährt eine nicht enden wollende Kolonne von Autos und Luxuslimousinen und das auf bis zu sechs Spuren, die fast immer voll sind. Wohlstand wird hier ohne jeden Skrupel offen zur Schau gestellt. Ich empfinde Moskau zwar als interessant, aber auch gleichzeitig wahnsinnig anstrengend. Ein besonders erschütterndes Erlebnis wird mich aber für immer mit Russlands Hauptstadt verbinden.

Am Abend der 25. Januar 2011 lande ich auf dem Internationalen Flughafen Domodedowo. Lange muss ich an der Passkontrolle warten. Vor mir stehen zwei Tadschiken, die besonders schikanös kontrolliert werden. Beamte der russischen Grenzkontrollbehörden können ohnehin selten einen Höflichkeitswettbewerb gewinnen! Dann aber passiert es urplötzlich. Eine Detonation im Bereich der Gepäckbänder am Ausgangsbereich des Flughafens erschüttert den Raum. Staub fällt auf uns Wartende nieder. Zum Glück reagieren die Sicherheitsbeamten sofort und leiten uns über die Abflughalle ins Freie. Dort aber herrscht ein unbeschreibliches Chaos. Menschen schreien umher, Verwundete werden auf Gepäckwagen hinausgeschoben und werden an Ort und Stelle behandelt. Wenig später sollte ich erfahren, dass ich um ein Haar einem Bombenattentat entkommen bin, was 35 Menschenleben kosten wird. Mehr als 100 Menschen werden als verletzt gemeldet. Mein Fahrer, der mich abholen soll, meldet sich nicht. Er ist unter den Verletzten, wie man mir berichtet. Hätte man die Tadschiken vor mir schneller abgefertigt, dann wäre es vermutlich um mich geschehen gewesen. Hunderte von Krankenwagen kommen mir später auf meiner Fahrt in die Innenstadt entgegen. Das nicht enden wollende Sirenengeheul höre ich noch heute. Ich werde im Hotel erwartet, da am kommenden Tag eine wichtige Messe in Moskau beginnen soll. Ich stehe unter Schock und muss nun erst einmal meine Familie informieren, da ohnehin innerhalb der nächsten Stunde die Nachricht von dem Bombenanschlag durch die Medien erhalten wird. In dieser Nacht finde ich keinen Schlaf und telefoniere mehrfach mit meiner Frau, die von Freunden betreut wird. Lange bin ich nach diesem Erlebnis nicht mehr nach Moskau gereist.

Trotzdem habe ich danach nicht aufgehört, Russland weiter zu besuchen, auch wenn bei den nächsten Reisen immer ein dumpfes Gefühl mit dabei war und das nicht nur bei mir selbst, sondern vor allem bei denen, die daheim auf meine sichere Rückkehr warteten.

Russland hat unglaublich viel Potential und ich bin dankbar, dass ich so viel von dem Land sehen durfte. Wer kann schon von sich behaupten, am Ufer der riesigen Flüsse Don, Dnepr, oder Wolga gestanden zu haben, in den Bergen des Ural unterwegs gewesen zu sein oder die Weißen Nächte in Sankt Petersburg erlebt zu haben.

Bilder

Bild 1. Der Blick aus dem Haus meiner Kindheit auf das Wasser des Scharmützelsees

Bild 2. Alte Speicherhäuser spiegeln sich magisch im Wasser der Trave in Lübeck

Bild 3. Ein einsam gelegenes Haus liegt tiefverschneit an einer Straße in Finnland

Bild 4. Es herrscht eine ehrwürdige Ruhe in den Mauern des Batschkovo Klosters in Bulgarien

Bild 5. Mönch Evtemii hört das erste Mal den Klang der kleinen Glocke im Kloster nahe dem Ort Goliamo Bukovo in Bulgarien

Bild 6. Lebensfrohe Italiener vor der Küste der Insel Capri

Bild 7. Die italienische Stadt Venedig hat eine unvergleichliche Atmosphäre

Bild 8. Wunderbare Einrichtung in einem Restaurant in Tschechien

Bild 9. Unterwegs auf der berühmten Karlsbrücke im Zentrum der tschechischen Hauptstadt Prag

Bild 10. Das Schloss der Kleinstadt Telc in Tschechien spiegelt sich im Wasser

Bild 11. Die Ruine der Burg Hrusov in der Slowakei wird liebevoll restauriert

Bild 12. Eine wunderbare Berghütte in einem Mittelgebirge der Slowakei

Bild 13. Das Hotel Vienna House Andels in der polnischen Stadt Lodz entstand aus einer alten Textilfabrik

Bild 14. Tolle Abendstimmung im Zentrum der Altstadt von Krakow in Polen

Bild 15. Begegnung mit einem jungen Schaefer in Rumänien

Bild 16. Gläubige in einer Kathedrale in Sankt Petersburg

Bild 17. Typische Winterstimmung an einem Abend in der russischen Hauptstadt Moskau

Bild 18. Mit dem Fahrrad unterwegs entlang den Grachten von Amsterdam

Bild 19. Ein Besuch im Keukenhof zur Zeit der Tulpenblüte ist ein unvergessliches Erlebnis

Bild 20. Der Geiranger Fjord ist einer der meistbesuchten Orte in Norwegen

Bild 21. Im Wikinger Museum in Oslo wird Geschichte lebendig

Bild 22. Das Befahren der Trollstigen Bergstraße in Norwegen gleicht einem Abenteuer

Bild 23. Boote warten im Hafen von Husavik in Island auf Gäste der Walbeobachtungstouren

Bild 24. Lupinen blühen im Sommer überall in Island

Bild 25. Herrliche Islandpferde auf einer Koppel nahe der Hauptstadt von Island

Bild 26. Mit Hundeschlitten unterwegs im finnischen Teil von Lappland

Bild 27. Motorschlitten sind in Lappland gängige Transportmittel

Bild 28. Eisige Kälte in Lappland an der Grenze zu Norwegen

Bild 29. Eine Fremdenführerin in Teheran

Bild 30. Besuch auf einem der vielen Märkte der iranischen Hauptstadt Teheran

Bild 31. Ein Zug des Shinkansen Express wartet in einem Bahnhof in Tokio auf die Abfahrt

Bild 32. Auge in Auge mit der afrikanischen Tierwelt in Kenia

Bild 33. Eine junge Verkäuferin an einer Tankstelle in Kenia

Bild 34. Begegnung mit Afrikanischen Pinguinen an der Boulders Beach nahe Kapstadt in Südafrika

Bild 35. Einer der herrlichen Strände von Kapstadt

Bild 36. Bildschöne Frau an der Rezeption eines Hotels in Abidjan Elfenbeinküste

Bild 37. Begegnung mit lokalen Königen bei einer feierlichen Firmeneröffnung in Abidjan Elfenbeinküste

Bild 38. Der Autor am Äquator in Uganda

Bild 39. Bananen Verkäuferinnen in der Hautstadt Kampala in Uganda

Bild 40. Ein unvergesslicher Besuch auf der Großen Chinesischen Mauer bei Badaling

Bild 41. Blick auf den Jade Dragon Snow Mountain in Lijiang in der chinesischen Provinz Yunnan

Bild 42. Eine der unzähligen Garküchen in den Straßen von Mumbai in Indien

Bild 43. Ein Krabbenfischer in der indischen Hafenstadt Kochi

Bild 44. Besuch der demilitarisierten Zone an der Grenze zwischen Nordkorea und Südkorea

Bild 45. Wachablösung am Königspalast Gyeongbokgang in Seoul in Südkorea

Bild 46. Als Gast im berühmten Grandhotel von Taipeh in Taiwan

Bild 47. Blick in schöne Kinderaugen in einem der vielen Parks von Taipeh

Bild 48. Der Indian Summer ist in vollem Gange in Alaska

Bild 49. Gefährliche Begegnung mit Grizzlybären am Russian River in Alaska

Bild 50. Das Haus des berühmten Schriftstellers Ernest Hemingway in Key West

Bild 51. Alligatoren haben sich perfekt getarnt in einem Sumpfgebiet in Florida

Bild 52. Die Inselkette der Keys in Florida laden zur Erholung ein

Bild 53. Besuch auf einem Obst- und Gemüsemarkt in Bogota in Kolumbien

Bild 54. Herrliche kunstgewerbliche Arbeiten findet man überall in Kolumbien

Bild 55. Schwatz mit einem mexikanischen Polizisten

Bild 56. Die berühmte Pyramide von Chichen Itza in Mexiko

Bild 57. Die mexikanische Stadt Guanajuato hat seinen Reichtum den Silbervorkommen zu verdanken

Bild 58. Unterwegs in den Kanadischen Rocky Mountains

Bild 59. Unvergesslicher Besuch in einer Kolonie der Hutterer in der kanadischen Provinz Saskatchewan

Bild 60. In Saskatchewan wird intensiv nach Oel gebohrt

Bild 61. Mit dem Boot unterwegs durch das Mekong Delta in Vietnam

Bild 62. Ein Wasserbüffel nimmt ein erfrischendes Bad im Mekong Delta

Bild 63. Dawson City war einst das Zentrum des Goldrausches im Yukon

Bild 64. Unterwegs auf einer der vielen Schotterpisten in der kanadischen Provinz Yukon Territory

28
Besondere Erfahrungen in Teheran

EINE REISE IN DEN IRAN ZU UNTERNEHMEN, WAR LANGE ETWAS, WORAUF ICH MICH GLEICHERMASSEN FREUTE, ALS GLEICHZEITIG ANGST DAVOR ZU HABEN. Der Iran ist für uns nach wie vor ein verschlossenes Land und ich selbst kannte bislang auch nur einige wenige Personen, die dorthin gereist waren. Manchmal überschlagen sich aber die Ereignisse und ehe ich es mir versah, wurde ich mit dem Angebot konfrontiert, das Land in Vorderasien im Rahmen einer Konferenz zu besuchen, wo ich als Vortragender auftreten sollte.

Es war das Jahr 2016 und zu diesem Zeitpunkt waren viele Sanktionen gegen den Iran aufgehoben worden. Ich musste um ein Visum ansuchen und das war zu dieser Zeit alles andere als einfach. Zudem kam dazu, dass ich mit einem Besuch im Iran aus dem Visa Waiver Programm der Amerikaner ausgeschlossen wurde. Nach einem Besuch des Irans, des Iraks oder Syrien musste man danach um ein Visum für die Vereinigten Staaten von Amerika ansuchen. Schließlich aber war die Neugier grösser, als die Sorgen und die mit der Reise später verbundenen Nachteile.

So saß ich eines Tages in einem Flieger der Austrian Airlines auf einem Direktflug von Wien nach Teheran, der nur ca. vier Stunden dauert. Die Maschine war vielleicht nur zur Hälfte besetzt. Wiederum die Hälfte der Fluggäste sind offenbar Iraner, der Rest Ausländer verschiedenster Nationen. Keine einzige der Iranerinnen trägt jetzt im Flieger ein Kopftuch. Nach Verlassen des Flugzeuges aber ist das Tragen der Hijab Pflicht. Darauf wird noch einmal eindringlich durch den Purser hingewiesen, weit bevor die Maschine mit ihrem Landanflug auf die Millionenstadt Teheran ansetzt. Mehr als 8 Millionen Menschen sollen allein in der Stadt leben, mehr als 20 Millionen in der Metropolregion. Damit lebt ein Viertel der Bevölkerung im Großraum von Teheran, was nicht nur die politische Bedeutung der Stadt, sondern auch die wirtschaftliche unterstreicht.

Ich verspüre eine mir unbekannte Anspannung, hatte ich doch zuvor bereits Länder auf allen Kontinenten der Welt und das teilweise zigfach besucht. Seit Jahren verbrachte ich einen nicht unwesentlichen Teil meines Lebens hoch in den Lüften auf dem Wege zu immer neuen Zielen. Der Besuch im Iran aber verursachte bei mir ein Kribbeln im Bauch, ein Gemisch aus Vorfreude, Unbehagen und Sorge. Begründet sollte das allerdings nicht sein, wie ich schnell feststellen sollte. Zwar waren die ersten Erfahrungen bei der Ankunft am Flughafen nicht die besten, aber auch das war ich bereits aus vielen anderen Ländern der Welt gewohnt. Die Beamten bei der Immigration, beim Ausstellen einer obligatorischen Gesundheitsversicherung und beim Zoll überboten sich geradezu in ihrer Unfreundlichkeit, wie ich es schon lange nicht mehr erlebt hatte. Allerdings machten sie zu meiner Freude dabei keinen Unterschied zwischen einreisenden Iranern und Ausländern. Willkommen fühlte man sich auf diese Weise weiß Gott nicht!

Kaum hatte man aber die triste Ankunftshalle verlassen, so begann sich das Bild langsam zu ändern. Zwar liegt der Flughafen inmitten einer grauen Steinwüste, aber schon der Fahrer, den das Hotel netterweise geschickt hatte, entpuppte sich als ein angenehmer und gesprächiger Mann, dessen Englisch ganz akzeptabel war. Vor allem aber war er furchtbar neugierig und jeder seiner Fahrgäste vermutlich eine sehr willkommene Informationsquelle.

Auch wich nun die Steinwüste am Stadtrand von Teheran einer saftig grünen Landschaft. Breite Alleen waren mit weit ausladenden Bäumen bestanden und die Fahrt führte vorbei an vielen Parks, die jetzt am Nachmittag gut besucht waren. Zu meiner großen Überraschung sah ich viele Paare Hand in Hand gehen. Zwar trugen alle Frauen ausnahmslos ein Kopftuch, was aber in vielen Fällen aus herrlich bunten Stoffen gefertigt war. Der Iran schien mir auf den ersten Blick deutlich weniger fremd, als viele der arabischen Länder, die ich vorab besucht hatte. So verwunderlich war das aber eigentlich nicht, da schließlich die Perser eine der Hochkulturen der Vergangenheit gestellt hatten, die mit denen der Araber absolut nicht zu vergleichen ist. In Wirklichkeit waren es die Negativinformation über das Land in Vorderasien, die uns nahezu jeden Tag von den Nachrichten präsentiert werden und ein falsches Bild des Landes zeichen. Die Amerikaner hatten nach dem Überfall auf das World Trade Center in New York im Jahre 2001 schließlich den Iran in die Achse der Boesen eingereiht und diese Zuordnung hatte sich in den Köpfen eingeprägt. Auch bei mir gab es solche Gedanken im Hinterkopf, aber ich war gekommen, um mir ein eigenes Bild zu machen.

Im Hotel wurde ich ausgenommen freundlich empfangen. Allerdings machte das Hotel selbst einen etwas in die Jahre gekommenen Eindruck, was vermutlich auf die zahlreichen Sanktionen zurückzuführen war, die auf dem Land gelastet hatten und die wie immer auch neben dem Staat selbst die Menschen getroffen und das Leben erheblich erschwert hatte. Das Zimmer war aber blitzsauber und nur das ist eigentlich wirklich wichtig, wenn man unterwegs ist. Richtig spannend wurde es dann aber am Abend, als ich vor einer Speisekarte saß, die nur in der Landessprache Farsi gedruckt war. Eine nette Dame von der Rezeption half dem Kellner beim Übersetzen, da sich dessen Sprachkenntnisse des Englischen auf ein Minimum reduzierten. Die Frau hatte ausgesprochen edle Gesichtszüge, tief schwarze Haare und intensive Augenbrauen. Eine etwas zu große Nase zierte das Gesicht. Den Hijab trug sie sehr leger. Auch zeigte sie keinerlei Scheu im Umgang mit Fremden, was ich als sehr wohltuend empfand.

Den kommenden Tag verbrachte ich mehr oder weniger in einem modern ausgestatteten Konferenzzentrum, dass auch irgendwo in Europa hätte stehen können. Eine unerwartet große Zahl an Interessenten war gekommen, um die Vorträge der

Industrieexperten zu hören. Zusätzliche Stuhlreihen mussten aufgestellt werden, damit die Wissenshungrigen nicht stehen mussten. Lange war das Land von allen Informationen über moderne Verarbeitungstechnologien abgeschirmt gewesen. Die Amerikaner zwangen die Europäer, sich den Sanktionen anzuschließen, auch wenn viele von ihnen völlig unsinnig waren. Verstieß ein europäisches Land aber gegen die Sanktionen, wurde er umgehend von den Amerikanern auf eine Black List gesetzt und durfte danach seine Waren nicht mehr in die USA liefern. Das kam in vielen Fällen einer Erpressung gleich. Die Leittragenden aber waren die Menschen gewesen, die jetzt voller Interesse unseren Vorträgen zuhörten. Selbst in den Konferenzpausen entbrannten spannende Diskussionen und meine vor der Einreise in den Iran bestehenden Sorgen und das Unbehagen waren jetzt völlig verflogen! Was für eine tolle Veranstaltung! Alle verließen diese Konferenz mit der Hoffnung auf baldige Geschäfte mit Kunden aus dem Iran.

Allerdings war es für mich nicht das erste Mal gewesen, mit potentiellen Kunden aus dem Iran ins Gespräch zu kommen. Immer wieder hatte ich Besuchergruppen auf den Messen in China getroffen, die ich jedes Jahr regelmäßig besuchte. Immer waren die Iraner freundlich und interessiert gewesen. Dabei war es dann aber meistens geblieben, weil einfach die leidigen Sanktionen zwischen uns und ihnen standen.

Vor dem Flug zurück nach Wien ist zum Glück noch ausreichend Zeit für einen ganztätigen Ausflug in die Stadt und die nähere Umgebung. Es ist Mitte Mai, das Wetter ist warm, aber nicht unangenehm heiß. Allerdings staut sich die Luft an den am Stadtrand von Teheran liegenden Bergen und der Smog der Millionenstadt lagert wie ein Dunstschleier über der Stadt. Über ein Touristenbüro habe ich mir problemlos einen Führer gebucht, der sich dann zu meiner Überraschung als eine Frau herausstellt. Farahnaz ist eine moderne junge Frau, die den Bildschirm ihres Smartphones nicht aus den Augen lässt. Sie trägt einen kunstvoll bestickten Hijab, der ihr oftmals weit nach hinten gleitet. Sie schlägt zunächst eine Fahrt mit der Seilbahn auf den Mount Tochal vor, der mit seinen 3.963 Metern als der Hausberg von Teheran gilt. Wir erreichen die Talstation der Gondelbahn mit einem Taxi und sind wenig später von hunderten von Skifahrern umgeben, die jetzt in der Woche den etwas geringeren Andrang im Vergleich zu den Wochenenden nutzen. Viele der Skifahrer haben moderne Ausrüstungen und alle der Wartenden sind offen und freundlich. Von Fremdenfeindlichkeit verspüre ich hier absolut nichts. Das könnte sich aber ändern, wenn man Amerikaner wäre, da von vielen Hauswänden überlebensgroße antiamerikanische Sprüche und Bilder prangen, die in ihrem Inhalt unzweideutig sind.

Nach einer langen Fahrt mit der Gondel toben wir im Schnee und ich erlebe eine ausgelassene junge Iranerin, die einfach ihre Lebensfreude zum Ausdruck bringt, sich aber gleichzeitig den hier geltenden Normen anpasst. Später essen wir gemeinsam in einem Restaurant in der Nähe eines herrlichen Marktes, wo ausschließlich Einheimische und Insider anwesend sind. An einigen Tischen sitzen bildhübsche und elegant gekleidete Frauen, von denen die eine oder andere völlig hemmungslos flirten. Das hätte ich dann doch nicht erwartet, da die Sittenpolizei noch immer eine gefürchtete Institution im Iran darstellt.

Die Tage im Iran haben mir wieder einmal vor Augen geführt, wie unangebracht Vorbehalte sind und wie gut und wertvoll es ist, sich ein eigenes Urteil zu bilden. Das ich nun um ein amerikanisches Visum ansuchen musste, war der Besuch im Iran auf alle Fälle wert!

29
Eine Liebeserklärung an Kapstadt

Die lange schon erhoffte Reise nach Kapstadt in Südafrika beginnt eigentlich bereits im August des Jahres 2015 mit einer Reise nach Durban. Diese Stadt an der Küste des Indischen Ozeans besticht durch eine hohe Lebensqualität infolge einer starken Industrialisierung des Umlandes und des großen Hafens, der das Tor zur Welt bildet. Wir sind gekommen, um hier den Vertrag über die Lieferung einer Maschine auszuhandeln, die später in Kapstadt installiert werden sollte. Der Besitzer des Unternehmens ist ein eleganter Inder, ein harter, aber durchaus fairer Geschäftspartner. Das hatte ich mit Indern in anderen Regionen Afrikas schon völlig anders erleben dürfen!

Mit meinen Begleitern hatte ich damals vor Beginn der Reise vereinbart, dass wir uns im Falle eines Erfolges, einen Ausflug in eines der vielen Naturreservate in Südafrika gönnen werden. Die Motivation bei den Verhandlungen war auf diese Weise noch ein Stück erhöht worden. Vermutlich hätten wir auch ohne diese Zielstellung den Auftrag gewonnen, da wir einfach die perfekte Technik für den Kunden zu bieten hatten und der Wettbewerb kaum mit unseren Preisen mithalten konnte. Auch hatten uns Techniker des Kunden bereits vorab auf Herz und Nieren geprüft. Tatsächlich kommen wir ohne größere Probleme zu einem Vertragsabschluss und das noch dazu zu einem akzeptablen Preis. Nun aber muss ich mein Versprechen wahr machen.

Unser in Durban wohnender Vertreter schlägt einen Besuch in Sankt Lucia vor, dass in der Nähe des iSimangaliso Wetland Parkes liegt. Dort hätten wir die Gelegenheit, Flusspferde, Krokodile, Büffel und Elefanten zu beobachten. Das war ganz nach unserem Geschmack. Auch wollten wir in dem kleinen und schönen Ort Sankt Lucia selbst übernachten und noch am Abend mit einem Boot eine Ausfahrt machen. Wir erreichen das wunderbare Elephant Hotel noch weit vor dem Sonnenuntergang und haben so noch Zeit für einen Bummel durch den hübschen Ort. Überall gibt es kleine Verkaufsstände, wo afrikanische Volkkunst, bunt bedruckte Tücher und jede Menge Obst angeboten werden. Die Stände werden von vielen Affen regelrecht belagert. Die frechen Burschen sind sich offenbar sicher, dass hier etwas für sie abfallen wird. Später besteigen wir ein offenes Boot und fahren hinaus auf das Wasser. Wie erwartet erleben wir eine besonders große Zahl an Flusspferden und viele Büffel, die teilweise bis zum Bauch im Wasser stehen. Bei der nun schon tief stehenden Sonne bieten sich dem Fotografen viele wunderbare Motive. Das ist eine echte Belohnung für den ausgehandelten Vertrag! Abends im Hotel sehen wir Schilder, die eindringlich vor den Flusspferden warnen, die oft in der Nacht in den Garten der Hotelanlage kommen. Am nächsten Morgen entdecken wir dann tatsächlich ihre Hinterlassenschaften ganz in der Nähe vom schönen Pool. Es ist schon eine eigenwillige Vorstellung, dass die riesigen Flusspferde vielleicht in der Nacht darin gebadet haben!

Am nächsten Morgen ist noch Zeit für eine weitere Safari, die wir mit dem eigenen Wagen im Hluhlowe-iMflolozi Park unternehmen können. Dieser kleine Park soll ausgesprochen wildreich sein und wir dürfen sogar auf eigene Gefahr auf festgelegten Wegen eine Fuß Safari unternehmen. Wenn man vorher im Park an einem kleinen Tümpel wieder auf Flusspferde gestoßen war, viele Büffel gesehen hatte und noch dazu weiß, dass es hier auch Giftschlangen und Löwen gibt, ist einem etwas mulmig zu Mute. Gerade am Parkeingang hatten wir eine Haut von einer Grünen Mamba entdeckt. Wir nehmen unseren ganzen Mut zusammen und machen uns zu Fuß auf den Weg zu einem Aussichtspunkt, der hoch über einem Wasserloch liegt. Jetzt am Vormittag ist hier aber nichts los und wir gehen den langen Weg zurück. Immer wieder halten wir ein, um zu lauschen.

Uns umgibt dichtes Gebüsch und mit jedem fremden Laut und jedem Rasseln rutscht uns das Herz tiefer in die Hosentasche. Als wir unser Auto erreichen, schließen wir schnell die Türen hinter uns. Jetzt haben wir doch ein besseres Gefühl! Wenig später treffen wir auf eine Gruppe von Elefanten, die uns aber vollkommen ignorieren. Es ist ein herrlicher kleiner Park und wir treffen unterwegs auch nur ein einziges Mal auf ein weiteres Auto. Wenn man aber Hilfe gebraucht hätte, so wäre das ein langwieriges Unterfangen gewesen.

Ein Jahr später ist die Maschine in einem Vorort von Kapstadt installiert. Anstatt die Maschine ordnungsgemäß zu übernehmen, stellt der Kunde allerlei völlig unbegründete Sonderforderungen, die von uns natürlich kostenlos erfüllt werden sollen, bevor man die ausstehende Endzahlung auslösen würde. Wir finden schnell heraus, dass die Maschine von den verantwortlichen Managern falsch spezifiziert wurde und sich während der Bauzeit zusätzlich der Markt verändert hatte. Das wollte man aber dem indischen Besitzer verheimlichen, da zusätzliche Kosten natürlich nicht im genehmigten Budget des Kunden vorgesehen waren. Die Kommunikation verhärtete sich immer weiter und der Konflikt konnte nur an Ort und Stelle gelöst werden.

So kam ich völlig ungeahnt zu einem Besuch in Kapstadt, den ich nicht so schnell vergessen sollte. Ein Blick auf die Wetterkarte, zeigte für die kommenden Tage stabiles Wetter. Regenfälle waren nicht zu erwarten und jetzt im November sollte es sommerlich warm sein. Im November geht der südafrikanische Frühling in den Sommer über. Noch sollte es angenehm sein. Einen Monat später aber würde der Hochsommer beginnen. Ich freue mich zwar auf Kapstadt, nicht aber auf die Aufgabe, die ich zu lösen habe. Der Kunde hält eine große Geldsumme unter sehr fadenscheinigen Bedingungen zurück. Da sind gute Nerven und eine noch bessere Verhandlungstaktik gefragt.

Bereits die erste Begegnung mit dem Management der Firma nach meinem Ankunftstag ist anstrengend. Man versucht uns alle Schuld zuzuweisen. Schnell aber komme ich den Herren auf die Schliche und beharre auf meiner Position. Wir würden die

Maschine notfalls stilllegen und auch ein Gerichtsverfahren in Kauf nehmen, wenn es hart auf hart kommen würde. Allerdings kann ich verhindern, dass sich die Positionen völlig verhärten und wir vereinbaren ein weiteres Treffen für den kommenden Tag. Meine Gegenüber wissen nicht davon, dass ich ohnehin vier Tage für die Lösung der Aufgabe eingeplant hatte.

Ich beschließe, das herrliche Wetter zu einer Rundfahrt zu nutzen. Natürlich will ich den berühmten Tafelberg sehen, der mit seinen 1.086 Metern Höhe das Wahrzeichen der Stadt ist. Fast immer liegt eine weiße Wolke, wie ein Tischtuch über dem fast waagerechten Plateau. Genauso hatte ich mir das vorgestellt. Unsere Fahrt führt entlang herrlicher Küstenabschnitte mit idyllischen Badebuchten, die von Felsen umsäumt sind. Dazu blüht es jetzt in dieser Jahreszeit ganz besonders üppig. Es ist einfach umwerfend schön in dieser Gegend. Wenn da die hohe Kriminalitätsrate nicht wäre, könnte man meinen, im Paradies zu sein! Trotz dieser Widrigkeiten fühle ich mich ganz besonders stark von dieser Stadt angezogen und daran können die unangenehmen Verhandlungen nichts ändern. Irgendwie bin ich den Herren der Firma für ihre Sturheit dankbar, durch die sich die Verhandlungen tüchtig in die Länge zogen. Dadurch hatte ich die Möglichkeit, noch mehr von der Traumstadt und ihrer herrlichen Umgebung zu sehen. Außerdem haben sie vermutlich keine Ahnung davon, wie viel ich selbst aushalten kann!

Am dritten Verhandlungstag beginnt man ein wenig einzulenken und eine einvernehmliche Vereinbarung rückt in greifbare Nähe. Ich will mir dazu aber noch die Hilfe eines rein zufällig zu dieser Zeit in Kapstadt weilenden polnischen Freundes und Spezialisten sichern, mit dem ich mich am Vorabend auf einer Konferenz getroffen hatte, die zeitglich in der Stadt stattfindet. Jetzt bin ich es somit, der die Gespräche noch um einen Tag herauszieht. Wieder ergibt sich so ein Zeitfenster, dass ich intensiv nutzen möchte. Ich miete mir ein Auto mit einem ortskundigen Fahrer und lasse mich hinaus zur Boulders Beach fahren und das nicht etwa, um ein Bad im Atlantischen Ozean zu nehmen. Boulders Beach beherbergt seit vielen Jahren eine Kolonie von Afrikanischen Pinguinen, die auch Jarkass Pinguine genannt werden. Es sollen mehr als 2.500 Tiere sein und ohne große Probleme finde ich die wunderschönen Pinguine, die vielleicht 60 bis 70 cm groß sind. Sie sind herrlich anzuschauen und alles andere als scheu. So kommt man den Pinguinen ganz nahe und es ist einfach ein unglaubliches Erlebnis. Es sind die ersten Pinguine, die ich in freier Natur erlebe! Die Wege führen in den sandigen Uferstreifen hinein, wo die Tiere leben. Man wird durch die Ranger immer wieder aufgefordert, diese Wege nicht zu verlassen, um die Pinguine nicht zu stören. Völlig beglückt gehe ich zurück zu meinem Auto. Unterwegs komme ich an einer Bronzestatur an einem Hafen vorbei. Diese wurde im Gedenken an einen treuen Hund errichtet, der viele Jahre lang immer wieder Marinesoldaten zu einem Bahnhof begleitet hatte auf ihrem Wege zum Vergnügen in Kapstadt. Er hatte immer am Bahnhof auf ihre Rückkehr gewartet und sie zurück zur Kaserne begleitet.

Noch am gleichen Tag habe ich Zeit, mir den berühmten Botanischen Garten von Kapstadt, Kirstenbosch, anzuschauen. Eigentlich habe ich für das am Osthang des Tafelbergs gelegene Areal viel zu wenig Zeit. Mehr als 100 Jahre ist dieser wunderbar angelegte Botanische Garten bereits alt. Mich interessieren vor allem die herrlichen Prothea Blumen, die es hier in großer Anzahl und Vielfalt gibt. Irgendwie steht für mich diese Blume wie keine andere für Südafrika. Sie blühen im oberen Teil des Gartens in allen möglichen Farben und nehmen einen eigenen Teil des weitläufigen Geländes ein. Viele Schulklassen sind an diesem Tage anwesend, die ihren Biologieunterricht offenbar in die Natur verlegt haben. Es ist unglaublich heiß und ohne jede Menge an Trinkwasser geht es bei dieser Hitze nicht, zumal man im Botanischen Garten selbst große Höhenunterschiede zu überwinden hat, wenn man wenigstens die wichtigsten Teile zu sehen bekommen möchte. Ein Besuch in Kirstenbosch sollte sich kein Kapstadt Besucher entgehen lassen. Vermutlich wird man dann in verschiedenen Jahreszeiten völlig andere Erlebnisse dort haben.

Leider bleibt keine Zeit für eine Fahrt auf der berühmten Gartenroute, die unglaublich schön sein soll. Hier aber bräuchte man im Minimum einen ganzen Tag, besser sogar zwei volle Tage, um die traumhaften Ausblicke wirklich genießen zu können.

Der letzte Verhandlungstag führt letztlich zu einem akzeptablen Ergebnis, nachdem ich mit Hilfe meines polnischen Freundes wirklich zweckdienliche Hinweise für die Lösung technologischer Probleme auf den Tisch legen konnte, die bei der Herstellung völlig anderer Verpackungen auftraten, die ursprünglich gar nicht auf der Maschine gefertigt werden sollten. Da man aber den Markt nicht ausreichend analysiert hatten, sollte quasi über Nacht die Maschine auch diese Marktnische abdecken können. Selten hatte ich eine so hartnäckige Unehrlichkeit eines Managements erlebt, wo jeder ganz offensichtlich vor den Augen des Besitzers seine eigene Haut retten wollte.

Zur Feier des Tages und als Belohnung für die gefundene Lösung, machen wir am Nachmittag des gleichen Tages einen Ausflug in eines der berühmten Weingüter in der Umgebung von Kapstadt. Die Lage an einem Hang mit Blick auf den Tafelberg in einfach umwerfend. Wieder liegt eine dünne Wolkenschicht über dem Berg, die an einer Ecke etwas herunterhängt, wie eine nicht richtig aufgelegte Tischdecke. Wir können bei der Weinverkostung draußen sitzen. Die Sonne scheint, aber es weht eine leichte Brise vom Atlantik her. Schöner könnte es kaum sein! Dazu ein ganz besonderer Weingenuss. Weine aus der Region um Kapstadt sind für ihre Qualität weltbekannt. Vermutlich aber kommt an diesem Tag das gute Gefühl dazu, die übertragene Aufgabe gelöst zu haben, für die ich nach Kapstadt gekommen war. Ohne Frage habe ich mich in diese Stadt und vor allem aber in ihre Umgebung verliebt und möchte eines Tages nur allzu gern wiederkommen!

30
Eine Begegnung mit lokalen Königen

SCHON ALLEIN DER NAME DES WESTAFRIKANISCHEN LANDES ELFENBEINKÜSTE RUFT SO EINIGE ASSOZIATIONEN HERVOR. Nie hätte ich im Leben daran gedacht, eines schönen Tages meinen Fuß in diesen Teil Westafrikas zu setzen. Doch der Zufall war mir zu Hilfe gekommen, als ich eines Tages eine libanesische Unternehmerfamilie kennenlernte, die sich in Abidjan an der Küste des Golfes von Guinea eine neue Existenz aufgebaut hatte. Beide Söhne führten ein eigenes Unternehmen im Umland von Abidjan und stellten dort Farben, Kunststoffrohre, sowie Verpackungen für Lebensmittel her. Alles findet im Land reißenden Absatz und immer neue Investitionen in moderne Maschinen müssen getätigt werden.

Auf einer der größten Branchenmessen der Welt sitzen wir eines Tages zusammen und besprechen ihre anspruchsvolle technische Spezifikation, die das italienische Unternehmen, dass ich zu diesem Zeitpunkt leite, ohne Probleme erfüllen kann. Wir werden uns handelseinig und setzen noch auf der Messe unsere Unterschriften unter den Vertrag. In wenigen Wochen wolle man mich zu einer offiziellen und zeremoniellen Vertragsunterzeichnung einladen.

Tatsächlich erhalte ich noch immer etwas skeptisch einige Wochen später eine Einladung zum Besuch der Elfenbeinküste. Im Werk für Kunststoffrohre und Farben war ein neuer Bauabschnitt abgeschlossen worden. Dieser sollte mit einer großen Feier im Beisein hochrangiger Regierungsvertreter eingeweiht werden. Das wäre der richtige Zeitpunkt zu der zeremoniellen Vertragsunterzeichnung und damit der Ratifizierung des Vertrages.

Fast zur gleichen Zeit werde ich aber zu Verhandlungen in Jordanien und in der Türkei erwartet. Da ich überall noch einen italienischen Kollegen dabeihaben wollte, starten wir zunächst gemeinsam in Richtung Amman. Danach trennen wir uns. Während er die Verhandlungen in der Türkei allein übernimmt und dann in die Elfenbeinküste nachkommen sollte, würde ich von Amman kommend über Istanbul und Cotonou in Benin nach Abidjan fliegen. Ich werde mehr als 24 Stunden in verschiedenen Flugzeugen sitzen und vermutlich wie gerädert in Westafrika ankommen. Zudem ist die Ankunft erst gegen Mitternacht geplant und ehe ich in meinem Hotel bin, wird es wohl schon am frühen Morgen sein. Es gibt aber keine andere Lösung und wir wollen uns die Chance mich entgehen lassen, einen wichtigen Auftrag zu bekommen und gleichzeitig noch etwas vom Land zu erleben.

Abidjan ist das wirtschaftliche Zentrum des Landes und hat fast 4 Millionen Einwohner. Gleichzeitig ist die ehemalige Hauptstadt der Elfenbeinküste Sitz der Regierung. Die offizielle Hauptstadt aber ist seit 1983 eine Stadt mit einem fast unaussprechlichen Namen – Yamoussoukro. Sie liegt fast 290 Kilometer nördlich von Abidjan entfernt und hat weniger als 300.000 Einwohner. Mein Flieger landet pünktlich gegen Mitternacht und schnell habe ich die Einreiseformalitäten erledigt. Feuchte und heiße Luft schlägt mir entgegen, als ich die klimatisierte Ankunftshalle verlasse. Obwohl es bereits weit nach Mitternacht ist, sind die Straßen voller bunt gekleideter Menschen. Afrika hat mich wieder! Innerlich zufrieden lasse ich mich in einem Taxi nieder, dass mich in das Stadtzentrum bringt. Einige Stunden Schlaf verbleiben mir noch in dieser Nacht.

Am nächsten Tag erreicht auch nach erfolgreicher Mission in der Türkei mein italienischer Kollege Abidjan. Wenige Stunden später werden wir von einem Fahrer abgeholt, der uns in die Fabrik von Chur bringt, die für die Fertigung von Lebensmittelverpackungen zuständig ist. Hier wird die von uns zu liefernde Hochleistungsmaschine eines Tages arbeiten und eigens dazu hat er bereits Spezialisten aus Tunesien angestellt, da diese in der Elfenbeinküste nicht zu finden waren. Uns beeindruckt, was die beiden libanesischen Brüder in ihrer neuen Wahlheimat aufgebaut haben. Auch dürfen wir ihren äußerst warmherzigen Vater kennenlernen, der nach wie vor im Libanon lebt und jedes Jahr einige Monate zu Besuch kommt. Er ist zu Recht stolz auf seine Söhne. Ich werde die herzliche Umarmung dieses Mannes nicht vergessen, der leider in der Zeit, da ich dieses Buch verfasse, viel zu zeitig verstorben ist.

Noch einmal gehen wir den Vertrag in allen Einzelheiten durch, verändern die eine oder andere technische Spezifikation und lassen die Wünsche und Hinweise der neuen Mitarbeiter aus Tunesien einfließen, die viel technisches Sachverständnis mitbringen. Bis zum Abend des ersten Tages haben wir das Vertragswerk ausgefeilt und fertiggestellt und auch preislich einen annehmbaren Kompromiss erzielt, der nur unwesentlich von dem auf der Messe unterschriebenen Dokument abweicht. Ähnliches hatte ich schon oft zuvor in verschiedenen Ländern erlebt und hatte mich so im Gegensatz zu meinem heißblütigen italienischen Kollegen nicht aus der Ruhe bringen lassen.

Noch vor der Einweihungsfeier am kommenden Tag werden wir förmlich die Unterschrift unter den Vertrag setzen. Nun aber werden wir zum Essen eingeladen und müssen dazu durch die halbe Stadt fahren, um das ausgewählte Restaurant zu erreichen. Endlich haben wir Gelegenheit, das bunte Treiben um uns zu beobachten. Die Firma selbst liegt am Rande eines ausgedehnten Naturschutzgebietes, wo es jede Menge wilder Tiere geben soll. Wir aber bekommen auf unserer Fahrt nur hin und wieder Affen und bunte Vögel zu Gesicht. Alles ist sehr grün und das weist auf regelmäßige starke Regenfälle hin, die es hier an der Küste auch tatsächlich gibt. Immer wieder ist bunte Wäsche einfach im Gras zum Trocknen ausgelegt. Dazu die ebenso farbenfroh gekleideten Menschen, von denen die meisten zu Fuß unterwegs sind. Kleinkinder werden von den Frauen in Tüchern auf dem Rücken getragen. Viele Männer versuchen sich als fliegende Händler und bieten so allerlei brauchbare Dinge und ebenso viel unnützes Zeug an.

Je näher wir uns dem Stadtzentrum nähern, desto stärker wird der Verkehr. Es wird gehupt und gedrängelt. Tausende völlig überladene Kleinbusse und voll bepackte Motorräder kämpfen sich regelrecht durch die hoffnungslos verstopften Straßen. So hatte ich das immer wieder in verschiedenen afrikanischen Ländern erlebt. Bald sind wir nur noch im Schritttempo unterwegs und wir haben nun umso mehr Zeit für unsere Beobachtungen. Wir entdecken viele besonders gutaussehende Frauen, was uns schon am Morgen im Hotel aufgefallen war. Immer wieder werden wir mit einem Lächeln beschenkt, die zumeist strahlend weiße Zähne erstrahlen lässt. Man ist hier freundlich zu uns Weißen und das ist ein gutes Gefühl. Gleiches erleben wir am Abend in einem Restaurant, wo wir zu unserem Erstaunen auf ein buntes Völkergemisch treffen. Da sitzen Afrikaner und Weiße zusammen und viele der männlichen Europäer haben bildschöne Partnerinnen. Natürlich sind wir uns bewusst, dass wir nicht in irgendeinem Restaurant zu Abend essen und die Anwesenden wohl alle eher der Oberschicht zuzuordnen sind.

Aber auch als wir nachts spontan auf einem Markt anhalten, um Erdnüsse zu kaufen, die hier ganz besonders gut sind und einen Exportschlager des Landes darstellen, fühlen wir uns weder unsicher, noch werden wir von irgendjemand bedrängt. Das hatte ich in Ostafrika schon ganz anders erlebt! Ich fühle mich wohl in diesem Land und bin mir trotzdem sicher, dass man sich besser nicht mutterseelenallein bewegen sollte. Nur allzu leicht könnten wir Opfer eines Überfalles werden, da wohl alle Weißen etwas dabeihaben, was man leicht wieder veräußern kann. Vorsicht ist also auch hier die Mutter der Porzellankiste! An diesem Abend berichtet Chur über sein Leben in Westafrika und die Schwierigkeiten, denen sie vor allem am Anfang ihrer unternehmerischen Tätigkeit zu kämpfen hatten. Wie in vielen afrikanischen Ländern mahlen die Muehlen der Bürokratie hier sehr langsam und die Korruption scheint allgegenwärtig auf dem Schwarzen Kontinent zu sein. Trotzdem haben er und seine libanesische Frau ihre Entscheidung nie bereut, sich eine neue Existenz in dem westafrikanischen Land aufzubauen.

Ohnehin leben heute mehr Libanesen in aller Welt, als in ihrer angestammten Heimat Libanon selbst. Ich bin dort einmal kurz zu Besuch gewesen und kann die Menschen nur allzu gut verstehen, dass sie ihrer Heimat den Rücken zugewandt haben.

Am nächsten Morgen werden wir wieder zeitig von unserem Hotel abgeholt. Trotz der großen Hitze müssen wir heute bei der Eröffnungsfeier im Werk des anderen Bruders dunkle Anzüge tragen. Das ganze Areal der modernen Fabrik ist durch bewaffnetes Sicherheitspersonal abgeriegelt. Wir aber dürfen als Ehrengäste alle Kontrollen passieren und werden am Werkseingang gebeten auszusteigen. Bildschöne Frauen haben die Aufgaben der Hostessen genommen und geleiten uns unter dem Blitzlichtgewitter der Fotografen zu einer überdachten Tribüne, wo wir gebeten werden Platz zu nehmen. Hinter uns blasen große Klimaanlagen herrlich frische Luft zwischen die Reihen der Gäste. Wir sind zum Glück zeitig gekommen und haben so Gelegenheit, die Ankunft anderer hochrangiger Gäste zu erleben. Darunter sind Bänker und andere Geschäftsleute, alle elegant und teuer gekleidet. Das gilt ebenso für die anwesenden Damen, worunter einige wirkliche Schönheiten sind. Die allermeisten der Anwesenden sind Schwarze, aber auch weiße Geschäftspartner und Mitglieder der libanesischen Kommune sind gekommen.

Dann aber geht ein Raunen durch die Menge. Alle bereits Anwesenden stehen auf und wir tun es ihnen gleich. Der Premierminister der Elfenbeinküste und sieben weitere Minister erscheinen mit einem großen Gefolge an Sicherheitsbeamten und Fotografen. Darauf waren wir nicht vorbereitet, aber die Eröffnung eines neuen Bauabschnitts des ohnehin bereits großen Werkes schafft wichtige Arbeitsplätze in der Region. Die honorigen Herren nehmen auf der Gegenüberseite Platz und alle warten nun gemeinsam auf den Beginn der Zeremonie. Musik ertönt und von weitem hören wir ein wildes Gerassel uns unbekannter Instrumente. Die Musik ist nicht sehr melodisch und bald sehen wir eine Gruppe von Tänzern und Musikanten, die alle in verschiedenen Nationaltrachten gekleidet sind. In ihrer Mitte schreitet eine kleine Gruppe ernst schauender alter Männer, die Kronen auf ihren Köpfen tragen. Es handelt sich um lokale Könige, die von einigen Schamanen begleitet werden. Sie sind gekommen, um das Land zu segnen, auf der die Fabrik gebaut wurde und das vermutlich zuvor ihnen gehört hatte. Nur mit ihrem Segen kann die Firma in Zukunft erfolgreich arbeiten. Die Könige halten kurze Ansprachen in ihren eigenen Sprachen, die wohl kaum einer der Anwesenden versteht. Es ist eine unglaublich intensive Begegnung.

Später ergreifen der Premierminister und der Minister für Wirtschaft des Landes das Wort und würdigen die Bedeutung der großen Fabrik. Der Familie der Unternehmer wird der Dank ausgesprochen für die riesigen Investitionen, die sie getätigt haben. Die ganze Veranstaltung dauert fast zwei Stunden und ist ein Erlebnis für die Augen und Sinne. Danach werden wir in kleinen Gruppen zu einem Firmenrundgang gebeten, bevor man alle Anwesenden zu einem Buffet einlädt, dass sich unter den Lasten von Köstlichkeiten zu biegen scheint. Wir mischen uns unter die Anwesenheit und kommen vor allem den Königen sehr nahe, die aber jetzt nur Augen für das Essen haben, das hier im Überfluss angeboten wird. Einiges verschwindet an diesen Tagen in den großen Taschen der weiten und bunten Umhänge. Wir können es den Königen kaum übelnehmen, da sie wohl kaum in besonderem Reichtum leben.

So geht für uns ein ganz besonderer Tag in Abidjan dem Ende entgegen und noch in der gleichen Nacht treten wir unseren wiederum sehr langen Flug zurück nach Europa an. Das Erlebte aber klingt dieses Mal ganz besonders lange in uns nach.

31
Sonnenaufgang über Schwarzafrika

Will man Uganda bereisen, so gibt es wenige Möglichkeiten, von Europa auf direktem Wege in dieses Land in Ostafrika zu kommen. Eine der wohl elegantesten Verbindungen führt von Wien über Addis Abeba, der Hauptstadt von Äthiopien. Die Ethiopien Airlines verkehrt täglich auf dieser Route und gehört zu den modernsten Fluggesellschaften in ganz Afrika. Die Maschinen der Airline sind nicht nur bestens ausgestattet, die Flugbegleiterinnen sind überaus professionell und noch dazu wunderschön gekleidet. Man spürt sofort den Hauch von Afrika, wenn man den Flieger besteigt und mit einem freundlichen Lächeln zu seinem Nachtflug begrüßt wird.

Nur gute sechs Stunden ist der moderne Boing Dreamliner unterwegs und als wir in den ersten Morgenstunden landen, schlägt uns kühle Luft entgegen. Der Flughafen liegt in einer Höhe von mehr als 2.300 Metern über dem Meeresspiegel und das führt zu extremen Temperaturschwankungen zwischen Tag und Nacht. Als wir das Flughafengebäude erreichen, zeigen sich die ersten Sonnenstrahlen am Horizont. Der Internationale Flughafen in Addis Abeba gehört zu den größten Drehscheiben des Flugverkehrs in Ostafrika. Hier steigen die Gäste um, um sowohl innerhalb des Landes, als auch zu vielen anderen Destinationen in Zentralafrika weiterzufliegen. Selbst Flüge zu den Seychellen oder nach Mauritius werden angeboten. Dementsprechend bunt ist das Völkergemisch im Terminal und ein Zwischenaufenthalt hier ist allemal kurzweilig, wenn er auf wenige Stunden begrenzt ist. Die Organisation allerdings ist etwas chaotisch, weshalb man sehr aufpassen muss, dass einem der Anschlussflug nicht buchstäblich vor der Nase wegfliegt.

Änderungen des Abfluggates sind an der Tagesordnung, ohne dass diese angesagt werden.

Einer meiner Patentanten hatte viele Jahre in Addis Abeba gelebt und hatte für die Deutsche Botschaft gearbeitet. Gespannt hatte ich als Kind ihren Erzählungen gelauscht. Kleine und bunt bemalte Tiernachbildungen aus Sandstein hatte sie mir damals gezeigt und ich finde einige von ihnen in einem kleinen Souvenirladen, während ich hier warte. Leider habe ich auf dieser Reise keine Zeit für einen Besuch der Hauptstadt oder gar des Landes selbst. Ich werde in Uganda erwartet und so rüste ich mich nach einigen Stunden Wartezeit für meinen Weiterflug nach Entebbe, wo der Internationale Flughafen von Kampala direkt am Ufer des Victoria Lakes liegt. Unter mir gleitet eine zunehmend bergige Landschaft vorbei. Dann aber setzt nach knapp zwei Stunden Flugzeit die Maschine zum Landeanflug an. Unter uns erscheint die schier endlose Wasserfläche des Victoria Lakes, den sich Uganda mit den Nachbarstaaten Kenia und Tansania teilt. Er ist der größte See ganz Afrikas und gleichzeitig der zweitgrößte Süßwassersee der Welt. Aus der Luft sieht der See eigentlich eher wie ein Meer aus.

Unsere Maschine setzt sicher auf der Landebahn auf, die direkt am Ufer des riesigen Sees liegt. Welch ein beindruckender Anblick das blaue Wasser des Sees bietet! Diverse Wasservögel und kleine Fischerboote nahe dem Ufer sind zu erkennen. Der Victoria Lake ist die Heimat des Tilapia, einem besonders schmackhaften Fisch. Leider sind die Fischbestände wegen einer Überfischung des Sees in den letzten Jahren stark zurückgegangen. Auch gibt es immer wieder Streit über die Regulierung der Fangquoten zwischen den Anrainerstaaten des Sees. Millionen von Menschen leben schließlich an seinen Ufern und leben vom Fischfang.

Entebbe ist ein eher beschaulicher Ort, der ca. 35 Kilometer von der Hauptstadt Kampala liegt. Ein Fahrer holt mich vom Flughafen ab und alsbald finde ich mich inmitten eines unglaublichen Verkehrs in Richtung der Millionenstadt wieder. Die Straße müssen sich in vielen Fällen Autos, Motoradfahrer,

Fahrradfahrer und Fußgänger teilen. Überall sind Bauarbeiten im Gange, um eine Autobahn zwischen Entebbe und Kampala möglichst schnell fertigzustellen. Mein Fahrer Simon ist aber im dichten Verkehr gezwungen, langsam zu fahren, was ihm gar nicht zu liegen scheint, mir aber die Gelegenheit zu Beobachtungen gibt. Viele Verkaufsstände mit Tomaten, Mangos, Melonen, Bananen und Papaya stehen direkt neben der Straße und kaum kommt unser Auto einmal zu stehen, klopfen Straßenhändler an unser Autofenster. Kampala lebt und zeigt seine Vitalität schon bei unserer Anreise. Fasziniert beobachte den offenbaren Reichtum an Obst und Gemüse, der ein Resultat besonders fruchtbaren Ackerlandes ist. Uganda ist reich gesegnet mit Wasser und produziert viele Produkte der Landwirtschaft weit über den eigenen Bedarf hinaus. Deshalb wird das Land auch oft als der »Food Basket« Afrikas bezeichnet. Dank des vielen Wassers ist es auch nahezu überall herrlich grün. Die bunte Kleidung besonders der Frauen bildet einen wunderbaren Kontrast dazu.

So könnte eigentlich Uganda ein wohlhabendes Land in Afrika sein, wären da nicht die vielen Einschränkungen, die genau das verhindert haben. Man produziert Obst und Gemüse im Übermaß und besitzt aber kaum eine nennenswerte eigene lebensmittelverarbeitende Industrie. Besonders das Nachbarland Kenia mit seiner deutlich besser ausgebauten Industriebasis ist Nutznießer dieser Situation. Auch verfügt Uganda über große Vorräte an Bodenschätzen, wozu Erdöl, Gas, Gold und Nickel gehören. Allein ist das Land aber technisch nicht in der Lage, diese Reichtümer zu fördern. Misswirtschaft und Korruption würden aber vermutlich ohnehin verhindern, dass der Erlös aus diesem Geschäft der breiten Masse zugutekäme.

Unterwegs in die Hauptstadt entdecke ich immer wieder gute abgesicherte Komplexe, auf denen die Flagge der Vereinten Nationen weht. Da Uganda als verhältnismäßig sicher angesehen wird und Entebbe und Kampala für Ausländer recht gute Lebensbedingungen bieten, haben sich hier viele regionale Headquarter verschiedenster UN-Organisationen angesiedelt, die von Uganda aus viele der ostafrikanischen Länder und Teile von Zentralafrika betreuen, erklärt mir Simon bereitwillig. Dazu gehören die Weltgesundheitsorganisation, die Weltbank, das Kinderhilfswerk und der Internationale Währungsfonds.

Die letzten Kilometer zum Hotel kommen wir nur noch im Schritttempo vorwärts. Um uns herum wuseln die Menschenmassen. Bananen und Einkäufe werden von oftmals anmutigen Frauen auf dem Kopf transportiert und nicht ein einziges Mal erlebe ich in all den Tagen, das eine der Frauen dabei die Balance verliert. Einfach unglaublich, was diese afrikanischen Frauen leisten! Sie scheinen sich um alles allein kümmern zu müssen. Dabei sind in den meisten Fällen viele Kinder um sie herum. Es sind die Frauen, die den Einkauf tragen und die an den kleinen Verkaufsständen sitzen, die sich um die zumeist ärmlichen Wellblechhütten kümmern. Auch sieht man sie oft auf den Feldern arbeiten, fast immer ein Kleinkind in einem Tuch auf dem Rücken. Die Männer sehen wir dagegen als Automechaniker oder in den vielen kleinen Tischlerwerkstätten entlang den Straßen arbeiten. Dort werden oft kunstvolle Möbelstücke aus exotischen Holzarten hergestellt, von denen es genug in Uganda gibt. Oft aber sitzen die Herren der Schöpfung auch nur einfach in kleinen Gruppen herum und palavern. Definitiv ist die Rollenverteilung zwischen den Geschlechtern in Schwarzafrika eine andere, als bei uns in Europa!

Ich beziehe ein Zimmer in einem gut gesicherten Hotel im Zentrum der Stadt, das von einem üppigen und gepflegten tropischen Garten umgeben ist. Hier geben sich die Mitarbeiter ausländischer Firmen und Institutionen die Klinke in die Hand. Allerdings gehören auch auffallend gut und reich gekleidete Schwarze beider Geschlechter zu den Gästen des Hauses. Auf meine Frage hin erklärt man hier, dass es sich dabei mehrheitlich um wohlhabende Familien aus dem Südsudan handelt, die hier im Hotel über Monate leben und ganz offensichtlich schier im Luxus baden. Welche Kontraste es in Afrika gibt! In ihrer Heimat sterben jährlich zehntausende Meschen an Unterernährung und wird hier der Reichtum skrupellos zur Schau gestellt.

Für das Hotel ist das allerdings ein willkommenes Geschäft, da die Damen und Herren jeden nur erdenklichen Service für sich in Anspruch nehmen und ihn natürlich teuer bezahlen. Aufmerksam beobachte ich das Leben im Hotel und bin zwischen Verwunderung und manches Mal Abscheu hin- und hergerissen. Das nette Personal freut sich aber über jede noch so kleine menschliche Geste, die ihnen zu erkennen gibt, dass man sich nicht als etwas Besseres fühlt. Insbesondere honorieren sie, wenn man sich ganz offen und unvoreingenommen für ihr Land interessiert. Wie oft hatte ich genau diese Reaktionen zuvor unterwegs in vielen Ländern und Erdteilen erlebt.

Da ich zwischen meinen geschäftlichen Terminen vor meinem Rückflug ausreichend Zeit habe, entschließe ich mich einen Ausflug zu dem an der Grenze zum Kongo liegenden Queen Elizabeth Nationalpark zu machen. Dieser Nationalpark ist für seinen Wildreichtum bekannt und zusätzlich werde ich ausreichend Gelegenheit bekommen, etwas von Uganda kennenzulernen. Simon ist bereit, mich dorthin zu begleiten, als ich ihm anbiete auch seine Übernachtung in einer Safari Lodge zu bezahlen. Auch will ich ihn auf eine Pirschfahrt in die Savanne mitnehmen, falls er daran Interesse hat.

Pünktlich steht Simon am nächsten Tag mit seinem vollgetankten Geländewagen bereit. Wir haben eine Fahrtstrecke von mehr als 500 Kilometern vor uns und werden minimal sechs Stunden unterwegs sein, wie er mir erklärt. Aber es sollte deutlich länger dauern, da wir allein mehr als zwei Stunden brauchen, um die Stadtgrenze von Kampala zu erreichen. Dann aber rauschen die Kilometer und Bilder an uns vorbei. Die Fahrt führt durch eine wellige Landschaft, vorbei an riesigen Tee- und Kaffeeplantagen, die einen sehr gepflegten Eindruck machen. Kaffee und Tee gehören zu den wichtigsten Exportartikeln des Landes. Schulkinder in ihrer bunten Schulkleidung laufen parallel zur Straße. In Uganda herrscht Schulpflicht und der Besuch der Schule ist kostenlos. Das ist immerhin ein erster Erfolg, auch wenn dann die Schulkinder nach Verlassen der Schule oft keinen Ausbildungsplatz finden, ohne dem sie keine Chance auf dem Arbeitsmarkt haben.

Unterwegs machen wir immer wieder kleine Pausen, wobei unser Fahrzeug dann sofort von vielen Menschen umringt wird, sei es aus Neugier, oder mit dem Ziel, uns irgendetwas zu verkaufen. Simon ist zwar ein wilder Autofahrer, geht aber bei diesen Zwischenstopps mit viel Gefühl vor und das sowohl für mich, als seinen Gast, als auch für seine ugandischen Mitbürger. Immer bleibt er freundlich, aber geleichzeitig resolut und bestimmt.

Unterwegs passieren wir das autonome Königreich Buganda, das im Zentrum des Landes liegt. Nachdem in den letzten Jahrzehnten die lokalen Könige von den Herrschenden immer wieder verjagt wurden, haben sie in den letzten Jahren wieder an Einfluss und Macht gewonnen und der amtierende Präsident weiß sie geschickt für die Durchsetzung seiner Ziele auszunutzen. Für die einfachen Menschen aber ist der König eine Respektsperson, den sie sehr verehren. Vielleicht spielen damit diese lokalen Könige eine nicht unähnliche Rolle, wie unsere Monarchen in Europa, die politisch eher bedeutungslos sind, aber irgendwie als Hort von Traditionen gelten.

Wenig später überqueren wir den Äquator und belegen diesen Moment mit einem obligatorischen Foto, das bereitwillig von anderen Besuchern von uns aufgenommen wird. Wie erwartet hat die Fahrt viel länger gedauert, als wir in der Ferne die Berge der Ruwenzori Mountains erkennen, die bereits in Kongo liegen. Das Grenzgebiet zum Kongo gilt als ziemlich unsicher. Hier soll es immer wieder zu Überfällen in der letzten Zeit gekommen sein. Deshalb beschließen wir, von nun an, ohne einen weiteren Zwischenstopp durchzufahren und lassen uns auch unterwegs nicht von den ersten Elefantenherden aufhalten, die wir zu Gesicht bekommen.

Unser Ziel ist die Mweya Safari Lodge, die hoch über dem Kazinga Channel und nahe dem Edward Lake liegt, an dessen Ufer sich die staubige Schotterpiste jetzt entlang schlängelt. Wiederholt entdecken wir jetzt Wasserböcke und Antilopen. Auch wenn es sonst in Uganda überall saftig grün war, herrscht hier eine große Trockenheit, was mich sehr überrascht. Vermutlich hält die Bergkette im Kongo die Regenfälle zurück, die eine ausgetrocknete Savanne jetzt dringend bräuchte.

Buchstäblich im Moment des Sonnenunterganges erreichen wir die schöne Safari Lodge, die schon etwas in die Jahre gekommen zu scheint. Vermutlich hält die Sicherheitslage an der Grenze zum Kongo viele Gäste von einem Besuch des Nationalparks ab. Wir erhaschen noch einen letzten Blick auf den unter uns liegenden Kazinga Channel, in dessen Wasser sich Flusspferde und Krokodile tummeln. Am Ufer äsen friedlich Elefanten und Wasserbüffel. Wir können gerade noch so einige Bilder machen und unsere Zimmer beziehen. Dann aber senkt sich in atemberaubender Schnelligkeit die afrikanische Nacht über uns. Wir lassen uns nach der anstrengenden Fahrt ein köstliches Abendessen und ein paar gute Drinks schmecken. Selbstverständlich ist dabei Simon mein Gast. Auch hat er mein Angebot angenommen, mich am kommenden Morgen bei Sonnenaufgang zu einer Pirschfahrt im offenen Jeep zu begleiten, auch wenn er freimütig einräumt, dass ihm das zeitige Aufstehen vermutlich schwerfallen wird.

Es ist noch stockdunkel draußen, als es an meine Zimmertür klopft. Es ist Zeit zum Aufstehen. In einer halben Stunde sollen wir uns an der Rezeption treffen. Schnell habe ich mir eine warme Jacke übergezogen, da ich aus Erfahrung weiß, dass es am frühen Morgen in der Savanne noch bitterkalt ist. Auch Simon kommt wenig später mit noch verschlafenem Gesicht aus seinem Zimmer. Ein schwarzer Tee vor der Abfahrt schüttelt die Müdigkeit endgültig von uns ab. Kaum setzt sich der Jeep in Bewegung, schlägt uns die kalte Morgenluft entgegen und wir verkriechen uns unter die bereitgelegten Decken. Kaum aber sind wir am Gate zum Nationalpark angekommen, schiebt sich ein riesiger Sonnenball am Horizont langsam nach oben. Der theatralische afrikanische Sonnenaufgang hat begonnen! Wer den Sonnenuntergang und Sonnenaufgang einmal in Afrika erlebt hat, wird ihn sein Lebtag lang nicht vergessen. Der Himmel verfärbt sich innerhalb weniger Minuten und im Morgentau spiegelt sich das Sonnenlicht millionenfach in den Gräsern der Savanne. Was für ein Erlebnis! Zeitgleich scheint das Leben in der Savanne zu erwachen, was natürlich ein Trugschluss ist, da vor allem die Raubkatzen die Dunkelheit der Nacht für ihre Jagd genutzt haben.

Wir treffen auf Flusspferde, die ihr Wasserloch verlassen haben, oder wieder auf dem Wege dazu sind. Unglaublich, wie schnell sich dies plump erscheinenden Tiere auf dem Land bewegen können. Wenig später stehen wir mitten in einer Herde grimmig schauender Büffel, die zu den gefährlichsten Tieren der Savanne Afrikas überhaupt zählen. Eine große Schlange quert vor uns den Weg und wir sind froh, ihr nicht bei einem Fußmarsch begegnet zu sein. Vermutlich war es eine der gefährlichen Puffottern, die es hier in großer Menge geben soll. Sie gehört zu den wenigen Schlangen, die ohne Vorwarnung angreifen und nicht bei den leichtesten Vibrationen verschwinden. So sind besonders viele der tödlichen Unfälle mit Schlangen auf den Biss einer Puffotter zurückzuführen. Diese Begegnung mahnt zur Vorsicht. In weiter Ferne sehen wir Elefanten ziehen, haben aber keine Chance, sich ihnen zu nähern. Der Nationalpark ist eigentlich für seinen Wildreichtum bekannt, aber an diesem Morgen bekommen wir nur wenige andere Tiere zu Gesicht. So ist das aber nun einmal bei einer Pirschfahrt. Schließlich sind wir ja nicht in einem Zoo.

Nur einmal haben wir noch Glück, als wir unter einem weit ausladenden Baum einen schlafenden Löwen entdecken. Vermutlich ruht er sich von der nächtlichen Jagd aus. Vorsichtig nähern wir uns dem Tier, wohl wissend, dass wir in einem offenen Fahrzeug sitzen. Erst als wir uns dem Löwen vielleicht auf 100 Meter genähert haben, dreht er sich verschlafen um. Im Fernglas ist aber gut zu erkennen, dass er uns nicht aus den Augen lässt. Als sich dann wenig später ein weiteres Fahrzeug zu uns gesellt, wird es ihm offenbar zu viel und er erhebt sich langsam, streckt den müden Körper und verschwindet mit langsamen Schritten und hoch erhobenem Haupt zwischen weit entfernt gelegenen Büschen. Noch eine Weile sehen wir seine im Wind wehende Mähne. Es handelte sich um einen männlichen Löwen im besten Alter. Diese Tiere sind oft Einzelgänger. Diese Begegnung ist der Höhepunkte unserer morgendlichen Pirschfahrt. Dankbar für diese Erlebnisse treten wir wenig später die Ruckreise nach Kampala an, die uns direkt am Kibale Nationalpark vorbeiführt, der für seine starke Schimpansen Population bekannt ist. Leider bleibt auf dieser Reise keine Zeit für einen Besuch, zu dem man mindestens einen weiteren Tag bräuchte. Noch einmal ziehen die Bilder Schwarzafrikas an mir vorbei. Dank seines großen Wasserreichtums zählt Uganda zu den grünsten Ländern Afrikas und seine fruchtbare Erde ernährt die Menschen, solange sie in den kleinen Siedlungen und Orten bleiben und mit eigenen Händen die Gärten bestellen. Beim Eintreffen in Kampala führt die Straße aber entlang der Slums, in denen die Menschen Zuflucht gefunden haben, die sich auf dem Wege in die Städte gemacht haben, in der Hoffnung auf ein Leben mit mehr Annehmlichkeiten. Ohne einen Job aber kann man den Slums nicht entrinnen. Das ist die traurige Wahrheit fast überall in Afrika.

Diesen Gedanken hänge ich lange nach, als ich am kommenden Tag in meinem Flugzeug sitze und hoch über den Wolken in Richtung Äthiopien fliege. Afrika ist so voller Kontraste, die anziehend und abstoßend zugleich wirken. Auf mich aber hat der Kontinent seine Anziehungskraft nie verloren!

32
Gespräche am Lagerfeuer in der Savanne

Scheinbar hat mich das Afrikanische Fieber erwischt, denn nachdem ich auch im letzten Jahr in Kenia unterwegs war, sitze ich wieder im Flieger in Richtung Ostafrika. Schon Ernest Hemingway hatte in einem seiner Bücher darüber gesprochen. Wer einmal von diesem Bazillus infiziert wäre, den würde es unweigerlich dahin zurückziehen. In den frühen Morgenstunden weckt mich Sonnenschein und wenig später erscheint der schneebedeckte Gipfel des Kilimanjaro auf der rechten Seite. Einige Reisende, die offenbar das erste Mal nach Kenia fliegen, brechen beim Anblick des Berges in Euphorie aus. Ich kann es ihnen nicht verdenken, erinnere ich mich doch nur zu gut an meine Gefühle, die mich Anfang der Neunziger Jahre bei meiner ersten Reise in das ostafrikanische Land überkommen hatten. Ein viele Jahrzehnte lang gehegter Traum war damals in Erfüllung gegangen und noch heute erinnere ich mich an die ersten Eindrücke nach meiner Landung in Mombasa am Ufer des Indischen Ozeans. Der Duft von Gewürzen und abertausender Blüten der Bougainvilleas lag in der schwülen und warmen Luft, einfach betörend! Und bei jeder Wiederkehr sind es die gleichen Gerüche! Dazu der Farbrausch der bunten Kleidung, die vor allem die afrikanischen Frauen hier in Kenia tragen.

Eine Stude später stehe ich erneut vor dem Flughafengebäude der kenianischen Hafenstadt und warte auf mein Auto, dass mich in den Süden von Mombasa in ein Hotel an der Diani Beach bringen soll. Allerdings werde ich mich dort nur eine

Nacht aufhalten, da ich bereits am nächsten Tag vom nahen Ukunda aus mit einem Kleinflugzeug in die berühmte Masai Mara, dem kenianischen Teil des Serengeti Nationalparks, fliegen werde. Ich will dort einige Tage in einem Camp direkt am Mara River verbringen, um in der afrikanischen Savanne Tiere zu fotografieren.

Schon am frühen Morgen des Folgetages mache ich mich auf den Weg zu dem kleinen Flughafen der nahe gelegenen Stadt Ukunda. Eine staubige befestigte Piste und eine kleine Baracke bilden den ganzen Flughafen. Lediglich ein niedriger Zaun verhindert das Eindringen von Tieren in das Gelände. Mein Pass und mein Flugticket werden von den zwei Beamten kontrolliert und ich werde gebeten, mich zu den anderen Wartenden zu gesellen. Es gibt nur weitere drei Fluggäste aus der Schweiz an diesem Morgen. Ein Dröhnen über den Baumkronen kündigt das kleine Flugzeug an, das sich im Landeanflug befindet. Sicher setzt der Pilot auf der kurzen Piste auf, wendet die einmotorige Maschine und bittet uns kurz danach zum Einsteigen. Wir sind zuvor gewogen worden und uns werden die Plätze entsprechend unseres Körpergewichts zugewiesen. Ich komme direkt hinter dem Piloten zu sitzen, der ein Schwarzer ist.

Kaum sind die Türen verschlossen, starten wir zu unserem Flug über die Savanne. Noch einmal ist für kurze Zeit der Indische Ozean unter uns zu sehen, bevor wir uns landeinwärts wenden. Der Flug in die Masai Mara wird zwei Stunden dauern und Pilot Zacharie gibt uns immer wieder Informationen zu den an uns vorbeiziehenden Landschaften. Die Flugroute führt uns immer parallel zur Grenze zum benachbarten Tansania. Tief unter uns erkennen wir den Tsavo West Nationalpark mit seinen vielen Bergen und ehemaligen Vulkanen. Dann führt uns der Flug nahe dem Kilimanjaro vorbei und wir genießen den Anblick dieses Bergriesen, der sich aus der Savanne erhebt.

Beim Landanflug auf das Little Governors Camp erkennen wir jetzt die ersten Tierherden weit unter uns. Gnus, Zebras und einzelne Giraffen sind zu erkennen. Im Schatten weit ausladender Akazien sehen wir eine kleine Gruppe von Elefanten. Wenig später kommt das Flugzeug auf dem schmalen Landestreifen zum Stehen. Zacharie öffnet die Flugzeugtür und wir verlassen über die ausgeklappte Treppe die Maschine. Ein offener Geländewagen steht bereit. Mit einem freundlichen »Welcome« und einem breiten Lächeln werden wir von unserem Guide Peter Thuku in Empfang genommen. Peter ist mir auf Anhieb sympathisch. Er wird uns auf allen Safaris in den nächsten Tagen begleiten und wird sich als ein erstklassiger Kenner der Savanne erweisen. Ich beziehe ein Zelt direkt am Mara River, der jetzt nur wenig Wasser führt. Am gegenüber liegendem Ufer liegen einige gewaltige Krokodile und man hofft einfach, dass sie auf der anderen Seite des Flusses bleiben.

Das Mittagessen nehmen wir unter riesigen alten Bäumen ein, die wunderbar Schatten spenden. Neben uns Neuankömmlingen sind nur einige wenige andere Gäste im Camp, was mir nicht ungelegen kommt. Das aufmerksame Personal liest uns buchstäblich jeden Wunsch von den Lippen ab. Bis auf den Camp Manager, der aus England stammt und seit Jahren in Kenia lebt, besteht das Personal ausschließlich aus Schwarzen. Jeder ist überaus liebenswürdig und das hat sicher seinen guten Grund. Hier im Camp hat man gute Arbeit, die den lokalen Verhältnissen entsprechend auch ordentlich bezahlt wird. Dazu gibt es das eine oder andere Trinkgeld von den Gästen, wenn man diese zufrieden stellt.

Nach dem Essen gibt es ein paar Stunden Zeit, bevor wir am frühen Abend zu unserer ersten Pirschfahrt aufbrechen werden, die bis zum Sonnenuntergang dauern wird. Ich nutze die Gelegenheit und schlendere durch das Lager. Dabei werde ich ständig von einem bewaffneten Ranger begleitet, der für unsere Sicherheit verantwortlich ist. Hier gibt es keinen Zaun und eine Begegnung mit wilden Tieren ist so jederzeit möglich. Weit von den Gästezelten entfernt gibt es eine Ansammlung weiterer Zelte, wo das Personal zu leben scheint. Immer wieder treffen wir auf Paviane oder andere Affen, die schnell vor uns auf nahe

Bäume flüchten, um im nächsten Moment wieder vor uns zu stehen. Einige Antilopen grasen in unmittelbarer Nähe und lassen sich durch unsere Anwesenheit nicht stören. Gleich mehrfach begegnen wir kleinen Warzenschweinen, die mit einem steil nach obenstehendem Schwanz aufgeregt davonstürzen. Am Nachmittag entdecke ich vor meinem Zelt sitzend einen Elefanten, der in aller Ruhe durch das Lager zieht.

Dann ist es endlich soweit und wir brechen zu unserer ersten Pirschfahrt auf. Peter Thuku wartet bereits an seinem Land Rover auf uns und wir machen es uns bequem in dem Fahrzeug. Die Kameras liegen bereit und wir lassen uns überraschen, was der Abend so bringen wird. Es dauert an diesem Tag tatsächlich nicht lange, bis Peter die ersten Giraffen entdeckt. Sie stehen an einem kleinen Wasserloch mit gegrätschten Beinen, um trinken zu können. Was für ein toller Anblick! Wenig später treffen wir auf eine kleine Herde von Elefanten, zu denen unserer Fahrer einen gebührenden Abstand hält. Elefanten können unter bestimmten Umständen aggressiv reagieren und sogar Fahrzeuge angreifen, die ihnen zu nahekommen. Ich hatte das schon einmal in Kenia vor Jahren erlebt und habe diese Begegnung in unguter Erinnerung. Peter aber kennt die Gefahren und bleibt in all den kommenden Tagen immer vorsichtig. Gleiches gilt auch für eine Begegnung mit Büffeln, die ohnehin zu den gefährlichsten Tieren der Savanne gehören.

Die Sonne sinkt schnell am Abend und die afrikanischen Sonnenuntergänge sind ein Spektakel für sich, dass man sein Leben lang nicht vergessen wird. Der Himmel färbt sich in allen möglichen Gelb- und Rottönen und es wird nun weniger als eine halbe Stunde dauern, bis die Dunkelheit endgültig hereinbrechen wird. Jetzt aber bestehen gute Aussichten, Raubkatzen zu Gesicht zu bekommen. Wir haben Glück und beobachten ganz in der Nähe von unserem Camp zwei männliche Löwen, die offensichtlich zu einem Jagdzug aufgebrochen sind. Sie haben ein Ziel gewittert. Die Jagd selbst wird aber vermutlich stundenlang dauern und erst am kommenden Morgen werden wir vielleicht erfahren, ob sie erfolgreich war. Wir sind den majestätischen Tieren jetzt ganz nah gekommen. Die Könige der Savanne würdigen uns aber mit keinem Blick. Eine gewisse Arroganz liegt in dem Blick der Raubkatzen. Begeistert kehren wir von dieser ersten Pirschfahrt in das Camp zurück.

Mittlerweile ist es stockdunkel draußen und die erste afrikanische Nacht in der Savanne hat begonnen. Die Geräuschkulisse ist allerdings beeindruckend. Da ist das Quaken der Frösche, das Grunzen der Warzenschweine und wieder und wieder das Gebrüll von Löwen ganz in unserer Nähe. Den Weg zu unseren Zelten dürfen wir jetzt nur noch mit bewaffneter Begleitung zurücklegen. Nach dem Abendessen wird ein Lagerfeuer entzündet, wo sich schnell alle Gäste einfinden. Mit der Dunkelheit war auch die Kühle gekommen. Immerhin liegt das Camp auf mehr als 1.500 Meter über dem Meeresspiegel und da sinken die Temperaturen in der Nacht schnell.

Ich sehe mich um und kann unseren Piloten Zacharie nicht entdecken, der mir gesagt hatte, dass er die nächsten Tage im Camp bleiben werde, um uns dann wieder zurück zur Küste zu bringen. Ich frage einen der anwesenden Ranger und er erklärt mir, dass es dem Personal nur dann erlaubt wäre zum Feuer zu kommen, wenn sie von den Gästen eingeladen werden. Ich bitte ihn, mich zum Zeltlager für das Personal zu begleiten, wo ebenfalls jetzt ein kleines Feuer brennt. Ich entdecke Zacharie zu meiner Freude am Feuer sitzend mit einer wärmenden Decke über der Schulter. Er ist ein großgewachsener und gutaussehender Mann. Freude spricht aus seinem Gesicht, als er mich in der Dunkelheit im Licht des Feuers erblickt. Nur allzu gern folgt er meiner Einladung, mich zum Feuer im Hauptlager zu begleiten. Zu meiner Überraschung sitzt niemand mehr am Feuer. Offenbar haben sich die anderen Gäste bereits in ihre Zelte zurückgezogen. Ich bestelle uns zwei Gin Tonic und wir lassen uns zwei Decken reichen. Zacharie hat mir gegenüber am Feuer Platz genommen.

Leise beginnt Zacharie zu erzählen. Er stammte ursprünglich aus Ruanda und war dort Langstreckenpilot der Ruanda Airways gewesen. Als Mitglied der Tutsi Minderheit musste er im Sommer des Jahres 1994 vor den Gräueltaten der Hutu fliehen, die innerhalb von nur 100 Tagen vor den Augen einer untätigen Weltöffentlichkeit fast eine Million Menschen grausam ermordeten. Zacharie war es gelungen, in einer Nacht eine Maschine der Ruanda Airways mit Familie und Freunden zu beladen und ich Richtung Kenia zu flüchten. So hatte er mehr als 50 Menschen das Leben retten können. Allerdings mussten sie alles zurücklassen, was sie in Ruanda besaßen. In Kenia fand er dank seiner Ausbildung einen neuen Job als Pilot bei der Southern Cross Airline, die sich auf privat organisierte Safaris in Kenia und Tansania spezialisiert hatte und gute Piloten dringend suchte.

Wir gebannt folge ich den Erzählungen des Piloten Zacharie ist froh mit mir offen über seine Geschichte sprechen zu können und vermeidet an diesem Abend auf Einzelheiten seiner Flucht und der Erlebnisse zuvor einzugehen. Diese müssen für ihn und die Familie traumatisch gewesen sein. Dessen bin ich mir in diesem Moment ganz sicher. Ich lege einige weitere Holzscheite in das Feuer und bestelle uns noch einen zweiten Gin Tonic. Zacharie muss am kommenden Tag nicht fliegen und so kann er sich einen weiteren Drink erlauben. Lange sitzen wir an diesem Abend zusammen und berichten uns gegenseitig von unserem Leben. So entsteht in dieser Nacht eine enge Beziehung zwischen einem Schwarzen Flüchtling, der in Kenia eine neue Heimat gefunden hatte und einem Weißen, der die revolutionären Umwälzungen im heimatlichen Deutschland und in Osteuropa miterlebt hatte. Irgendwie fühlen wir uns innerlich verbunden!

Nach meiner Rückkehr nach Mombasa lade ich Zacharie zu einem Abendessen in unser Hotel ein. Gern nahm Zacharie die Einladung an und nachdem ich im Hotel alles arrangiert hatte, stand diesem Treffen nun nichts mehr entgegen. In Begleitung von seiner schönen Frau Rose und seinen Söhnen

Placide, Remy und Johnny erschien der Pilot am kommenden Abend im Hotel und ihr Besuch wurde zu einer wahren Sensation. Die ausschließlich weißen Gäste waren nicht an Schwarze unter den Gästen gewöhnt. Das schwarze Personal dagegen feierte den Besuch der Familie als einen innerlichen Triumph. So gebührte uns an diesem Abend ungewollt die Aufmerksamkeit aller. Unsere Verbindung sollte weit über diesen Abend hinausgehen.

33
Victor Kozeny – ein tschechischer Auswanderer in Afrika

IM JUNI DAS JAHRES 1999 REISE ICH ERNEUT NACH KENIA und will mich dort auf jeden Fall mit dem aus Ruanda stammenden Piloten Zacharie treffen, zu dem ich ein sehr freundschaftliches Verhältnis entwickelt habe. Ich kann ihn aber zu meiner Verwunderung von Europa aus am Telefon nicht erreichen. Ich werde es in Kenia erneut versuchen müssen, mit ihm Kontakt aufzunehmen.

Nach einem langen Nachtflug schlägt mir in Mombasa erneut die feuchtwarme Tropenluft entgegen. Die Müdigkeit ist mit einem Schlag vergessen. Die leuchtenden Farben Afrikas erfreuen die Augen und die Sinne werden vom Duft tausender Blumen betört. Die freundlichen Kenianer habe ich seit Jahren bereits in mein Herz geschlossen. Ich fühle mich erneut willkommen in Afrika. Welch ein Kontrast zu der alltäglichen Berichterstattung im Fernsehen oder der Presse über verheerende Kriege und ethnische Konflikte überall in Afrika. Ich zweifele zwar nicht an der Wahrheit, wohl aber am Nutzen dieser Berichte. Afrika besitzt noch etwas, was auf den anderen Kontinenten schon lange verloren ging. Das Leben hat sich dem Rhythmus der Natur angepasst. Die Menschen sind genügsam und fröhlich. Nur die Konfrontation mit den sogenannten modernen und hochentwickelten Kontinenten hat schließlich Elend, Not, Korruption und Krieg auf den schwarzen Kontinent gebracht.

Kenia gehört zu den Ländern der Welt, wo sich Naturreichtümer geradezu häufen. Paradiesische Strände des Indischen

Ozeans, endlose Tierherden in der Savanne, berühmte Nationalparke, Kaffee und Tee, nur wenige andere Länder können einen solchen Reichtum vorweisen. Das Kenia trotzdem zu den ärmsten Ländern der Welt zählt, ist zugleich Hohn und Spiegelbild der Unfähigkeit der Menschheit, mit den Geschenken des Landes umzugehen. Gier nach Geld, Macht und Besitz haben das Land ausgelaugt. Es bleibt zu hoffen, dass wenigstens jeder Kenia Reisende die Wahrheit des Lebens in Kenia zwischen Traum und Wirklichkeit erkennt!

Ein Flugzeug der Kenya Air bringt uns weiter nach Nairobi. Freundliche Stewardessen servieren einen Tee, währenddessen die unendliche Weite des Landes unter uns dahinzieht. Eine Stunde Zeit zum Träumen, um dann wieder mit der Wirklichkeit konfrontiert zu werden. Nairobi empfängt uns mit seinen Kontrasten. Hier prallen die Moderne und Tradition kompromisslos aufeinander. Modern gekleidete Hochhausbeamte und farbenfrohe Kangas, Luxuslimousinen und überladene Matatus, gartenumsäumte Villen und ärmliche Wellblechhütten, Supermärkte und hölzerne Verkaufsbuden, Reichtum und Armut, Schwarze und Weiße- all das bildet das unverwechselbare Flair der Hauptstadt Kenias.

Unser heutiges Tagesziel ist der Mount Kenya Nationalpark. Die Fahrstrecke führt über Thika, Muranya, Nyeri bis Naro Moru. Immer wechselnde Landschaften ziehen an uns vorbei. Kaffee- und Teeplantagen, dicht begrüntes Hügelland, darin eingebettete Dörfer mit niedrigen sauberen Hütten und bunt gekleideten, oft fröhlich winkenden Menschen, fruchtbare Gemüsefelder und endlose Weiten. Wir erreichen die Naro Moru River Lodge nach vier kurzweiligen Stunden Autofahrt. Majestätisch erhebt sich der Mount Kenya vor uns. Der mit 5199 Metern höchste Berg Kenias unterscheidet sich krass vom Kilimanjaro. Die schneebedeckte Spitze erinnert uns eher an uns bekannte Hochgebirge Mitteleuropas. Die Gegend um den Mount Kenya gilt als äußerst fruchtbar. So reihen sich hier in schier endloser Folge kleine Farmen aneinander. Die Farmer bauen auf ihren teilweisen bewässerten Feldern grüne Schoten, Tomaten und

Kohl an. Selbstgefertigte stabile Holzkisten sichern das Gemüse auf dem Wege in die Hauptstadt. Von dort aus tritt das Gemüse in vielen Fällen die Reise per Flugzeug nach Europa an.

Es ist kalt an diesem Abend. Das fruchtbare Hochland am Fuß des Mount Kenya liegt immerhin fast 2000 Meter über dem Meeresspiegel. Starke Temperaturschwankungen zwischen Tag und Nacht kennzeichnen diese Region nördlich des Äquators. Auf meinen Wunsch besuche ich am Abend zusammen mit dem Fahrer allein eines der kleinen Farmhäuser. Die Farmersleute Geoffrey und Nancy empfangen uns freundlich, wenngleich anfangs ein wenig zurückhaltend. Noch nie hat ein Weißer ihr bescheidenes, aber blitzsauberes Heim besucht. Als sie aber mein ehrliches Interesse spüren, beginnen sie offen über ihren harten Arbeitstag zu berichten, der oft beim Morgengrauen beginnt und mit dem Sonnenuntergang endet. Die Kinder warten in ihrer sauberen Schulkleidung artig aber neugierig im Hintergrund. Kleine Matchbox Farmersets mit Traktor und Hänger brechen das Eis schnell. Sohn Cavin strahlt über das ganze Gesicht beim Anblick dieses passenden Geschenks. Innerlich beglückt über diesen spontanen Besuch kehre ich am Abend in die Lodge zurück.

Die Reise führt mich weiter in den wunderbaren Samburu Nationalpark, der nahe zur Grenze zu Somalia liegt. Unser Fahrzeug wird jetzt ständig von einer bewaffneten Polizeieskorte begleitet. Hier soll es ab und zu Überfälle in den vergangenen Wochen gegeben haben und wir dürfen bei den Pausen unterwegs das Auto jeweils nur kurz verlassen. Irgendwie sitzt die Angst an diesen Tagen mit uns im Auto und beeinträchtigt die überwältigenden Naturerlebnisse. Erst am sagenhaft schönen Lake Nakuru mit seinen hunderttausenden Flamingos fühle ich mich wieder frei und wohl.

Immer wieder habe ich von unterwegs aus versucht, meinen Freund Zacharie zu erreichen. Das Telefon klingelt, aber niemand nimmt den Hörer ab. Irgendetwas scheint da nicht zu stimmen. Ich werde nach meiner Rückkehr in Mombasa mit der Fluglinie von Zacharie Kontakt aufnehmen. Ohnehin will ich noch einmal für ein paar Tage in die Masai Mara fliegen. Leider konnte ich keinen freien Platz in einem Zelt Camp buchen und muss dieses Mal mit einer urigen Lodge Vorlieb nehmen, auch wenn dort das Naturerlebnis sicher weniger authentisch sein wird.

Bei meinen Anrufen bei der Southern Cross Airlines gibt man sich verschlossen und will mir keine neue Telefonnummer geben. Tags drauf stehe am nahen Airstrip in Ukunda und warte auf eine in Tschechien gebaute L 410, die mich in die Savanne fliegen soll. Es sind einige andere Passagiere an Bord. Trotzdem frage ich einen der Piloten, ob er vielleicht Zacharie kennt. Beide Piloten schauen sich betreten an und bitten mich später zu ihnen ins Cockpit zu kommen. Sie drücken mir einen kleinen gefalteten Zettel in die Hand. Darauf steht eine Telefonnummer, unter der ich die Frau von Zacharie erreichen könnte. Mein Freund war vor wenigen Tagen, Ende Mai, beim Landeanflug in der Masai Mara ums Leben gekommen. Die Absturzstelle liegt ca. eine Flugstunde von dem Little Gouvernors Camp entfernt, wo wir damals abends gemeinsam am Lagerfeuer gesessen hatten und er mir von seiner Flucht vor dem Genozid in Ruanda berichtet hatte. Stumm vor Schmerz nehme ich wieder meinen Sitzplatz ein, unfähig auch nur ein einziges Wort zu sprechen.

Die anderen Fluggäste haben eine andere Lodge gebucht und die Piloten entscheiden, diese Lodge zuerst anzufliegen. Nach dem erneuten Start bin ich mit den Piloten allein in der Maschine. Sie haben sich entschlossen, mit mir zur Absturzstelle zu fliegen, damit ich aus der Luft von dort Bilder machen könne. Ich bin ihnen sehr dankbar für die großartige Geste und muss ihnen aber versprechen, niemandem davon zu erzählen, woher ich die Telefonnummer bekommen hätte. Ich werde mich nach meiner Rückkehr nach Mombasa mit Rose in Verbindung setzen und sie sogar eines Tages in Europa wiedersehen! Noch am gleichen Abend lasse ich mich in der Lodge mit dem Fahrer vom Gouvernors Camp, Peter Thuku verbinden. Er verspricht mir, noch am nächsten Tag Blumen von einem Busch zu schneiden und sich damit auf den weiten Weg zur Absturzstelle zu machen. Noch einmal eine wunderbare Geste, für die ich tiefe Dankbarkeit empfinde.

Nach meiner Rückkehr zur Diani Beach am Indischen Ozean versuche ich wie immer im dortigen kleinen Shoppingcenter meine Bilder zu entwickeln. Die nette Fotolaborantin Gladis gibt es zwar noch, aber die Maschine für die Entwicklung der Bilder hat das Zeitliche gesegnet, nachdem man keine Ersatzteile mehr bekommen hatte. So stöbere ich noch etwas unentschlossen durch den kleinen Laden und habe unverhofft ein Buch in der Hand, dass meine Aufmerksamkeit erregt. »Das Goldene Grab am Kilimanjaro« ist der Titel des kleinen Buches, dessen Autor ein gewisser Victor Kozeny ist. Da Gladis weiß, dass ich derzeit in Tschechien lebe, macht sie mich darauf aufmerksam, dass der Autor ein alter Mann sei, der in Tschechien geboren wurde. Er kommt ab und zu im kleinen Shoppingcenter vorbei, um Einkäufe zu erledigen. Sie beschreibt mir genau den Ort, wo ich ihn im nahe gelegenen Diani Village finden könne. Ich beschließe spontan, mich auf die Suche nach diesem Mann zu machen, um zu erfahren, was ihn bewegt hatte, nach Afrika auszuwandern. Gladis hatte mir noch auf den Weg gegeben, dass ich vorsichtig sein sollte, da dieser Mann auch jahrelang eine Schlangenfarm betrieben hatte und sich vielleicht noch immer viele Schlangen auf seinem Grundstück aufhalten könnten.

Nach langem Suchen finde ich den beschriebenen Ort, an dem es eine Ansammlung niedriger, mit Palmenwedeln gedeckter Hütten, gab. Ein kleines vergilbtes Schild wies auf die ehemalige Schlangenfarm hin. Niemand war zu sehen. Erst nach mehrfachem Rufen öffnet sich die Tür der größten Hütte und ein schmächtiger Mann mit schlohweißem Haar kommt mir misstrauisch entgegen. Er kommt aus dem Dunklen und das Sonnenlicht blendet seine alten Augen. Da ich seiner Sprache mächtig bin, spreche ich ihn unvermittelt in Tschechisch an. Wie gebannt bleibt der alte Mann stehen und sucht verzweifelt nach Worten. Tränen der Freude rinnen über seine Wangen. Nach mehr als 30 Jahren hört er zum ersten Mal wieder seine Muttersprache. Damals hatte ein tschechoslowakisches Filmteam

Mitte der Sechziger Jahre ein Interview mit ihm aufgezeichnet. Sie waren auf den Spuren des bekannten Schuhkonzern Bata gewesen und hatten weltweit nach Leuten gesucht, die für diesen Konzern noch vor dem Zweiten Weltkrieg ins Ausland gegangen waren auf der Suche nach Leder für die Schuhherstellung. Viktor Kozeny bittet mich von der Situation völlig überwältigt, in seine bescheidene Hütte, in der es nur eine kleine Lampe an einem Schreibtisch gibt.

Er nimmt auf einem bequemen Sessel Platz und beginnt mir seine spannende Geschichte zu erzählen. Vor genau 63 Jahren war er mit einem Schiff als 24-jähriger junger Mann in Mombasa angekommen. Er ging an Land, um nie wieder in seine Heimat zurückzukehren. Es war das Jahr 1936 und schnell entdeckte der junge Vick, wie er sich hier nannte, seine Liebe zu Afrika. Hier konnte man noch wirkliche Abenteuer erleben und da er in seiner Kindheit Bücher von Karl May verschlungen hatte, fühlte er sich angekommen. Um keinen Preis wollte er in den kommenden Jahren nach Europa zurückkehren. Als dann der Nationalsozialismus unter Hitler erstarkte war er sich sicher, dass fortan Afrika seine neue Heimat sein würde. Vick versuchte sein Glück als Gold- und Diamantensucher, nahm Gelegenheitsjobs an, um sich über Wasser zu halten. Auch verdingte er sich bei Großwildjägern und Schlangenfängern, um eines Tages hier in Diani sesshaft zu werden und eine eigene kleine Schlangenfarm zu betreiben, die ein gesichertes Auskommen bot. Auch liebte er die afrikanischen Frauen, von denen er wohl einige hatte, was die Anzahl von mehreren anderen Hütten auf seinem Grundstück erklärte. Im Alter von 84 Jahren hatte er das besagte Buch verlegt, das ich im Geschäft gesehen hatte.

Immer noch ergriffen von meinem Besuch stand der alte Mann auf, um in sein Bücherregal zu greifen. Er zog ein druckfrisches Exemplar des Buches hervor und begann mit zittrigen Händen, eine Widmung zu verfassen. Dieses Büchlein hüte ich noch heute, wie einen besonderen Schatz.

Nach einer Stunde wird der alte Mann sichtbar müde und das ist ein Rückzugssignal für mich! Innerlich bewegt kehre ich an diesem Abend in das Hotel zurück. In der gleichen Nacht telefoniere ich mit Rose, der Witwe von Zacharie, meinem toten Freund. Sie wird in wenigen Tagen das Land verlassen, da sie sicher ist, dass man das Flugzeug von ihrem Mann manipuliert hatte. Beim Anflug auf die Masai Mara war das Bugrad nicht ausgeklappt und beim Versuch einer Notlandung war das Flugzeug an einem Stein zerschellt. Ich werde zu einem späteren Zeitpunkt Rose Bilder vom Unglücksort zeigen. Zacharie hatte begonnen, sich politisch zu engagieren und war offenbar jemandem in die Quere gekommen. Rose fürchtete jetzt auch um ihr Leben und das Leben ihrer Söhne und hatte bei der belgischen Botschaft um Asyl angesucht. Dieses Ansinnen war ihr genehmigt worden und nach der Flucht aus Ruanda im Jahre 1994 müssen sie nun auch fluchtartig das einstige gastliche Kenia verlassen und das nur 5 Jahre nach ihrer Ankunft. Ich verspreche Rose am Telefon ein Wiedersehen in Belgien.

An diesem Abend ist ein Schlaf nicht zu denken. Die Bilder des verstorbenen Freundes Zacharie und des alten Vick ziehen an mir vorbei. Auch den alten Mann werde ich in meinem Leben nie wiedersehen! So verlasse ich dieses Mal das geliebte Afrika mit sehr gemischten Gefühlen. Trotzdem werde ich eines Tages wiederkommen!

34
Ein Land, das man nur lieben oder hassen kann

Ich sitze an meinem Abfluggate am Flughafen in Frankfurt am Main und warte auf den Abflug einer Maschine der Lufthansa, die mich nach Neu-Delhi in Indien bringen soll. Es ist meine erste Reise in dieses Land, in dem heute ca. 1,4 Milliarden Menschen leben. Aufgrund der deutlich höheren Geburtenrate wird Indien gemessen an der Einwohnerzahl vermutlich China im Jahr 2022 überholt haben.

Neben mir sitzt eine Deutsche im mittleren Alter. Sie würde bereits seit mehr als 10 Jahren zusammen mit ihrem Mann in Indien leben, teilt sie mir beredsam mit. Außerdem meinte sie, dass man ohnehin Indien nur lieben oder hassen könnte. Dazwischen würde es nichts geben. Immer wieder habe ich mich bei den vielen folgenden Reisen nach Indien an diese Bemerkung erinnert. Auch sofort nach meinem ersten Eintreffen in der Hauptstadt von Indien, wiederhole ich in Gedanken die Worte der Frau, die als Gattin eines gut situierten Deutschen in Indien sicher nichts auszustehen hat.

Ich kann mich gut an die Menschenmengen im Ankunftsbereich des alten Internationalen Terminals am Flughafen erinnern, die endlose Schlange von Taxis, die auf ihre Fahrgäste warteten. Es war dunkel bei meiner Ankunft in Neu-Delhi und viele Dinge kann ich in dieser Nacht nur schemenhaft erkennen. Vielleicht war aber gerade das der beste Einstieg in die Welt der Inder. Ja tatsächlich ist Indien eine eigene Welt, oder besser ein eigenes Universum. Nicht umsonst spricht man oft von einem eigenen Kontinent. Ich sehe in dieser Nacht, die mit Bäumen bestandenen Alleen und Parks an mir vorbeigleiten. Noble Häuser verstecken sich hinter dichten Mauern. Immer wieder sehe ich Menschen direkt am Straßenrand unter Planen oder einfach unter freiem Himmel auf einem Tuch schlafen. Die Kontraste könnten kaum grösser sein, aber das wirkliche Ausmaß dieser Unterschiede erkenne ich nicht im Geringsten in dieser Nacht.

Betörend sind die Gerüche von tausenden Blüten der Bäume und der Blumenrabatten, die in den Nobelvierteln überall angelegt sind. Der Duft von Gewürzen liegt in der Luft. Kommt mein Taxi an einem der Armenviertel vorbei, dann verschwinden schlagartig die Wohlgerüche und machen einem widerlichen und penetrantem Gestank Platz, der von der Verbrennung von Müll und der fehlenden Kanalisation zu stammen scheint. Alles aber huscht nur schemenhaft an mir vorbei. Dann aber stehen wir vor einem hohen eisernen Tor, das langsam aufrollt und sich hinter uns sofort wieder schließt. Sicherheitskräfte untersuchen das Auto, ehe wir aussteigen dürfen. Willkommen in einer anderen Welt! Hier geht es luxuriös zu, wie in allen guten Hotels des Landes, in die man als Geschäftsreisender meistens einquartiert wird.

Erst am nächsten Tag werde ich beginnen, die tatsächlichen Kontraste besser zu erkennen und schrittweise tieferen Eindruck in das Land bekommen. Ich darf an dieser Stelle gleich vorausschicken, dass es viele Reisen nach Indien gebraucht hat, um sich einigermaßen ein wirkliches Bild von der Situation zu machen, ein Bild vor den gewaltigen Herausforderungen, ein Land mit einer derart großen Einwohnerzahl in eine gute Zukunft zu lenken. Vielleicht ist das am ehesten mit einem hoffnungslos überladenen und riesigen Schiff zu vergleichen, das versucht in einen Hafen einzulaufen, der für seine Größe nicht ausgelegt ist!

Die Kontraste begleiten einen in Indien auf Schritt und Tritt. Man kann ihnen einfach nicht ausweichen und irgendwann spürt man bei einem Besuch in Indien, dass man eine gewisse Resistenz entwickelt beim Anblick des allgegenwärtigen Elends. Man fühlt sich hilflos seinen eigenen Gefühlen ausgeliefert, die sich ständig auf einer Achterbahn zu bewegen scheinen. Immer wieder wird man zwischen Staunen und Abscheu hin und her gerissen, um sich im nächsten Moment sich von besonders schönen Momenten und Anblicken angezogen zu fühlen. Und es gibt viel Schönes zu entdecken in Indien, wenn man nur gewillt ist, diese Erlebnisse an sich heran zu lassen. Da sind die herrlichen Farben der Saris der Frauen oder die kunstvollen und farbenprächtigen Turbane der Sikh, die aus dem Punjab in Nordindien stammen und überwiegend von den Männern dieser Religionsgemeinschaft getragen werden. Auch sind es die Farben und Düfte der Verkaufsstände von Gewürzen und Gemüse, die eine gewaltige Anziehungskraft ausüben. Wenn sich dann noch die Wohlgerüche der scheinbar allgegenwärtigen Garküchen dazugesellen, scheint für einen Moment der Himmel auf Erden nahe zu sein.

Im nächsten Moment lenkt aber wieder das Chaos der kreuz und quer gezogenen überirdischen Stromleitungen, der Schmutz auf den Straßen, die dazwischen umherlaufenden Heiligen Kühe, die vielen bettelnden Kinder oder die bunten Motorrikschas mit ihren unberechenbaren Fahrern die Aufmerksamkeit von den punktuellen Schönheiten ab.

Ich erlebe bei einer meiner Reisen eine besonders prunkvolle Hochzeit, die dem Brautvater sicher ein Vermögen gekostet hat. Selbstredend stammt der Bräutigam aus der gleichen gutbetuchten Kaste. Die Schönheit der anwesenden Frauen ist umwerfend, die Dekadenz dieses Abends aber eher abstoßend. Wieder sind da die Gedanken an den Kontrast zwischen lieben und hassen und wieder muss an die Worte der Frau am Flughafen in Frankfurt denken. Ich beginne langsam zu verstehen, wie ihre Bemerkung zu deuten ist.

Wer ein wenig Zeit in Delhi hat, sollte zu mindestens versuchen, einige der vielen Sehenswürdigkeiten zu entdecken, die die Riesenstadt zu bieten hat. Delhi gehört zu den größten Metropolen der Welt und die Angaben zu den Einwohnerzahlen schwanken zwischen 22 und 28 Millionen. Sehenswert ist sicher das India Gate, ein All India War Memorial, das in seiner Architektur sehr dem Arc de Triomphe in Paris ähnelt. Besonders beeindruckt haben mich die roten Sandsteinmauern des Red Forts, das in den Jahren 1639 bis 1648 der Mogulkaiser Shan Jahan erbauen ließ. Seit vielen Jahren gehört der eindrucksvolle Komplex zum Weltkulturerbe der UNESCO. Dem bis heute in Indien tief verehrten Mahatma Gandhi ist eine wunderbare Bronzestatur in einem weitläufigen Park gewidmet. Dieser asketische Mann ist einer der Personen, der die Geschichte des Riesenstaates ganz besonders geprägt hat.

Auch ein Besuch der alten britischen Kolonialbauten lohnt sich auf jeden Fall. Diese erinnern an das Britische Kolonialreich auf dem indischen Subkontinent, das in der Zeit 1858 bis 1947 existierte. Britisch Indien umfasste die Territorien der heutigen Staaten Indien, Pakistan, Bangladesch, Nepal, Bhutan und Myanmar. Zwischen den Kolonialbauten liegen ausgedehnte Parks mit uralten, Schatten spendenden Bäumen. Noch heute wirkt diese Gegend elitär und wer hier lebt und wohnt gehört ganz sicher zur Elite des Landes.

Folgt man den Spuren des Mogulkaisers Shan Jahan, so führen diese einen unweigerlich nach Agra, das man in einer mehrstündigen Autofahrt von Delhi aus erreichen kann, nachdem man sich vorher eine ewige Zeit durch die immer verstopften Straßen der Hauptstadt quälen musste. Kaum hat man Delhi verlassen, offenbart sich einem das ländliche Indien. Hier scheint der Boden fruchtbar zu sein und die Uhren ticken definitiv deutlich langsamer, als in dem hektischen Delhi, dem wir nur allzu gern entfliehen. Von völlig überladenen, oft bunt geschmückten Lastkraftwagen, winken uns freundliche Menschen entgegen. Hier scheint es keine wirkliche Armut zu geben, wobei das sicher nicht völlig richtig ist. Die Vielfalt an Obst und Gemüse an den Ständen der kleinen Orte unterwegs ist unglaublich.

Wir sind unterwegs zum berühmten Taj Mahal, oder auch Tadsch Mahal, wie es in der deutschen Sprache oft umschrieben wird. Dieses Bauwerk wurde vom gleichen Baumeister errichtet, der auch für den Bau des Red Fort verantwortlich gewesen war. Allerdings wurde mit dem Bau das Taj Mahal bereits im

Jahre 1632 und damit ein Jahr nach dem Tode der Lieblingsfrau des Kaisers, Mumtaz Mahal, begonnen. Der bedeutendste Teil des Mausoleums wurde bis zum Jahre 1643 fertiggestellt. Nach dem Besuch der Pyramiden von Chichen Itza in Mexiko und der Großen Mauer in China, stehen wir nun bereits vor dem dritten der insgesamt sieben neuzeitlichen Weltwunder und dürfen uns glücklich schätzen, einen solch wunderbaren Ort mit eigenen Augen gesehen zu haben.

Betritt man das hoch über dem Ufer des Flusses Yamuna angelegte riesige Areal, so führt einen der Weg zum Mausoleum zunächst durch einen herrlich angelegten Garten, der auch einige Wasserbecken beherbergt. Auch haben sich hier viele freche Rhesusaffen angesiedelt, die maßgeblich von den vielen Besuchern leben. Besonders beeindruckt sind wir von der architektonischen Schönheit und Meisterleistung des aus Sandstein errichteten Bauwerks, das innen und außen mit Marmor verkleidet wurde. Die an allen vier Ecken angeordneten Minarette sind leicht nach außen geneigt, um bei eventuellen Erdstößen, nicht auf das Hauptgebäude zu fallen, in dem sich die Gräber des Kaisers und seiner Frau befinden. Das man bereits im siebzehnten Jahrhundert an solche Dinge gedacht hat, erscheint aus heutiger Sicht geradezu genial. Auch muss man sich immer wieder vor Augen halten, dass es für die Errichtung dieses monumentalen Bauwerkes keine Kräne oder anderen modernen technischen Hilfsmittel gegeben hatte. Es entzieht sich unserer Vorstellungskraft, wie man so ein Bauwerk überhaupt errichten konnte. Die gleichen Gedanken hatte uns in China an der Großen Mauer und im fernen Mexiko beim Besuch der Pyramiden begleitet.

Während Delhi das politische Zentrum von Indien ist, schlägt das wirtschaftliche Herz des Landes in Mumbai, das früher den viel klangvolleren Namen Bombay trug. Immer wieder habe ich diese gigantische Stadt besucht und dabei bei jedem Besuch als einen Molloch empfunden. Die schiere Größe und Dimension der Elendsviertel der Stadt ist erdrückend, aber wohin man auch immer fährt, kommt man an einigen dieser Ansiedlungen der ärmlichen Häuser und Hütten vorbei. Dann aber wieder die Kontraste, wenn man die Tore einer dahinter liegenden modernen Fabrik oder eines Hotels betritt, die oft nur einen Steinwurf entfernt von den Elendsquartieren liegen. Die Kontraste könnten kaum grösser sein. Bei mein vielen Reisen nach Mumbai ist es mir trotz aller Bemühungen nicht gelungen, die Stadt in mein Herz zu schließen. Trotzdem hat sich in den vergangenen Jahren einiges in Mumbai verändert und diese Veränderungen werden bereits ersichtlich, wenn man die Ankunftshalle des neuen Terminals am Internationalen Flughafen der Stadt betritt. Während das alte Terminal schmutzig, grau und dunkel war, ist das neu erbaute Terminal von einer ganz besonderen architektonischen Schönheit und von Licht durchflutet.

Ich kann mich aber noch bestens an eine meiner ersten Reisen nach Mumbai erinnern, als man nach der Ankunft über am Boden liegende und schlafende Meschen im Bereich des Parkplatzes steigen musste, um sein Auto zu erreichen. Das gehört zumindest im Flughafengelände der Vergangenheit hat. Allerdings reicht es, einmal die Industriestadt Ahmedabad zu besuchen und am dortigen heruntergekommenen Flughafen zu landen, um eine Vorstellung zu bekommen, wie es früher am Flughafen in Mumbai ausgesehen hatte.

Einige Male aber hatte ich im Südosten von Indien im Staat Kerala zu tun. Zum Internationalen Flughafen der Stadt Kochi gelang man aus Dubai kommend elegant mit einem Direktflug der Fluglinie Emirates. Dabei beträgt die Flugzeit nur ganze vier Stunden! Kerala ist als einer der Bundesstaaten Indiens bekannt, wo viele Gewürzsorten angebaut werden, die von hier aus in die ganze Welt exportiert werden. Kochi liegt direkt am Arabischen Meer, von wo aus die Gewürzlieferungen einfach verschifft werden können. Ich bin einer ganz besonderen Mission unterwegs. Auch wenn die vorherrschende Religion hier eine hinduistische ist, gibt es viele Christen in dieser Gegend.

Die Katholische Kirche hat hier einen Bischofssitz. Und genau diesen will ich besuchen. Man betreibt eine große Druckerei und mehrere Krankenhäuser und Schulen, die durch die wirtschaftliche Tätigkeit des modernen Druckbetriebes finanziert werden. Für diesen sucht man eine neue Druckmaschine, mit der man in das Geschäft der Herstellung von Verpackungen für Lebensmittel und Gewürze einsteigen will. Der Bischof selbst hatte persönlich um einen Besuch gebeten, um sich entsprechend beraten zu lassen. Gern komme ich dieser Bitte nach und freue mich auf die Begegnung mit diesem honorigen Vertreter der Kirche. Ich werde vom Bischof selbst willkommen geheißen. Er ist ein weißhaariger Mann im Alter von über siebzig Jahren mit einem fast europäischen Aussehen. Zu meiner großen Überraschung spricht er mich in fließendem Deutsch an. Er hatte nach seinem Studium der Theologie in Rom seine erste Stellung im Rahmen der Kirche in Deutschland angetreten und hatte nur gute Erinnerungen an diese Zeit. Was für eine Überraschung! In einem modern ausgestatteten Meetingraum werde ich von einer Gruppe von weiterer kirchlichen Würdenträgern erwartet, die im Management des Druckbetriebes arbeiten.

Es ist eine unglaubliche intensive Begegnung mit dem Bischof, der mir auch später ganz offen über seine verantwortungsvolle Arbeit berichtet, für die er mit einem monatlichen Gehalt in einem Gegenwert von weniger als 100 Euro entlohnt wird. Davon muss er noch einen Teil für seine eigene Verpflegung bezahlen. Gebannt höre ich seinen Ausführungen zu. Dieser Mann hat meinen vollen Respekt! Die Idee, in die Fertigung von Verpackungen einzusteigen, hat einen handfesten Hintergrund. Viele der Mitglieder seiner Kirche seien kleine Farmer, die vor allem Gewürze anbauen. Sie benötigen dringend einen Partner, der ihnen exportfähige Verpackungen herstellt. Derzeit kommen diese aus dem Landesinneren und sind aufgrund der Transportentfernungen viel zu teuer. Der Staat Kerala habe ein tropisches Klima und das ganze Jahr über gleichbleibende Temperaturen. Auch gibt es regelmäßige Niederschläge. Damit habe man dort ideale Bedingungen für den Anbau von Gewürzen, erklärt mir der sachkundige Bischof weiter.

Bevor ich wieder die Rückreise antrete, fordert mich der Bischof auf, der Franziskaner Kirche in Fort Kochi einen Besuch abzustatten. Dort hatte man im Jahr 1524 den berühmten portugiesischen Seefahrer Vasco da Gama beigesetzt, dessen Gebeine später nach Lissabon überführt wurden.

Die Vegetation in Kochi ist ganz besonders üppig. Auch sehe ich keine Elendsviertel oder Bettler in der nur 600.000 Einwohner zählenden Stadt. An den Flussläufen, die hier ins Meer münden, entdecke ich interessante Fischernetze, die fast wie eine Spinne aussehen. Es handelt sich hier um sogenannte Chinesische Fischernetze, die man hier bereits seit dem 13. Jahrhundert verwenden würde. Über eine Winde werden sie im Wasser versenkt und nach geraumer Zeit wieder herausgezogen. Ein denkbar einfaches Prinzip, was vermutlich sehr effektiv ist!

Kochi besitzt aufgrund seiner strategischen Lage am Meer einen Internationalen Flughafen, ist aber nicht etwa die Hauptstadt des Bundesstaates Kerala. Die Stadt mit dem für mich unaussprechbaren Namen Thiruvananthapuram ist die Hauptstadt, hat aber wirtschaftlich viel weniger Bedeutung, als Kochi selbst.

Bislang habe ich bei meiner Reise nach Kerala nichts Negatives entdecken können. Die Lebensqualität scheint hier um Klassen besser zu sein, vor allem im Vergleich zu den Industriestandorten Mumbai und Ahmedabad. Noch aber bin ich noch nicht wieder zurück am Flughafen und die nächtliche Fahrt dorthin sollte meine Nerven überstrapazieren. Ich werde vereinbarungsgemäß gegen Mitternacht von einem Taxi abgeholt, da der Abflug für 4 Uhr am Morgen geplant ist. Der Taxifahrer spricht zu meiner großen Überraschung kein einziges Wort Englisch. Auch verlässt er unser Hotel in eine dem Flughafen entgegengesetzte Richtung und biegt später in eine stockdunkle Ringstraße ein, an der jetzt viele überladene Lastkraftwagen parken. Einige undurchsichtige Gesellen lungern um die Fahrzeuge herum. Mein Fahrer telefoniert pausenlos in einer mir fremden Sprache. Immer wieder hält er an, als ob er etwas suchen würde. Langsam und sicher bekommen ich es mit der Angst zu tun und mein Herz pocht in meiner Brust. Soll ich etwa entführt werden? Bin ich vielleicht sogar der Organmafia in die Hände gefallen?

Vorsichtig löse ich im Dunkel des Fahrzeuges meinen Hosengürtel und nehme unbemerkt in die Hand. Ich bin bereit mich zu wehren, sollte es zu einem Überfall kommen. Die Fahrer ist ein schmächtiges Kerlchen. Mit dem sollte ich es notfalls aufnehmen können. Noch immer ist kein Licht oder gar der Flughafen zu sehen. Plötzlich dreht der Fahrer nach einem weiteren Telefonat aufgeregt um und folgt nun einer anderen Strecke. Jetzt kommen wir wieder in bewohnte Gegenden und langsam erkenne ich an einigen Gebäuden, dass wir nunmehr in Richtung Flughafen unterwegs sind. Es hatte auf der eigentlichen Strecke einen Unfall gegeben und deshalb hatte sich mein Fahrer per Telefon umleiten lassen. Noch Stunden später steckt mir der Schreck tief in meiner Seele und erst ganz langsam kann ich mich beruhigen, als ich im Flieger Richtung Dubai sitze. Wie hatte die Frau in Frankfurt doch gesagt? Indien sei ein Land, dass man nur lieben oder hassen könne! Ich fühle diese Aussage erneut als bestätigt!

35
Hier entsteht die neue Supermacht

In den letzten 20 Jahren haben sich die Kräfteverhältnisse weltweit erheblich verändert. Die ehemalige Vormachtstellung der USA begann langsam und sicher zu bröckeln. Viel zu häufig hatte sich das Land in politische Abenteuer gestürzt und das unter allen möglichen Vorwänden. Revolutionen wurden angezettelt, scheinbar ohne nur im Geringsten an die Folgen für das jeweilige Land zu denken. Nach dem Attentat auf das World Trade Center in New York begann der Afghanistan Krieg im Jahre 2001, der zwanzig Jahre dauern und mit einem Fiasko der westlichen Bündnispartner enden sollte. Zwei Jahre später waren die USA unter dem Vorwand in Wirklichkeit nicht vorhandener Massenvernichtungsmittel in den Irak einmarschiert und hatten den Diktator Saddam Hussein gestürzt.

Die Europäische Union erwies sich in all den Jahren nicht als das starke Rückgrat Europas, das man bei ihrer Gründung im Sinn gehabt hatte. Stattdessen hat sich diese Instanz in einen bürokratischen Apparat verwandelt, der viel zu selten politische Einheit bei kniffligen Fragen demonstriert. Gleichzeitig begannen einige osteuropäische Länder ihre eigenen, oft nationalistischen Interessen in den Vordergrund zu stellen, auch wenn man zuvor über viele Jahre großzügige Hilfe beim Aufbau konkurrenzfähiger Wirtschaften von der EU bekommen hatte. Zudem waren gerade in den letzten Jahrzehnten gewaltige Investitionen in ganz Osteuropa getätigt worden, die zum Verlust vieler Arbeitsplätze in den westeuropäischen Ländern geführt hatten, die aber ihrerseits mit ihren Steuereinnahmen die Aktivitäten der EU finanzierten. Westliche Großkonzerne hatten ihre Aktivitäten aufgrund niedriger Löhne nach Osteuropa verlagert. Das führte in vielen Fällen zu einer weiteren Zerrüttung zwischen den Staaten der Europäischen Union und zu einem Ungleichgewicht der Interessen.

Zur gleichen Zeit aber waren andere Großmächte aus ihrem Dornröschenschlaf erwacht. Trotz noch immer drastischer Unterschiede im Land, wuchs die Wirtschaftskraft in Indien und auch in Brasilien unaufhaltsam. Vor allem Indien mit seiner riesigen Einwohnerzahl bietet dabei ein schier unerschöpfliches Potential an Arbeitskräften, die alle erdenklichen Arbeiten ausführen könnten, wären da nicht die Bremsen einer sehr schwerfälligen Demokratie und der Zugehörigkeit der Menschen zu verschiedenen Kasten. Heute schon aber gehört z. B. Indien zu den größten Waffenproduzenten und -exporteuern der Welt. Im Bereich der Informationstechnik hat Indien ohne Frage bereits den Status einer Großmacht erreicht.

Dann ist da vor allem Russland, das mit seiner gegenwärtigen Rolle in der Weltgeschichte alles andere als zufrieden ist. Man betrachtet dort den Zerfall der Sowjetunion als einen historischen Fehler von geopolitischer Tragweite. Betrachtet man heute die katastrophale wirtschaftliche Lage einiger ehemaliger Sowjetrepubliken, kommt man kaum umhin, diese Gedanken zu verstehen oder gar als richtig zu heißen. Auch haben sich viele der neu entstandenen Länder als politisch unstabil erwiesen, wie es die Entwicklungen zum Beispiel in der Ukraine, Georgien oder in Weißrussland unter Beweis stellen. Das sorgte unweigerlich für politische Spannungen und mündete in langwierigen militärischen Auseinandersetzungen, wie im Donbass. Die militärische Intervention und die anschließende Annektierung der Halbinsel Krim durch Russland unterstreicht nachhaltig der Hegemonie Ansprüche der russischen Regierung.

Russland verfügt auch 30 Jahre nach dem Zerfall der Sowjetunion nicht über eine schlagkräftige Wirtschaft, auch wenn es wie kein anderes Land der Welt die Voraussetzungen dazu hätte. Das Land ist mit allen erdenklichen Rohstoffen gesegnet. Besonders die Einnahmen aus dem Geschäft mit Oel und

Erdgas sollten allen Menschen im Lande einen beachtlichen Wohlstand garantieren, wenn die Einnahmen aus dem Geschäft nur halbwegs gerecht verteilt würden. Stattdessen aber haben sich wenige Oligarchen die ehemals staatlichen Unternehmen buchstäblich unter den Nagel gerissen und das natürlich mit Duldung der Regierung. Zwar sind aus den Großstädten Sankt Petersburg und Moskau und einigen wenigen anderen moderne Metropolen geworden, die auf einen beachtlichen Zuwachs des Lebensstandards verweisen können, aber die Überzahl der Menschen lebt nach wie vor unter sehr bescheidenen Verhältnissen, vor allem dann, wenn man weit von den großen Industriestandorten entfernt wohnt.

Auf internationaler Bühne versucht Russland nahezu um jeden Preis mehr Gewicht und Aufmerksamkeit zu gewinnen. Durch geschickte Diplomatie war man auch oft in der Lage, bei der Lösung von internationalen Konflikten au vermitteln und als Nutznießer aus lokalen Krisen hervorzugehen. Gleichzeitig waren bislang alle Versuche, Russland mit Sanktionen zu belegen, zum Scheitern verurteilt, da ganz Europa von der Zufuhr russischer Rohstoffe abhängig ist. Man stelle sich einfach vor, was passieren würde, wenn die umfangreichen Oel- und Gaslieferungen eines Tages ausblieben.

Nur auf dem Gebiet der Herstellung modernster Waffen ist Russland offenbar wettbewerbsfähig und zählt somit zu den großen Waffenexporteuren der Welt. Gleichzeitig wurde die russische Armee in den vergangenen Jahren stark modernisiert. Nicht zu vergessen ist dabei, dass Russland über eines der größten Atomwaffenarsenale der Welt verfügt.

Nun aber zu China, das in den vergangenen zwei Jahrzehnten einen kometenhaften Aufstieg erlebt hat. Unter dem Regenschirm der Einparteienherrschaft der Kommunistischen Partei Chinas wurde fast ohne größere Einschränkungen die freie Entfaltung der Marktwirtschaft zugelassen, die in diesem Fall vielleicht passend als Turbokapitalismus zu bezeichnen ist. In nahezu allen Branchen hat man in einem atemberaubenden Tempo Anschluss an die führenden Industrienationen gewonnen. Dabei konnte der ständige Hunger an Rohstoffen durch geschickte politische Aktivitäten in vielen Entwicklungsländern gestillt werden. Als Gegenleistung für das Recht, in diesen Ländern Rohstoffe aller Art zu fördern und nach China zu verschiffen, wurden Maßnahmen in der Infrastruktur realisiert, die in Wirklichkeit nur den eigenen Interessen nützen. China hat auf diese Weise viele afrikanische und südamerikanische Länder in eine totale und fatale Abhängigkeit gebracht. Wichtige Häfen sind in den Besitz chinesischer Firmen gelangt und bei vielen Rohstoffen diktieren heute die Chinesen nicht nur die Weltmarktpreise, sondern auch ihre Verfügbarkeit.

Parallel dazu hat das Land besonders in den vergangenen Jahren seine Ausgaben für den Militär Haushalt vervielfacht. Man ist auf dem besten Wege, die besonders gegenüber den USA bestehenden Defizite der Luftwaffe und der Seestreitkräfte auszugleichen. Als Folge davon tritt die Supermacht auf internationaler Bühne immer selbstbewusster aus.

Das Ganze ist gepaart mit dem wahnsinnigen Fleiß der Chinesen und dem festen Willen zum Erfolg, der sich für die meisten Chinesen ausschliesslich am Stand ihres eigenen Bankkontos bemessen lässt.

Gegen den Strom schwimmen aber zahlt sich weder in China, noch in Russland aus. Andersdenkenden wird kein Platz in der Gesellschaft zugestanden und man geht mit harter Hand gegen sie vor. In China zumindest war man bislang scheinbar unschwer in der Lage, politische Gegner mundtot zu machen. Vermutlich haben bereits die meisten Chinesen, die nicht mit dem Wege des Landes einverstanden waren, China ohnehin den Rücken gekehrt und haben überall in der Welt ihre eigenen Enklaven geschaffen, wie das dutzende China Towns auf allen Erdteilen beweisen. Dank des angeborenen Fleißes und der Geschäftstüchtigkeit der Chinesen kommen sie auch dort wieder schnell auf die Beine.

Es steht völlig außer Frage, dass China bereits in kurzer Zeit die USA als weltgrößte Wirtschaftsmacht überholen wird. Bedenkt man die große Auslandsverschuldung der Amerikaner gegenüber China, hat das Land eigentlich heute bereits diese Position erreicht. Auch die militärische Parität ist wohl nur eine Frage der Zeit und diese Zeitspanne wird vermutlich kürzer sein, als vielleicht im Moment erwartet.

Auf jeden Fall haben die eigenen Fehler der USA und das uneinige Europa im Wesentlichen zur Stärkung der Positionen von Russland und China beigetragen. Der wirkliche Gewinner aus dem politischen Ränkespiel ist aber ohne Frage China, das mit seiner Industriekraft, Disziplin und einem eisernen Willen die anderen in das Hintertreffen bringt. Wenn es dann noch die Rohstoffe eines Russlands hätte, würde kaum jemand eine Chance gegen diesen Koloss haben.

36
Eine Feier zum Advent im chinesischen Chengdu

Wir haben es uns in einem Flieger der Austrian Airline bequem gemacht und warten nun auf den Start der voll besetzten Maschine, die uns in etwa zehn Stunden auf einem Nachtflug von Wien nach Beijing, der Hauptstadt von China, bringen soll. Viele Jahre lang bereise ich nun schon China regelmäßig geschäftlich und bin meistens alle sechs Wochen im Reich der Mitte. Die meisten unserer Kunden befinden sich im Großraum von Shanghai, oder im Süden in der Guangdong Provinz. Vor allem dort schlägt das Herz der chinesischen Industrie, die bei ihrer Exportkraft und -orientierung einfach die Nähe zu den Seehäfen des Landes braucht.

Ich konnte in all den Jahren die enorm schnelle Entwicklung der Wirtschaft des Landes beobachten und damit einhergehend einer fast von Reise zu Reise spürbaren Verbesserung des Lebensstandards und das vor allem in den Großstädten, wie Shanghai, Beijing, Guangzhou, Shenzhen oder Foshan. Noch immer aber gab es große Unterschiede zwischen dem Leben in der Supermetropolen und auf dem Land, wo man manches Mal das Gefühl hatte, die Zeit wäre stehen geblieben.

Dieses Mal aber hatte ich in der Hauptstadt Beijing und in der Provinz Sichuan zu tun und das Programm der Reise hatte es möglich gemacht, dass ich meine Frau mitnehmen konnte, da wir uns nur in Chinas Hauptstadt und in Chengdu aufhalten würden. Es ist Adventszeit und unsere Firma arbeitet an der Realisierung eines Großprojektes in der mit nur 300.000 Einwohner eher kleinen Stadt Yibin im Süden der Sichuan Provinz. Mehr als 10 Techniker unserer Firma und von Lieferanten sind dort im Einsatz und ich will mich in Chengdu mit meinem österreichischen Freund Gebhard treffen, der die von uns gelieferten Maschinen in Betrieb nehmen muss. Auf der Baustelle gibt es jede Menge Ärger und Auseinandersetzungen zwischen den Technikern, die zum Teil schon viele Woche ohne Unterbrechung und echte Abwechselung auf der Baustelle arbeiten. Das für chinesische Verhältnisse kleine Yibin hat außer einigen wenigen Restaurants fast nichts zu bieten.

Jetzt aber zieht zunächst einmal Russland unter uns vorbei, da ein großer Teil der Flugroute über dieses riesige Land führt. Nördlich der Industriestadt Magnitogorsk sehen wir die südlichen Ausläufer des Urals liegen und wissen nun, dass wir Europa verlassen haben und nun bereits in Asien unterwegs sind. Am frühen Morgen erkennen wir dann die Weiten der Wüste Gobi unter uns und kurz vor dem Landeanflug auf Chinas Hauptstadt ist ein Teil der gigantischen Chinesischen Mauer zu sehen, diesem größten Bauwerk der Welt. Wir haben uns fest vorgenommen, der Großen Chinesischen Mauer in Badaling einen Besuch abzustatten, wenn es der Zeitplan irgendwie erlauben sollte.

In Beijing herrscht am Flughafen wie immer viel Betrieb und vor lauter Menschenmassen am Ausgang hat man Probleme seinen Abholer ausfindig zu machen. Wie immer wartet unser chinesischer Freund und Kollege Jima auf uns, um uns während der gesamten Reise zu begleiten. Ohne einen lokalen Partner ist man in China völlig aufgeschmissen, da in den Firmen selten jemand der englischen Sprache mächtig ist. Selbst unter den jungen Ingenieuren, mit denen man zu tun hat, sprechen nur wenige Englisch und wenn einmal doch, dann meistens nicht gut genug, um komplizierte technische Sachverhalte und Vertragstexte zu übersetzen. Jima aber ist einfach perfekt. Er kennt sich in unserer Branche nicht nur bestens aus, sondern versteht es auch bestens die Brücke in den Kulturen zwischen uns Europäern und den Chinesen zu schlagen. Ohne ihn hätten wir vermutlich keine einzige Schraube im Reich der Mitte verkauft!

Der Flughafen von Chinas Hauptstadt liegt in unmittelbarer Nähe des Zentrums der Stadt und die Fahrt dorthin führt anfangs über schmucklose und breite Straßen, ehe man eine erste Vorstellung von der gewaltigen Ausdehnung der Stadt bekommt. Zwar ist das Zentrum keinesfalls mit dem von Shanghai oder Shenzhen zu vergleichen, aber die Metropole trotzt nur so vor Kraft und macht seiner vor allem politischen Bedeutung alle Ehre. Allerdings scheint hier die Sonne selten und ein grauer Schleier hängt meistens über der Stadt. Wehen starke Winde aus dem Nordwesten, dann treiben sie mehrfach im Jahr den gelben Sand der Wüste Gobi in die Stadt, der sich dann wie ein Tuch auf die Gebäude, Bäume und Autos legt. Die Temperaturen jetzt Anfang Dezember entsprechen denen von Deutschland und wir brauchen einen warmen Wintermantel, wenn wir draußen unterwegs sind. Zu unserem Glück ist der Tag unserer Ankunft weniger verhangen, als vorhergesagt und am Tag darauf lassen sich sogar einige Sonnenstrahlen sehen, was hier eher selten vorkommt. Jima hat mit seinem Organisationstalent ein ausreichendes Zeitfenster zum Besuch der Großen Mauer zwischen unseren geschäftlichen Terminen organisiert.

Die Fahrt nach Badaling dauert etwas mehr als eine Stunde, wenn man erst einmal die Stadtgrenze von Beijing hinter sich gebracht hat. Kaum kommen wir ein wenig aus dem Talkessel heraus, wird das Wetter besser. Es ist ein kalter Tag, was aber nicht abertausende Chinesen davon abhält, ebenfalls unterwegs zu diesem gigantischen Bauwerk zu sein, welches man nur an einen wenigen Stellen wirklich besuchen kann. Dort konzentrieren sich dann verständlicherweise die Touristenmassen. Meine Frau ist begeistert von der Monumentalität der riesigen Mauer, die einst Verteidigungszwecken gedient hatte und irgendwie symbolisch für den chinesischen Hang zum Gigantismus steht. Ein Spaziergang auf der Mauer selbst ist anstrengend aufgrund der vielen Treppenstufen, die noch dazu alle unverhältnismäßig hoch sind. Über die Länge der Großen Mauer, die eigentlich aus vielen Teilabschnitten besteht, gab es lange sehr unterschiedliche Aussagen. Heute geht man von 21.196 km aus, die von unterschiedlichen Dynastien errichtet worden. Die Große Mauer der Ming Dynastie allerdings ist allein 8.851 km lang und damit das mit Abstand größte Bauwerk der Welt. Nach unserem Besuch an der Pyramide von Chichen Itza im mexikanischen Yucatan stehen wir somit erneut vor einem der sieben neuzeitlichen Weltwunder.

Noch am Nachmittag des gleichen Tages besteigen wir ein Flugzeug der China Eastern Airline, das uns in 2,5 Stunden Flugzeit in die Hauptstadt der Sichuan Provinz Chengdu bringen soll. Wie so oft auf dieser Strecke erleben wir einige unangenehme Turbulenzen unterwegs. Die Piloten landen pünktlich auf dem modernen Flughafen von Chengdu. Alles macht einen sauberen und gepflegten Eindruck auf der Fahrt in das Zentrum der Millionenstadt, die sich neben der Stadt Chongqing zu einem der wichtigsten Wirtschaftsmetropolen im Westen von China entwickelt hat. Von hier aus ist man noch einmal vier Stunden mit dem Auto unterwegs, um in die Stadt Yibin am Zusammenfluss der Flüsse Min Jiang und Jangtsekiang zu kommen. Wir hatten mit unserem Freund Gebhard vereinbart, dass er nach Chengdu kommen würde, da er dringend eine Luftveränderung und Auszeit von der Baustelle brauchte. Zusammen mit einem weiteren chinesischen Kollegen hat er sich mit dem Auto auf den Weg gemacht und ist bereits vor uns im Hotel eingetroffen.

So kommt es zur Adventszeit zu einem erneuten Zusammentreffen mit unserem Freund und das mehr als 7.600 Kilometer von der Heimat entfernt. Auch wenn in einzelnen Kaufhäusern, in Hotels oder am Flughafen bunt geschmückte Weihnachtsbäume aufgestellt sind, hat Weihnachten in China natürlich keine Tradition. Hier wird vor allem das Chinese New Year gefeiert, das Chinesische Neujahrsfest, das alljährlich zwischen Ende Januar und Mitte Februar begangen wird. Für den Kommerz ist Weihnachten natürlich ein willkommener Anlass und hat so auch in China unter der Mittelklasse einen gewissen Stellenwert eingenommen, ähnlich wie bei uns Halloween und der Valentins Tag eher wichtige Termine für das Geschäft sind. Für uns Europäer aber ist die Advents- und Weihnachtszeit mit Besinnung und Gemütlichkeit verbunden, mit Kerzenschein, Weihnachtsplätzchen, Christstollen und Erzgebirgischer Volkskunst. All das fehlt natürlich in China gänzlich! Wir wissen, dass Gebhard diese Stimmung in China ganz besonders vermissen wird, zumal er aus einer sehr traditionsbewussten Gegend in den österreichischen Alpen stammt. Meine Frau hat aus diesem Grunde einige Überraschungen mit in unserem Gepäck.

So sitzen wir an diesem Abend in einer internationalen Runde, eine Tschechin, ein Österreicher, ein Deutscher und zwei Chinesen. Wir unterhalten uns wie selbstverständlich in Englisch, das wir alle fließend sprechen und haben mit einem Hot Pot eine typische traditionelle Speise der Sichuan Provinz bestellt. Das Essen passt auch bestens in diese Jahreszeit mit auch hier bereits recht niedrigen Temperaturen. Später ziehen wir in eine Bar um, in der eine aus den Philippinen stammende Liveband ihre Darbietungen zum Besten gibt. Natürlich gibt es zur Feier des Wiedersehens einen guten Tropfen Wein und zu vorgerückter Stunde auch ein Glas Hochprozentigen. Die Stimmung ist bereits bestens, als meine Frau aus dem Hotelzimmer ihre sorgsam gehüteten Geschenke mit in die Bar bringt. Sie hatte daheim Weihnachtsgebäck gebacken und einige kleine Geschenke zur bevorstehenden Weihnacht eingepackt. Gebhard würde zwar für einige Tage zum Weihnachtsfest in die Heimat fliegen können, aber kurz danach wieder auf die Baustelle zurückkehren müssen. Das er aber hier in China, fern von der Heimat, Weihnachtsgebäck bekommt, lässt ihn sichtlich sentimental werden. Die Überraschung ist meiner Frau definitiv gelungen!

Vor unserem Rückflug nach Europa hat meine Frau das seltene Glück, die Chengdu Panda Forschungsstation besuchen zu dürfen. Hier erlebt sie gerade geborene kleine Pandas, die auf der Station liebevoll umsorgt werden. Dank der Arbeit der Forschungsstation konnten viele Pandas wieder ausgesiedelt werden. Dadurch hat sich die Anzahl freilebender Panda Bären in den vergangenen Jahren wieder erheblich vergrößert. Völlig beglückt berichtet meine Frau von ihrem aufregenden Besuch, der wohl ein verdienter Dank für die Freuden war, die sie anderen bereitet hatte.

37
Begegnungen in dem anderen China

MEINE ERSTE REISE NACH TAIWAN HATTE MICH BEREITS IM JAHRE 1996 AUF DIESE INSEL GEFÜHRT, VON DER ICH VON ANFANG AN BEGEISTERT WAR. Fast 15 Flugstunden von Europa entfernt, liegt das weltbekannte Eiland in der südchinesischen See. Bei ihrem Anblick hatten portugiesische Seefahrer im 16. Jahrhundert die Insel »Ilha Formosa« genannt, was einfach die »Schöne Insel« bedeutet. Lange wurde so auch die Insel offiziell Formosa genannt. Passender hätte die Bezeichnung kaum sein können, da man schon beim Landeanflug auf Taipeh das dichte Grün der Insel bewundern kann.

Geschichtlich gesehen ist Taiwan das Restterritorium der Republik China, die im Jahre 1911 gegründet wurde. Nach der Ausrufung der Volksrepublik China auf dem Festland am 1. Oktober 1945 flüchteten fast 1,5 Millionen Chinesen auf die Insel. Taiwan nimmt für sich in Anspruch, auf seinem Territorium die klassische chinesische Kultur vor der zerstörerischen Kulturrevolution des Festlandes bewahrt zu haben.

Die Wirtschaftskraft des nur ca. 400 km langen und maximal 150 km breiten Inselstaates ist international geschätzt und hat auch mich einige Male die schier endlos erscheinende Flugstrecke in Kauf nehmen lassen. Schon mehrfach Gast dieses freundlichen Landes gewesen zu sein, hat mich ermuntert, ein wenig hinter die Kulissen zu schauen auf der Suche nach Licht und Schatten der »Schönen Insel«.

Wie wenig uns Mitteleuropäern wirklich über seine Geschichte, Kultur und Menschen bekannt ist, wird bereits auf der fast einstündigen Autofahrt vom Chiang-Kai-Shek Flughafen in das Zentrum der Hauptstadt Taipeh deutlich. Moderne Buero -und

Wohnbauten und Tempel im chinesischen Stil wechseln einander ab. Auf der mehrspurigen Autobahn dominieren bestausgestattete Autos der gehobenen Klasse. Menschen im neuesten Schick, fast um einen Schritt Europa voraus, bevölkern die Gehwege. Ein unüberschaubares Heer an Motorrollern füllt scheinbar jeden Zwischenraum. Ihre Fahrer sind die reinsten Akrobaten. Trotzdem nehmen alle das Verkehrschaos der Hauptstadt scheinbar gelassen hin. Jede Art der Hektik scheint auf den ersten Blick den Taiwanesen fremd. Spätestens hier erscheint uns die getroffene Entscheidung, auf einen Mietwagen zu verzichten, als sinnvoll.

Betrachtet man zusätzlich den Schilderwald mit seinen fremdartigen chinesischen Schriftzeichen, wird man sich erst recht bewusst, dass es in Taiwan sinnvoll ist, sich den Diensten eines möglichst Englisch sprechenden Chauffeurs anzuvertrauen. Wer allerdings hofft, in der Wirtschaftsmetropole Taipeh überall auf Englisch sprechende Menschen zu treffen, wird schnell enttäuscht. Als offizielle Landessprache wird in Taiwan die chinesische Hochsprache Mandarin gelehrt. Ganz vereinzelt trifft man auf ältere Menschen, die noch aus der Zeit der Besetzung durch die Japaner deren Sprache sprechen. Das hilft uns aber auch nicht wirklich weiter! Englisch wird zwar als erste Fremdsprache gelehrt, ist aber weder von einem Taxifahrer, einem Verkäufer auf dem Markt, noch von einer Kellnerin in einem einfachen Restaurant zu erwarten. Oft bleibt einem nur die Zeichensprache mit Händen und Füssen.

Die Schriftsprache erscheint einem als ebenso unverständlich, wie das gesprochene Mandarin. Sie umfasst ca. 50.000 Zeichen, wobei die Nutzung von nur 3.000 bis 4.000 von ihnen wirklich gebräuchlich ist. Ursprünglich bestand die chinesische Schrift nur aus Bildern und Symbolen. Mit Fortschreiten der Entwicklung hatte sich folgerichtig eine Erweiterung der Anzahl genutzter Zeichen notwendig gemacht. Die heute gebräuchlichen Zeichen bestehen aus einem Grundzeichen, das zunächst festlegt, in welche Kategorie das Wort gehört. Hinzu kommt ein Phonetikum, dass entsprechend der Aussprache die wirkliche Bedeutung des Wortes festlegt. Die unterschiedliche Intonation der Silben verleiht dem möglichen Begriff weiter Bedeutungen. Demjenigen, der sich an das Erlernen der chinesischen Hochsprache Mandarin wagt, gehört meine volle Hochachtung. Wir wählen bei unseren abendlichen Besuchen der sehenswerten Nachtmärkte Taipehs eine einfache und bewährte Methode, die jedem Reisenden zu empfehlen ist, der auf eigene Faust Taipeh und seine Umgebung erkunden will. Man findet an jeder Rezeption der Hotels Visitenkarten mit der Hotelbezeichnung in Mandarin und Englisch. Damit ausgestattet hat man die Gewähr, abends das Hotel wieder sicher zu erreichen. Für den Weg zum gewünschten Ziel sind die freundlichen Damen an der Rezeption behilflich und beschreiben dem Taxifahrer den Zielort genau.

Auch heute haben in dem teilweise hypermodernen Taipeh die Nachtmärkte nichts an ihrer Faszination eingebüßt. Eine unübersehbare Fülle von Forman, Farben und Gerüchen betäubt fast die Sinne. Trotz einer unglaublichen Menschenmenge geht es ruhig zu. Überall begegnet man uns freundlich und hilfsbereit. Kinder lächeln uns zu, sicher manchmal belustig über unser fremdartiges Aussehen. Dem Fotografen ist es hier leicht gemacht. Nur selten wird die Bitte abgeschlagen, ein Bild machen zu dürfen. Aus unserer Sicht ist das ein Beweis für das Selbstbewusstsein und die Offenheit der Menschen. Überhaupt scheint uns die chinesische Kultur weitaus weniger fremd, im Vergleich zu den ersten flüchtigen Begegnungen mit ihr in Europa.

Uns fasziniert besonders der Reichtum des Angebotes an fremdartigen Gemüsesorten und Fischen, die die Speisekarten in Taiwan dominieren. Trotz aller Neugier verzichten wir das eine oder andere Mal auf eine Kostprobe, weil uns das Angebotene einfach zu fremdartig erscheint. Von den vielen kleinen Garküchen steigen verführerische Gerüchte in unsere Nasen. Zum Glück findet man überall Fotos von den Speisen auf den Speisekarten. Noch immer werden hier auch Schlagen zum Verzehr angeboten, von denen es in Taiwan jede Menge gibt. Auch bei einem solchen Angebot lehnen wir lieber dankend ab. Selbst zu später Abendstunde sind noch immer Menschenmassen unterwegs. Selbst kleinste Kinder werden wie selbstverständlich auf den Armen getragen. Für die Bewohner Taipehs scheint ein Besuch der Nachtmärkte ein kurzzeitiger Ausweg aus den sehr beengten Wohnverhältnissen zu sein. Ein Blick aus dem Hotelzimmer weit nach Mitternacht zeigt noch immer volle Straßen.

Über der Millionenstadt Taipeh liegt oftmals eine Wolke von Abgasen aus abertausenden Fahrzeugen. Der Wechsel zu Motorrollern mit Elektromotoren hat in den vergangenen Jahren die Situation leicht verbessert. Umso verständlicher ist es, wenn die Hauptstädter an freien Tagen in die Natur der umliegenden Berge fluchten. Besonders beliebt ist ein Ausflug in den Yangmingshan Nationalpark, der nördlich von Taipeh liegt. Hier handelt es sich um eine geothermisch aktive Region, in der 20 erloschene Vulkane beheimatet sind. Viele heiße Quellen und einige Furmarolen sind ein Beleg der noch immerwährenden seismologischen Aktivitäten. Gerade Taipeh wurde in den vergangenen Jahren immer wieder von heftigen Erdbeben heimgesucht. Der Nationalpark weist eine sehr üppige Fauna und Flora auf und viele epidemische Arten sind hier beheimatet. Bei einem Spaziergang in der freien Natur ist vor allem Vorsicht vor Giftschlangen geboten. Taiwan-Kobras und Baumvipern sind hier beheimatet und sehr häufig anzutreffen.

Besonders angetan bin ich von einem Besuch des Geoparks in Yehliu, der sich an der Nordspitze der Insel nahe der Hafenstadt Keelung befindet. Hier haben Wind, Regen und Meereswasser im Verein seltsame Gebilde erodieren lassen. In Millionen von Jahren haben sich so die seltsamsten Figuren auf engstem Raum geformt, die teilweise als perfekte Nachbildungen von Tieren, wie Schildkröten, erscheinen. Besonders beeindruckend ist ein von der Erosion geformter Felsblock, der die Form der Büste der ägyptischen Königin Nofretete hat. Leider ist man an diesem besonderen und bizarr wirkenden Ort niemals allein.

Die vielleicht einfachste und gesündeste Form der Entspannung bietet der Besuch einer der in der Nähe von Taipeh gelegenen Teeplantagen. Für den Besucher Taiwan ist ein Besuch der Plantagen fast ein Muss, wenn man sich mit den Geheimnissen der Teezubereitung vertraut machen will. Man sollte dazu ausreichend Zeit mitbringen, da eine Teeverkostung natürlich mit dazu gehört und diese Zeremonie einfach in Ruhe zu genießen ist. Auch kann man den Teepflückern bei ihrer harten Arbeit zusehen, bevor man anschließend den Unterschied im Geschmack zwischen einem fermentierten oder einem halbfermentierten Grünen Tee herausfindet. Vor allem werden hier die bekannten Oolong – und Wulongteesorten angeboten. Der Anbau der qualitativ hochwertigen Teesorten erfolgt ohne jeglichen Zusatz von Chemikalien. Viele Schmetterlinge in dieser Gegend sind ein Beleg der unbelasteten Natur. Spitzentees erzielen Weltmarktpreise, die weit über 1.000 US-Dollar pro Kilogramm hinausgehen.

Das Trinken von Tee folgt einem Ritual, das der Gastgeber vorgibt. Dazu gehört das Vorwärmen der Teeschalen und das Weggießen des ersten Aufgusses, der zu viele Giftstoffe enthält. Auch wählt man für spezielle Teesorten eine unterschiedliche Form von Teapots, in denen sich das Aroma des Tees entsprechend entfalten kann. Das Zubehör für eine gute Teeaufbereitung scheint schier endlos zu sein. Die kleinen und offenen Teestuben liegen zumeist inmitten der Teeplantagen und das an Orten, wo eine ganz besondere Ruhe herrscht.

Das Taiwan einer der weltweit größten Exporteure von Marmor ist, lerne ich bei einem meiner ersten Besuche auf der Insel. Durch Zufall habe ich an der Ostküste in der Nähe der Stadt Hwalien zu tun. Die ganze Stadt scheint von der Verarbeitung des edlen Gesteins zu leben und offenbar davon sehr wohlhabend geworden zu sein. In Hwalien ist Marmor ein im Übermaß vorhandenes Gestein und wird folgerichtig für alle erdenklichen dekorativen Zwecke eingesetzt. Das andernorts dem Schmuck von Luxusvillen vorbehaltene Gestein ist hier in jeder einfachen Herberge anzutreffen.

Tatsächlich vorstellbar werden die Dimensionen der Marmorlagerstätten aber erst bei einem Besuch der Tarokoschlucht im gleichnamigen Nationalpark. Hier hat sich auf einer Länge von ca. 20 Kilometern der Liwu River tief in das Marmorgestein eingearbeitet. Dabei sind Gesteinsformationen von einzigartiger Schönheit entstanden. Viele hundert Meter tief ist an manchen Stellen die dadurch entstandene Klamm. Das Farb- und Formenspiel des Gesteins ist einfach sensationell. Bricht sich das Sonnenlicht im Wasser des Liwu Rivers, der über die Marmorblöcke mit großer Geschwindigkeit dahinschießt, so erscheinen die Maserungen des Gesteins in allen erdenklichen Farben. Hier empfiehlt es sich, den Wagen stehen zu lassen und das Naturschauspiel zu Fuß zu genießen.

Wer das erste Mal in Taipeh ist, sollte sich auf keinen Fall einen Besuch im National Palace Museum entgehen lassen. Hier werden mehr als 700.000 Originalstücke der alten chinesischen Kultur ausgestellt. China selbst aber betrachtet die Gegenstände als gestohlen und erhebt immer wieder Ansprüche auf ihre Rückgabe.

Sehenswert ist ebenfalls das 1952 erbaute 14-stöckige Grand Hotel Taipeh, das von weitem wie ein riesiger überdimensionierter Tempel aussieht. Das imposante Gebäude ist eines der Wahrzeichen von Taipeh. Die neue Dominante der Stadt aber ist ohne jegliche Frage der gigantische Tower Taipeh 101, der mit seinen 509 Metern Höhe nicht nur alle anderen Wolkenkratzer der Stadt um Längen überragt, sondern auch zu den höchsten Bauwerken der Welt zählt. Selbst beim Abflug vom Flughafen schaut dieser Riese aus weiter Ferne zu uns hinauf. Vermutlich war der Bau des gigantischen Turmes als Antwort auf den fortwährenden Versuche Chinas gedacht, Taiwan in allen Belangen zu überholen und gleichzeitig politisch zu isolieren, was den Chinesen auch weitgehend gelungen ist. Es bleibt zu hoffen, dass Taiwan nicht eines Tages das gleiche Schicksal wie Hongkong ereilt!

38
Mit dem Boot durch das Mekong Delta

VIETNAMESEN GEHÖREN IN VIELEN LÄNDERN EUROPAS ZUM STRASSENBILD. Viele von ihnen waren damals in den Ländern Osteuropas als Facharbeiter ausgebildet worden und beschlossen, nach den politischen Veränderungen im Jahre 1989 einfach zu bleiben. Die meisten von ihnen waren als fleißige und unauffällige Menschen bekannt und hatten sich mit ihrer Emsigkeit einen festen Platz in der Gesellschaft erarbeitet. Selten verweigerte man ihnen so das Bleiberecht, zumal ihre Kinder oft zu den Besten in der Schule gehörten und natürlich die Landessprache ihrer neuen Wahlheimat perfekt beherrschten. Wenn es bei den Vietnamesen in Europa Konflikte gab, dann handelte es sich zumeist um Auseinandersetzungen zwischen den eigenen Landsleuten. So werden die Vietnamesen heute nicht unberechtigt in Deutschland und Osteuropa weit weniger als Ausländer angesehen, als Menschen vieler anderer Nationalitäten.

Auch ich hatte immer wieder mit Vietnamesen Kontakt, sei es in einem kleinen Laden, oder in einem der unzähligen Restaurants, die sie betreiben. Viele Jahre lebte ich auch Tür an Tür mit einer vietnamesischen Familie, die aus Hanoi stammte. Umso gespannter war ich vor meiner ersten Reise nach Vietnam, die mich damals zuerst nach Hanoi führen sollte. Erst bei weiteren Reisen in das wunderbare asiatische Land, hatte ich die Gelegenheit, Ho-Chi-Minh-City gekommen, jene Metropole im südlichen Teil des Landes, die vor der Wiedervereinigung Vietnams im Jahre 1976 als Saigon bekannt war. Heute kann ich jedem Reisenden nach Vietnam dringlichst den Besuch beider Städte ans Herz legen, da sich beide so völlig voneinander unterscheiden.

Hanoi ist die älteste Hauptstadt Südostasiens und hat eine sehr wechselvolle Geschichte durchgemacht. Im Jahre 1873 wurde sie von den Franzosen erobern. Von 1883 bis 1945 war Hanoi das Verwaltungszentrum von Französisch-Indochina. Diese Zeit hat besonders die Architektur des neueren Hanois maßgeblich geprägt. Die Franzosen errichteten breite Boulevards, herrschaftliche Villen und große Verwaltungsgebäude nach europäischem Vorbild. Die breiten Alleen werden heute von riesigen und Schatten spendenden Bäumen überstanden.

Von 1940 bis 1945 wurde Hanoi von den Japanern besetzt, was bis heute zu einem gespaltenen Verhältnis zwischen beiden Ländern geführt hat. Zwischen 1966 und 1972 wurde die Stadt mehrfach von den Amerikanern bombardiert. Mehr als 25 Prozent der Stadt waren im Ergebnis schwerer Luftangriffe zerstört worden. Trotz aller Unterdrückung oder vielleicht gerade deshalb, haben die Vietnamesen eine enorme Widerstandsfähigkeit gegen Unbilden aller Art entwickelt. Mit einem unvergleichlichen Fleiß haben sie die Stadt am Roten Fluss wieder aufgebaut. Heute ist Hanoi die Hauptstadt des wiedervereinigten Vietnams und mit über 8 Millionen Einwohnern eine der größten Städte im Land. Noch immer dominieren viele staatliche Betrieb die Wirtschaft in Nordvietnam, während im Süden von Vietnam traditionell die Wirtschaft fast ausschließlich in privater Hand ist.

Kommt man aber nach Ho-Chi-Minh-City, dass von seinen alteingesessenen Einwohnern noch immer liebevoll Saigon genannt wird, spürt man den Unterschied zwischen den beiden Metropolen sofort. Saigon ist moderner und quirliger. Hier pulsiert das Leben und alles schein sich deutlich schneller zu drehen, als in Hanoi. Die hunderttausenden Motorradfahrer aber eint beide Metropolen. Ein Überqueren der Straßen ist tatsächlich nur an Ampeln möglich und selbst dort sollte man höllisch aufpassen, um nicht von einem noch schnell bei Rot über die

Kreuzung rasenden Motorrad oder Moped mitgerissen zu werden. Dementsprechend sieht man häufig Unfälle, die nicht selten einen tragischen Ausgang haben. Auch die Architektur der 9-Millionen Stadt ist moderner und deutlich mehr futuristisch, als in der Hauptstadt Hanoi. Ohne jegliche Frage bildet Saigon das wirtschaftliche Zentrum des Landes.

Wenn man eine Reise nach Ho-Chi-Minh-City plant, sollte man dringend vorher einen Blick auf die Wetterkarte werfen. Von Mai bis November dauert die Regenzeit. Zwar bringen die monsunartigen und heftigen Regenfälle kurzzeitig eine Abkühle. Mit den Regenfällen aber steigt die Luftfeuchtigkeit und das führt in Verbindung mit den hohen Temperaturen gerade in der Stadt zu einer oft unerträglichen Schwüle. Als beste Reisezeit sind somit die Monate Dezember bis April zu empfehlen, was ebenso für den Norden des Landes gilt.

Bei einer meiner Reisen in den Süden des Landes ergibt sich unerwartet eine Gelegenheit zum Besuch des Mekong Deltas. Wieder einmal war ich an Bord einer modernen Boing Dreamliner der Vietnam Airlines nach einem Zwischenstopp in Hanoi in Ho-Chi-Minh-City gelandet. Wie immer hatten aufmerksame Flugbegleiterinnen der wirklich empfehlenswerten Fluggesellschaft versucht, uns den langen Nachtflug so angenehm wie möglich zu machen. Auch wenn die Damen nach den vielen Stunden sichtlich müde waren, zauberten sie noch immer ein anmutiges Lächeln auf ihr Gesicht. Alle Flugbegleiterinnen waren dabei ausnahmslos gutaussehende und hochgewachsene Frauen, die ihren Job offenbar mit Freude ausübten. Was für ein Unterschied zu der einen oder anderen etablierten Fluglinie aus Europa, oder gar aus Nordamerika! In Hanoi war wie immer die Crew ausgetauscht worden, die nun den Shuttleflug nach Saigon hin und zurück zu absolvieren hatte, bevor in der gleichen Nacht die Maschine in Hanoi wieder in Richtung Europa abheben würde.

Trotz des langen Fluges fühle ich mich einigermaßen fit, um erneut in das bunte Gewühl von Ho-Chi-Minh-City einzutauchen, dass einen sofort nach Verlassen des Taxis umgibt.

Freundliche Damen an der Rezeption des gebuchten Hotels sind um das Wohlbefinden der Gäste sichtbar und spürbar bemüht. Man fühlt sich hier auf Anhieb als Gast willkommen. Ich habe einen Tag Zeit für die Stadt, bevor ich am nächsten Morgen zum Mekong aufbrechen werde. Da bietet sich ein Spaziergang über die vielen kleinen Märkte der Stadt an, die streng thematisch geordnet sind. Da gibt es Blumenmärkte, Märkte für alle möglichen Lebensmittel und Tiere und selbstverständlich solche für Textilien und Haushaltswaren. Eine besondere Anziehungskraft haben die Märkte für Blumen und Lebensmittel für mich, wobei mich bei Letzteren vor allem die Vielfalt exotischer Gewürze interessieren. Welch intensive Düfte umschmeicheln die Nase des Besuchers! Und dann die Farbenpracht der vielen unbekannten Blumen dazu! Die Füße sind bald müde von den vielen Kilometern, die ich zu Fuß in der Stadt unterwegs bin.

Die vietnamesische Küche ist von einer gossen Vielfalt geprägt. Natürlich spielen dabei verschiedene Reisarten und Reisnudeln eine große Rolle. Allein im Mekong Delta werden immerhin 16 Millionen Tonnen von Reis Jahr für Jahr angebaut! Aber Frühlingsrollen, pikante Suppen und gegrillte Fleischhappen gibt es ebenfalls in allen möglichen Variationen. Die Küche ist ausgesprochen schmackhaft und noch dazu gesund. Neben den nationalen Küchen von Thailand, Korea und Japan, zählt für mich die vietnamesische Küche zu den besten aus ganz Asien.

Dann aber beginnt endlich das ersehnte Abenteuer einer Bootsfahrt auf dem Mekong und sein riesiges Delta. Der gewaltige Mekong gehört mit mehr als 4900 Kilometern Länge zu den längsten Flüssen in Asien und durchquert von seiner Quelle im Hochland von Tibet die Länder China, Myanmar, Laos, Thailand, Cambodia und eben Vietnam. Im fruchtbaren Schwemmland des Mekong Deltas wird eine intensive Landwirtschaft betrieben. Fast drei Stunden dauert die Fahrt von Ho-Chi-Minh-City bis zum Ufer des gewaltigen Mekong Stromes. Dort angekommen besteige ich zunächst ein großes Boot, dass mich auf die andere Seite des Flusslaufes bringen soll.

Ich will mir ein kleines Boot suchen, dass mich von einem erfahrenen Bootsführer zu einigen besonderen Plätzen im Mekong Delta bringen soll. Ich hatte mich zuvor kundig gemacht und die dabei erhaltenen Empfehlungen kommen mir jetzt zu Gute. Ohne jegliche Probleme finde ich ein langes und schmales hölzernes Boot, das einen halbwegs soliden Eindruck macht. Der Bootsführer sitzt im Heck des Bootes und macht gerade ein Nickerchen. Als ich aber zielgerichtet auf das Boot zugehe, steht plötzlich eine junge Frau mit einem Strohhut vor mir, die offenbar die Ehefrau des Bootsführers ist. Sie spricht ein paar Brocken Englisch und ist froh zu hören, dass ich kein Amerikaner bin. Noch immer ist der Hass auf die Amerikaner tief verwurzelt in diesem Land. Von den Schrecken des Krieges waren schließlich fast alle Familien betroffen gewesen.

Ich bitte das Ehepaar, mich zu den schönsten Plätzen im Delta zu führen und mache ihnen schnell klar, dass ich abseits der Touristenpfade unterwegs sein möchte, um das unverfälschte Leben im Delta erleben zu können. Schnell werden wir uns handelseinig und schon beginnt die Reise in das Innere des Deltas. Immer wieder kommen wir zu Abzweigungen und folgen einem weiteren Flussarm. Pausenlos kommen uns mit allen möglichen Früchten und Gemüse beladenen Boote entgegen. Auch sehe ich kunstvoll geflochtene Gegenstände und Haushaltswaren auf den schmalen Booten, die hier nur von der Hand gestakt werden. Das eine oder andere Mal begrüßen sich die Bootsführer. Man kennt sich hier und jeder scheint dem anderen sein kleines Geschäft zu gönnen, das aus dem Transport von Waren oder Personen besteht. Mein Bootsführer und seine Frau halten Wort und bringen mich an Orte, wo keine Touristen hinkommen. Das erkenne ich an den oft ungläubigen Blicken der Einheimischen, die hier unter einfachen Bedingungen leben. Das Delta ist fruchtbar und so muss hier niemand Hunger leiden. Auch sehen die kleinen Anwesen entlang der einzelnen Flussarme fast immer gepflegt aus. Oft sehen wir einen Wasserbüffel, der an einer langen Kette festgebunden ist und offenbar zum privaten Besitz der Menschen zählt, die hier am Wasser leben. Hühner gackern und hüpfen aufgeregt umher.

Wir machen halt bei einem Maler, der hier mitten im Delta lebt und auf seinen herrlich farbenfrohen Bilder Szenen des Lebens im Delta und am Ufer des Mekongs nachgestellt hat. Am liebsten hätte ich ihm alle Bilder abgekauft. Eines ist schöner, als das andere! Trotzdem scheint er kein Problem damit zu haben, dass ich mich mit einigen Fotos mit meiner mitgeführten Kamera begnüge, die ich im Übrigen auf allen Reisen dabeihabe. So ist es mir oft gelungen, ganz besondere Moment im Bild festzuhalten.

Nach Stunden anstrengender Fahrt und einer Unmenge von Eindrücken bitte ich meine Führer nach einem kleinen Restaurant zu suchen. Sie beratschlagen kurz und biegen in einen weiteren Seitenarm ab. Kurz darauf legen wir am Ufer an und sie bitten mich, Ihnen nun zu Fuß zu folgen. Nach stundenlangem Sitzen, bin ich ein wenig wacklig auf den Beinen. Wir folgen einem verschlungenen Pfad und stehen urplötzlich vor einem unscheinbaren Haus. Auf dem sauber gefegten Hof steht eine kleine Garküche, wo aus verschiedensten Töpfen verführerische Gerüche aufsteigen. Meine Begleitung begrüßt die Besitzerin mit Handschlag. Man hatte weder miteinander telefoniert, noch war die Route vorgeplant. Spontan war ich meinen Gefühlen gefolgt und hatte meinen Hunger signalisiert. Man bittet uns, Platz zu nehmen und sofort wird der Tisch mit kulinarischen Köstlichkeiten gefüllt. Kein Koch eines 5-Sterne Restaurants hätte ein besseres Menü zaubern können. Der Preis, den ich schließlich zu bezahlen habe, ist einfach lächerlich!

Fröhlich war zur Zeit unseres Besuches ein kleiner Hund um uns herumgesprungen. Leider ist es in Vietnam nicht auszuschließen, dass er eines Tages im Kochtopf landen sollte. Hundefleisch gilt nämlich in Vietnam als Delikatesse! Ich stelle keine Fragen und muss mir so auch keine Gedanken um mögliche Antworten machen. Es gibt eben anderswo Traditionen, die uns nicht immer gefallen müssen!

Am Abend eines wunderbaren Tages verabschiede ich mich von meinen Begleitern, die mir einen tiefen Einblick in das Leben im Mekong Delta gegeben haben, das sicher alles andere als leicht ist. Bei den immer wieder auftretenden Monsunregen kommt es hier oft zu Überschwemmungen, wobei viele Menschen dabei ihr Hab und Gut verlieren und immer wieder von vorn anfangen müssen. So beschaulich, wie ich das Mekongdelta an diesem Tag erlebt habe, geht es hier vermutlich nur in der Trockenzeit zu.

Mit tiefen Eindrücken verlasse ich Tage später Vietnam und sollte noch einige Male wieder in dieses Land kommen, in dem man sich wohl und willkommen fühlt.

39
Im Land der Perfektionisten

Wer das erste Mal in das ferne Japan reist, sollte sich gut auf diese Reise vorbereiten. Ein Besuch in Japan bedeutet das Eintauchen in eine völlig andere Welt, die ihresgleichen sucht. Japan ist so völlig anders, als alle anderen Länder der Welt und das gleich in vielerlei Beziehung. Das Land mit seinen heute etwa 125 Millionen Einwohnern zählt zu den am dichtesten besiedelten Ländern der Welt. Allerdings leben die Einwohner des Landes auf insgesamt 6.852 Inseln. Dieser Umstand allein bedeutet höchste Herausforderungen für die Infrastruktur des Landes. Die Mehrheit der Bewohner leben aber auf einem der vier Hauptinseln, Kyushu, Shikoku, Hokkaido und Honshu. Auf letzterer liegt die Hauptstadt des Landes Tokio, in der heute etwa 9,6 Millionen Menschen leben. Fast 30 Internationale Flughäfen der ersten und zweiten Klasse verbinden Japan mit dem Rest der Welt. Weitere 56 Flughäfen sichern die Verbindung der Inseln untereinander.

Schaut man sich die komplizierten geografischen Verhältnisse des Landes an, so nimmt es nicht Wunder, dass man in Japan einige der längsten Tunnel der Welt findet, die meistens dem Eisenbahnverkehr vorbehalten sind. Mit fast 54 Kilometern Länge ist der Seikan Tunnel gegenwärtig der längste Tunnel des Landes.

Die Wirtschaft von Japan zählt zu den leistungsfähigsten der Welt und belegt derzeit gemessen am nominalen Bruttoinlandsprodukt den dritten Platz weltweit nach den USA und China. Umso bewundernswerter ist diese Leistungskraft, wenn man bedenkt, dass Japan nur sehr wenig eigene Rohstoffe besitzt und so überwiegend auf Importe angewiesen ist. Betrachtet man heute den Bekanntheitsgrad japanischer Marken, dann stehen die Automobilhersteller Toyota, Honda und Nissan, sowie die Elektronikkonzerne Canon, Sony und Panasonic an der Spitze der Hitliste. Japan hat sich auf die Herstellung von Fahrzeugen, Elektronik und Maschinen spezialisiert, die allesamt eine außerordentliche hohe Zuverlässigkeit aufweisen. Nicht umsonst führen nicht etwa deutsche Autos die Statistiken bezüglich der höchsten Zuverlässigkeit an, sondern in allen Fällen japanische Marken. Nicht immer sind japanische Produkte nach europäischen Vorstellungen besonders schön, aber in allen Fällen ganz besonders robust. Zudem ist man offenbar in der Lage, noch immer sehr preisgünstig zu fertigen. Dazu hat nicht unmaßgeblich die frühzeitige Entwicklung von Robotern beigetragen, die weder krank werden noch Urlaub beanspruchen. So ist die Firma Fanuc heute wohl der weltgrößte Hersteller von Robotern.

Das alles sollte man wissen, bevor man in einen Flieger nach Japan steigt. Dort angekommen, wird man schnell feststellen, dass man sich in einem Land der Perfektionisten befindet. Hier ist alles bestens organisiert und noch dazu wird man sofort von einer Höflichkeit umgeben, die man weder aus Europa und schon gar nicht aus China kennt. Die Höflichkeit ist dabei nicht zur Schau gestellt, sondern beruht auf dem gegenseitigen Respekt, den ich immer wieder selbst in scheinbar kompliziertesten Situationen feststellen konnte.

Kommt man das erste Mal auf einem der Flughäfen in Tokio an, nimmt man am besten einen Bus, um in die Innenstadt zu kommen. Die Flughäfen Narita und Haneda wickeln heute den größten Teil des internationalen Flugverkehrs zwischen der japanischen Hauptstadt und dem Rest der Welt ab. Beide Flughäfen sind modern und großzügig angelegt. Erst einmal im Autobus, kann man sich entspannt zurücklehnen. Die Fahrer fahren zügig, aber in allen Fällen vorsichtig. Hektisches Fahren, wie in anderen Metropolen in Asien, ist hier deutlich weniger ausgeprägt. Bus – und Taxifahrer lassen dagegen dem Fahrgast spüren, dass sie Verantwortung ihm gegenüber übernommen haben. Das ist einfach wohltuend. Entscheidend man sich aber doch zu einer deutlich teureren Taxifahrt, wird man sich in einem blitzsauberen Taxi wiederfinden. Die ersten Eindrücke, so sagt man, wären die besten. Das trifft auf Japan hundertprozentig zu und sie sind tatsächlich gut und somit eine Visitenkarte für das Land und seine Leute.

Wenn man im Land unterwegs sein muss, so kann man nur jedem empfehlen, einen der vielen Shinkansen Hochgeschwindigkeitszüge zu nutzen, die auf einem Streckennetz von mehr als 2.700 Kilometern alle bedeutenden Städte des Landes verbinden. Weitere 735 km sollen bis zum Jahre 2032 hinzukommen. Eine Fahrt mit einem der immer blitzsauberen Züge ist ein Erlebnis der Superlative und das nicht nur wenigen der erreichten Geschwindigkeiten, die über die 300 Kilometer pro Stunde hinaus gehen können. Vor allem aber ist es die Perfektion und die Pünktlichkeit, die einen beeindrucken. Die Tür von dem gebuchten Waggon wird sich genau an der angezeigten Stelle auf dem Bahnsteig öffnen. Dort warten die Menschen diszipliniert und beim Einsteigen wird niemand drängeln. Im Jahre 1964 wurde pünktlich vor der Eröffnung der Olympischen Sommerspiele in Tokio die erste 515 Kilometer lange Strecke eröffnet, die von da an Japans Hauptstadt mit Osaka verbinden sollte. Die Fahrzeit auf dieser Strecke betrug damals bereits sensationelle drei Stunden. Nicht aber nur die Geschwindigkeit stand den Entwicklern im Vordergrund, sondern vor allem die Sicherheit der Passagiere und das in einem seismologisch aktiven Land. So verlief auch eine Entgleisung eines Zuges im Jahre 2004 nach einem Erdbeben der Stärke 6,4 auf der Richterskala ohne nennenswerten Personenschaden. Das ist nicht nur ein Beleg der japanischen Ingenieurskunst, aber auch des prinzipiellen japanischen Verantwortungsbewusstseins. Ich erlebe einmal eine Verspätung eines Zuges um nur drei Minuten. Schon aber entschuldigte sich prompt der Zugführer bei seinen Gästen.

Bei einer meiner Reisen mit dem Shinkansen Express habe ich das besondere Glück, dem sagenumwobenen Fuji oder Fujiyama, wie er auch im Ausland genannt wird, ganz nahe zu kommen. Schon von weitem ist der schneebedeckte, fast symmetrische Kegel des Vulkans zu erkennen, der mit seinen 3.776 Metern gleichzeitig der höchste Berg Japans ist. Er ist bei gutem Wetter selbst von Tokio aus zu erkennen. Dieser Vulkan wird nach wie vor als aktiv angesehen, auch wenn er im Jahre 1707 das letzte Mal ausgebrochen war. Er liegt aber über einem Gebiet, wo sich die Eurasische und die Pazifische Platte begegnen und da kann es immer wieder zu einem Ausbruch kommen. Der Berg gilt den religiösen Japanern als heilig. An seinem Fuß befindet sich auf der Nordseite ein ausgedehntes Waldgebiet, das den Namen Aokikahara trägt. Hier hat sich aufgrund der Vulkanasche eine besonders reichhaltige Flora entwickelt. Auch kann man hier, wenn man ein wenig Glück hat, einen der seltenen Kragenbären entdecken, die zurückgezogen in den Wäldern leben. Der Anblick des schneebedeckten Vulkans erinnert mich unweigerlich an eine Postkarte, die ich vor Jahrzehnten von meiner weltreisenden Tante bekommen hatte. Sie trug eine Briefmarke mit dem Bild des berühmten Vulkans. Jetzt darf ich ihn mit eigenen Augen sehen und fühle mich so irgendwie privilegiert.

Die unglaubliche Präzision der Japaner, die an Detailverliebtheit grenzt, erlebe ich eines Tages bei einer Verhandlung über eine Reklamation einer von uns gelieferten Maschine. Wir sind mit einem kleinen Team angereist. Uns gegenüber aber haben mehr als 10 Mitarbeiter der Firma Platz genommen. Man verbeugt sich voreinander bei der Begrüßung und danach beginnt ein Sitzungsmarathon, da jeder der anwesenden Herren zu Wort kommt. Man trägt kleine Beanstandungen vor und hat in vielen Fällen gleich die Verbesserungsvorschläge parat, die in den meisten Fällen tatsächlich gut durchdacht sind. Alle bleiben dabei freundlich und korrekt und die Atmosphäre der Verhandlung bleibt dabei entspannt. Alles basiert auf einem gegenseitigen Respekt, was ich als unglaublich angenehm empfinde. Die Verhandlungen sind eigentlich nur dadurch anstrengend, weil sie sich durch die Anzahl der teilnehmenden Personen unglaublich in die Länge ziehen.

Bei einer anderen Reise habe ich das seltene Gluck, die beginnende Kirschbaumblüte in Tokio zu erleben. Es ist Anfang März und die kunstvollen Gärten der Stadt sind von Menschen mit Kameras regelrecht belagert. Die Blütezeit der Sakura Bäume hat tatsächlich begonnen und sie ist in der japanischen Kultur verwurzelt. Man betrachtet die Blüte der Kirschbäume als Symbol für die Schönheit und Vergänglichkeit zugleich. Die vielen blühenden Bäume sind eine Augenweide und ich erlebe Emotionen bei den Japanern, die sie normalerweise so gekonnt zu unterdrücken wissen. Ja, die Japaner sind wirkliche Naturliebhaber. Auch ein Besuch der kunstvoll angelegten Botanischen Gärten der Stadt ist ein Erlebnis für sich. Hier liegt kein einziges Blatt am Boden. Selbst die heruntergefallenen Nadeln von Nadelbäumen sind aufgefegt. Trockene Nadeln an den Bäumen werden von emsig arbeitenden Gärtnern beseitigt. Unglaublich, diese Gartenkunst und wieder natürlich die Perfektion!

Gerade diese Perfektion aber hat einen unglaublich hohen Preis. Der Leistungsdruck auf die Menschen ist unglaublich hoch. Fast alle arbeiten freiwillig länger, um Höchstleistungen zu vollbringen. Dazu ist man oft stundenlang zum Arbeitsort und von dort zurück unterwegs. Urlaub gibt es wenig, oder wird wenig in Anspruch genommen. Wenn man japanischen Reisegruppen in Europa begegnet, dann sind es immer ältere Jahrgänge, die unterwegs sind. Die Japaner beginnen zu reisen, wenn sie in die Rente gegangen sind! Nicht aber jeder hält dem enormen Leistungsdruck und dem Anspruch auf ein perfektes Arbeitsergebnis stand. Infolge dessen hat das Land heute leider eine der höchsten Suizid Raten der Welt.

Erstaunen und Faszination begleiten einen auf einer Reise durch das hochinteressante Land auf Schritt und Tritt. Japan ist so definitiv mehr als eine Reise wert!

40
Leben und Wohlstand südlich der entmilitarisierten Zone

Wie wenig wir alle vom Leben in Korea wissen, wird mir bei meinen Besuchen im Süden des getrennten Landes schnell klar. Ich kannte natürlich wie alle von uns die bekannten Marken des Landes, wie Hyundai, Kia, Samsung oder LG und hatte die Expansion koreanischer Firmen in Mitteleuropa und Nordamerika verfolgen können. Trotzdem hatte ich nur sehr unscharfe Vorstellungen zum Leben im Land und damit verbunden auch zur wirklichen Wirtschaftskraft von Südkorea. Dementsprechend gespannt war ich bei meiner ersten Reise in das geteilte Land. Fast selbstredend hatte ich nicht im Sinne, dem Norden des Landes einen Besuch abzustatten.

Kaum betrete ich den Boden von Südkorea, wird mir schnell klar, dass ich in einem hochmodernen Land unterwegs bin. Schon der Internationale Flughafen Incheon ließ mich erstaunen. Es handelt sich hier um einen hochmodernen und bestens organisierten Flughafen, der es mit den modernsten Flughäfen der Welt aufnehmen kann. Der Flughafen selbst liegt auf einer vorgelagerten Insel und ist über ein bestens ausgebautes Autobahnnetz mit dem Zentrum der 10-Millionenstadt Seoul verbunden. Je näher ich dem Stadtzentrum kommen, desto klarer wird der Blick auf eine moderne Skyline, die anderen großen Metropolen der Welt kaum nachsteht. Nur erscheint sie weit weniger futuristisch im Vergleich zu den Skylines der großen chinesischen Städte wie Shanghai, Shenzhen oder Beijing. Ich empfinde das moderne Seoul als ein wenig gesichtslos. Das Bild ändert sich aber sofort, wenn man in eine der kleinen Seitenstraßen abbiegt, in denen sich häufig der Charme der letzten Jahrzehnte erhalten hat. Hier gibt es viele kleine Kneipen und Restaurants, die oft nur Platz für weniger als 20 Menschen bieten.

Auch erscheinen mir die Koreaner schnell als kühler, nüchterner und weniger emotional als die Chinesen. Auch sind sie völlig anders, als die höflichen Japaner. Wie vollkommen unterschiedlich doch in einzelnen Nationalitäten in Asien sind! Ich lerne die Koreaner schnell als extrem stolze Menschen kennen, stolz auf ihr Land, ihre Marken und ihre Wirtschaftsleistung. Allerdings kommen sie mir auch ein ganz Stück weniger liebenswürdig, als andere Asiaten vor. Auch wenn ich mich nach Kräften bemühe, werde ich bei all meinen Besuchen im Land mit dem Menschenschlag nicht so wirklich warm, auch wenn mich vieles beeindruckt hat, was ich kennenlernen durfte.

Die Verhandlungen mit Kunden sind nicht einfach. Man beharrt stur auf bestimmten Positionen und oft habe ich das Gefühl, dass man ohnehin alles besser zu wissen scheint und das selbst dann, wenn der Kunde auf dem Gebiet, um das es geht, tatsächlich keinerlei Erfahrungen hat. Das Gleiche spielt sind dann noch einmal ab, wenn die Maschinen beim Kunden nach einer Inbetriebnahme abgenommen werden sollen. Das ist eine langwierige und nervenaufreibende Prozedur in Korea! Ohnehin sind uns fast alle Asiaten mental überlegen, aber in Korea fühlt man sich oft hilflos gegen das sture Beharren der Vertragspartner an bestimmten Positionen und das auch dann, wenn diese offensichtlich falsch sind. So erachte ich es als ganz besonders schwierig, mit Koreanern Geschäfte abzuschließen und vor allem dann erfolgreich zu realisieren.

Ich bin erstaunt über die ausgesprochen hohen Einkommen, zumindest der Menschen, die in Seoul und in den anderen großen Städten des Landes leben. Der Lebensstandard ist so auch überdurchschnittlich hoch, auch wenn es signifikante Unterschiede zwischen den Städten und den ländlichen Regionen gibt. Allerdings habe ich mich gerade in diesen ländlichen Gegenden deutlich wohler gefühlt. Hier gibt es viele nette kleine Häuschen, die nicht so gesichtslos, wie die Neubauten in Seoul sind. Auch scheint hier die traditionelle Küche deutlich facettenreicher zu sein. Im Gegensatz zu den Menschen, konnte ich mich mit der koreanischen Küche fast sofort anfreunden, wenngleich man beim Essen einige Regeln besser einhalten sollte. Grundsätzlich beginnt die älteste Person am Tisch mit dem Essen und ihr ist auch das Recht vorbehalten, das Gespräch dabei zu eröffnen. Niemand sollte beim Essen versuchen, besonders viel von einem der Köstlichkeiten abzubekommen, da das als unhöflich angesehen wird. Viele Restaurant halten vor allem zum Mittagessen fertige Menüs bereit, die auf einer Holzplatte serviert werden, die genau die Größe des Tisches hat. Darauf werden die einzelnen Speisen in kleinen Portionen so angeordnet, dass jeder etwa die gleiche Menge vor sich hat.

Das köstliche Kimchi gilt als das Nationalgericht des Landes. Es wird aus Chinakohl hergestellt, der mit Rettich, Ingwer und viel Knoblauch fermentiert wird. Jede Familie hütet eigene Rezepte wie ein Staatsgeheimnis. Bibimbap ist ein Reisgericht, dass auf kaum einer Speisekarte fehlt und wird aus weißem Reis, mariniertem Rindfleisch sowie fermentierten Gemüse angerichtet. Dazu kommt ein Spiegelei quasi als Beigabe. Als Bulgogi werden dünne Rindfleischstreifen bezeichnet, die auf einem offenen Feuer gebraten und mit verschiedenen Marinaden und scharfer Sauce dargeboten werden. Die Koreaner lieben Fleisch und so manches Mal kann man dieses auch selbst auf einem heißen Stein zubereiten.

Besonders sehenswert in Seoul ist der alte Königspalast Gyeongbokgang, der auch als »Palast der strahlenden Glückseligkeit« benannt wurde. Er wurde im Jahre 1395 nach Gründung der Joseon Dynastie fertiggestellt und diente danach fast zweihundert Jahre als Residenz des Koenigs. Hier erlebe ich einmal bei schneidender Kälte und einer dünnen Schneedecke eine Wachablösung in traditionellen Uniformen. Die farbenfrohen Uniformen der Krieger bilden dabei einen herrlichen Kontrast zum Weiß des Schnees und Blau des Himmels. Staunende Touristen beobachten das Spektakel, das sich jeden Tag zur gleichen Zeit wiederholt. Viele der Touristen kommen heute aus China. Man kommt gern nach Korea, vor allem aber für den Einkauf von Elektronik und Markenartikeln, die hier oft günstiger zu haben sind, als in China selbst.

An einem Wochenende habe ich Zeit zwischen den Verhandlungen und so mache ich mich auf, um der DMZ an der Grenze von Südkorea und Nordkorea einen Besuch abzustatten. Diese demilitarisierte Zone wurde im Jahre 1953 eingerichtet. Genau in ihrer Mitte verläuft, die Demarkationslinie, die praktisch die Grenze zwischen Nordkorea und Südkorea darstellt. Soldaten aus der Schweiz, aus Schweden, Polen und der Tschechoslowakei sollten die Demarkationslinie überwachen und tatsächlich sind heute noch immer schwedische und schweizerische Soldaten anwesend, während sich die Polen und nach der Teilung der Tschechoslowakei auch deren Soldaten zurückgezogen haben. Die DMZ liegt nur gute 70 Kilometer von Seoul entfernt und ist militärisches Sperrgebiet. Touristengruppen dürfen im Rahmen geführten Touren dieses Gebiet bereisen. Meterhohe Stacheldrahtzäune trennen die beiden Länder, zwischen denen bis heute offiziell nur ein Waffenstillstand gilt.

Vor dem Besuchergebäude steht ein eindrucksvolles Denkmal, dass den Willen der Bewohner beider Länder zur Wiedervereinigung darstellen soll. In Wirklichkeit glaube ich nicht daran, dass die großen politischen Spieler auf der Weltbühne tatsächlich ein Interesse daran haben. An Nordkorea zerren die Chinesen und Russen, am Süden klammern sich die Amerikaner und vermutlich auch die Japaner fest. Keiner will vermutlich auch nur einen Zentimeter seiner Einflusssphären preisgeben. Auch sind vermutlich beide Länder heute allein aufgrund des so unterschiedlichen Entwicklungsstandes nicht mehr zusammenschließbar. Der Lebensstandard in Südkorea soll 20-mal höher sein, als der im Norden des Landes. Ich zweifele an dieser Aussage, da die Kluft vermutlich noch weitaus grösser ist.

Ein Blick auf die Grenzanlagen lässt einen schauern und die deutsche Geschichte wieder wachrufen! Alles wirkt hier grau und abstoßend. Den einzigen Farbkontrast bilden bunte Bänder mit aufgedruckten Wünschen, die am Stacheldrahtzaun befestigt sind. Sie sollen angeblich den Wunsch zur Wiedervereinigung der Menschen in Südkorea zum Ausdruck bringen. Auch daran zweifele ich, da ich eher daran glaube, dass die Bewohner im Süden des getrennten Landes Angst davor haben, ihren hohen Lebensstandard teilen zu müssen. Auch hat man eine permanente Angst vor dem unberechenbaren Norden, dessen jugendlicher Diktator nur allzu gern die Muskeln spielen lässt und mit einem Raketenangriff droht. Auch arbeitet man im Norden weiter intensiv an der Entwicklung von Atomwaffen. Die Angst vor Nordkorea ist sicher nicht unberechtigt, da man immer wieder in den vergangenen Jahren Tunnel entdeckt hatte, die vom Norden unter der Grenze bis weit nach Südkorea gegraben wurden. Diese Tunnel sind bis zu 10 km lang und durch sie könnten innerhalb einer Stunde tausende bewaffneter Soldaten nach Südkorea geschleust werden. Bis heute ist man sich nicht sicher, ob es nicht weitere Tunnel gibt. Ein Besuch der Tunnel lässt einem die kalten Schauer über den Rücken laufen.

Der Besuch der DMZ hat nicht unbedingt geholfen, mir Südkorea näher zu bringen. Er hat lediglich wieder einmal unterstrichen, wie fragil doch der heutige geopolitische Status Quo ist. Immer wieder habe ich das Land mit sehr gemischten Gefühlen verlassen, die von Bewunderung bis zu Ablehnung reichten.

41
Jesuiten, Indianer und Aussiedler

Ruhig gleitet das Flugzeug der brasilianischen Fluggesellschaft Varig hoch über den Wolken durch die Nacht. Die Boing 747, mit der wir in dieser Nacht unterwegs sind, gehört ohne Frage bezüglich ihrer Flugeigenschaften und dem niedrigen Geräuschpegel im Innenraum zu meinen Lieblingsflugzeugen, mit denen ich oft irgendwo auf dieser Welt unterwegs bin. Meine zum Zeitpunkt dieser Reise nach Sao Paulo erst 11- jährige Tochter Anne schläft seit einigen Stunden tief und fest auf dem Nebensitz und hat den Kopf an meine Schulter gelehnt. Knapp 12 Stunden dauert die Flugzeit und auch ich bin einige Male kurz eingenickt, ohne aber wirklich ein paar Stunden erholsamen Schlaf zu finden.

Es ist sehr zeitig am Morgen, als der Kapitän alle Passagiere auffordert, wieder zu ihren Sitzen zurückzukehren und die Sicherheitsgurte anzuschnallen. Kurz danach befindet sich unsere Maschine im Sinkflug auf die brasilianische Metropole, wo wir nur einen Zwischenaufenthalt haben werden, bevor wir eine weitere Maschine der Fluglinie Varig in Richtung Asuncion, der Hauptstadt von Paraguay, besteigen werden. Wir werden dort von meiner bereits seit Jahrzehnten in Paraguay lebenden Cousine erwartet, um mit ihrer Familie das Weihnachtsfest und die Jahreswende zu feiern.

Meine Tochter wacht in dem Moment auf, da unsere Maschine in Sao Paulo ein wenig unsanft auf der Landebahn aufsetzt. Sie ist sofort hellwach, kein Wunder nach den vielen Stunden Schlaf, die sie hinter sich hat. Da sie mit mir die Freude am Reisen und Entdecken teilt, ist sie voller Erwartung auf die Ereignisse der kommenden Tage und kann es kaum erwarten, endlich an unserem Ziel in Südamerika anzukommen. Allerdings müssen wir nun erst einmal weitere zwei Stunden in einem tristen Transitraum ohne jeglichen Service verbringen, ehe wir wieder unsere Plätze im Flieger einnehmen können. Noch einmal werden wir etwas mehr als zwei Stunden unterwegs sein. Eine gutaussehende Flugbegleiterin bietet kurz nach dem Start kleine Waffelbecher an und wir glauben zuerst daran, eine kleine Portion Eis angeboten zu bekommen. Aus den Bechern aber strömt aromatischer Kaffeeduft in unsere Nasen und ehe ich es mich versehen kann, hat meine Tochter einen der Becher ergriffen und in einem einzigen Schluck den starken Kaffee ausgetrunken. Nun ist an Schlaf auf keinen Fall mehr zu denken und sie bombardiert mich pausenlos mit Fragen über unser Gastland und das, was wir dort alles erleben können.

Meine Cousine hatte während des Geologie Studiums in Deutschland ihren aus Paraguay stammenden Mann kennengelernt, der als Mennonit deutscher Abstammung war. Seine Vorfahren waren einst als Deutschstämmige aus Russland eingewandert und hatten sich im Chaco niedergelassen, wo sie Kolonien gegründet hatten. Er selbst war dann von dort aus zu einem Studium der Geologie nach Deutschland geschickt worden. Ohne Frage würden wir sicher in Paraguay viele interessante Dinge entdecken können, zumal sich das Land nach Ende der Stroessner Diktatur erst vor wenigen Jahren ein wenig mehr geöffnet hatte. Damit gab es einige zusätzliche Parallelen zu dem Leben, dass meine Familie vor 1989 in dem getrennten Deutschland geführt hatte. Umso mehr freuten wir uns auf die Gespräche mit meiner Cousine und ihrem Mann.

Am Flughafen von Asuncion waren die Einreiseformalitäten schnell erledigt und das Gepäck nach kurzer Zeit ausgeladen. Freudestrahlend wurden wir von der ganzen Familie erwartet, zu der vor allem auch eine fast gleichaltrige Tochter gehörte. Die beiden Mädchen verstehen sich auf Anhieb und das ist ein gutes Omen für die kommenden Tage.

Die Temperaturen sind hochsommerlich heiß. Wir kommen aus dem kalten Winter und sind nun auf der Südhalbkugel der Erde im Sommer gelandet. Energie tanken heißt somit die Devise für die Tage in Südamerika, damit die Batterien wieder voll sind für die kommenden Monate, bevor es auch wieder in Europa wärmer wird.

Weit ausladende Palmen säumen die breiten Alleen der Stadt. Überall grünt es üppig und für unsere Augen und Sinne ist diese Reise somit das reinste Labsal. Asuncion und das Haus meiner Cousine sind weihnachtlich geschmückt und am Abend erhellen zigtausende kleine Lichter das Zentrum der Stadt. Nach einem erfrischenden Bad im Swimmingpool legen wir uns ein paar Stunden hin, um den Jetlag besser zu verarbeiten. Am frühen Nachmittag aber sind wir wieder auf den Beinen und bereit, das Abenteuer Paraguay zu erleben.

Am Abend sitzen wir im weihnachtlich beleuchteten Garten und lauschen bei einem Glas guten Weines dem Geräusch von tausenden von Zikaden, das erst gegen Mitternacht fast schlagartig verstummt. Uns zieht es trotz aller interessanter Gespräche in die Betten. Die Zeitverschiebung wird uns noch in den kommenden Tagen ein wenig zu schaffen machen, bis wir uns vollständig an die neue Zeitzone angepasst haben. Da aber bereits am nächsten Tag Weihnachten sein wird, versuchen wir so lange wie möglich zu schlafen.

Am Vormittag von Heilig Abend besuchen wir einen Onkel des Mannes meiner Cousine. Auch er ist Mennonit und hatte selbst noch die Übersiedlung aus Russland erlebt. Der alte Mann war noch immer der Russischen Sprache mächtig, auch wenn er sie seit Ewigkeiten nicht mehr aktiv genutzt hatte. Ich konnte ihm von meinen häufigen Reisen nach Russland berichten und seine Freude über die Berichte waren ihm anzumerken. Als ich dann noch begann, Russisch mit ihm zu sprechen, rannen Tränen der Freude über seine Wangen. Ich werde wohl diesen sentimentalen Moment nie vergessen! Russland wäre seine Heimat gewesen und er selbst war damals nur gegen seinen Willen nach Paraguay gegangen.

Am Nachmittag wird das Weihnachtszimmer vorbereitet und festlich geschmückt. Als die Dunkelheit einbricht, machen wir uns bereit für einen Gang in die Kirche. Die Kirche selbst beindruckt mit seiner schlichten und einfachen Ausstattung. Die Weihnachtsansprache des Pfarrers wird von Auftritten des Kirchenchors begleitet. Irgendwie läutet dieser Besuch des Gottesdienstes den Weihnachtsabend auf eine würdige Weise ein. Als wir die Kirche verlassen, steht vor dem Gotteshaus ein Weihnachtsmann mit einem Pferdefuhrwerk und verteilt kleine Geschenke an die Kinder. Die Mädchen sind begeistert und merken dabei nicht, wie dem armen Mann hinter seiner Verkleidung der Schweiß in Strömen herunterrinnt. Selbst am Abend liegt die Temperatur noch immer bei fast 30 Grad Celsius und erst die Nacht wird eine Erfrischung bringen.

Trotz der großen Hitze werden am Abend einige Kerzen zumindest für die Zeit des Auspackens der Geschenke entzündet. Nach dem Abendessen ziehen sich die Kinder mit den Geschenken zurück. Die Erwachsenen aber treffen sich wenig später draußen. Wiederum wird eine gute Flasche Wein geöffnet und es sollte nicht bei der einigen Flasche an diesem Abend und in der Nacht bleiben. Lange sitzen wir in dieser Heiligen Nacht zusammen und sprechen über unser Leben, die jüngere Geschichte in Paraguay, unsere ersten Jahre im vereinten Deutschland und all das, was wir von der Zukunft erwarten. Meine Cousine und ihr Mann waren in den vergangenen Jahren immer wieder mit der Geschichte beider Länder in Berührung gekommen. Wie in Brasilien, Argentinien und Uruguay, hatten sich nach dem Ende des Zweiten Weltkrieges viele ehemalige hochrangige Offiziere des Naziregimes in Paraguay niedergelassen, um sich der sie erwartenden gerichtlichen Verurteilung zu entziehen. Da sie aber in Südamerika niemandem etwas angetan hatten, ließ man sie dort ins Land. Auch wir sollten auf dieser Reise einem ehemaligen General der SS begegnen, aber dazu komme ich später.

Nach 1989 hatte es eine weitere Welle von Auswanderern aus Deutschland gegeben. Dieses Mal bestand diese aus ehemaligen Mitarbeitern und Agenten des ostdeutschen Staatssicherheitsdienstes, die in einem vereinten Deutschland ebenfalls keinen

Platz mehr gefunden hätten. Einigen von Ihnen waren meine Cousine und ihr Mann bei ihren geologischen Reisen durch Paraguay über den Weg gelaufen. Der eine oder andere hatte als Farmer begonnen und suchte nach einem Ratschlag beim Finden von Wasser in den Gesteinsschichten besonders karger Gegenden.

In den Tagen zwischen Weihnachten und der Jahreswende machen wir einen Ausflug in das Dreiländereck zwischen Paraguay, Brasilien und Argentinien. Alle drei Länder gehören zu der Zollunion der Mercosur. Auch gibt es keine Grenzkontrollen zwischen den Ländern, was das Reisen für uns natürlich ganz besonders angenehm macht. Unser Ziel sind die weltberühmten Wasserfälle des Iguazú, die sich genau in diesem Dreiländereck befinden. Die mit Abstand beste Sicht auf die grandiosen Wasserfälle hat man von der brasilianischen Seite. So überqueren wir mit unserem Toyota Land Cruiser in Foz do Iguacu die Grenze zu Brasilien. Bunte Verkaufsstände und unzählige Souvenirshops künden von der Anwesenheit zahlreicher Touristen, die wie wir das Spektakel der Wasserfälle erleben wollen.

Bereits in weiter Ferne von den Wasserfällen müssen wir unseren Wagen auf einem bewachten Parkplatz zurücklassen und den Weg zu den Fällen dann zu Fuß zurücklegen. Schon aus weiter Ferne ist das Donnern der Wassermassen zu hören. Das erinnert mich unweigerlich an meinen ersten Besuch der Niagara Fälle in Kanada. Allerdings lassen sich beide Wasserfälle nicht miteinander vergleichen. In Kanada und in den USA hat man viele Häuser und Hotelanlagen nahe den Wasserfällen erbaut, während die Iguazú Wasserfälle nur zu Fuß zu erreichen sind und kein einziges Haus den grandiosen Anblick stört. Auch sind die Wasserfälle hier in Südamerika noch viel gewaltiger. Dazu noch die tropische Wärme und Vegetation. Viele bunte Schmetterlinge begleiten uns auf dem Weg zu den Wasserfällen und immer wieder begegnen wir neugierigen Nasenbären, die natürlich bestens von den Touristen und ihren Hinterlassenschaften in Papierkörben leben. Als ich einmal unvorsichtig meinen Rucksack mit den Kameras am Boden abstelle, kommt sofort eines der Tiere, um das Gepäckstück zu inspizieren.

Lange bleiben wir auf der hölzernen Aussichtsplattform und machen unendlich viele Bilder. Die schönsten von ihnen haben sich aber unauslöschlich in unser Gedächtnis eingeschrieben. Tief beeindruckt von dem Besuch der Wasserfälle kehren wir nach Paraguay zurück, nicht ohne vorher noch in einem Laden mit wunderschönen Amethysten anzuhalten, die in Brasilien in großen Mengen gefunden werden. Meine Tochter hat sich in diese wunderbaren Steine verliebt. Einer von ihnen wandert in unser Reisegepäck.

Ein weiterer Ausflug führt uns in eine Gegend die auf dem Wege in Richtung des Chaco vielleicht einhundert Kilometer von der Hauptstadt entfernt liegt. Es ist eine eigenwillige Landschaft, in der sich Trockengebiete und Sümpfe abwechseln. Hier sollen sowohl Pumas und Jaguare leben und der Mann meiner Cousine mahnt zu ständiger Aufmerksamkeit und Vorsicht. Beim Verlassen des Fahrzeuges müssen wir immer zusammen in einer Gruppe bleiben und vor allem die Mädchen in unsere Mitte nehmen. Bei einem unserer Ausflüge finden wir Teile von einem Panzer eines Gürteltiers, das wir leider nicht zu Gesicht bekommen. Dafür erschreckt uns aber ein lautes Knacken im Unterholz, so dass wir schnell in das nahe Auto flüchten.

Zum Silvesterabend haben wir eine Einladung des Deutschen Botschafters in Paraguay erhalten, der wir nur allzu gern folgen. Auch sind hochrangige Vertreter deutscher Großkonzerne an diesem Abend anwesend. Während meine Tochter einen großen Teil des Abends im schönen Swimmingpool der Residenz des Botschafters verbringt, führen wir Erwachsenen intensive Gespräche über Paraguay, Deutschland und die sich bereits zu dieser Zeit, Mitte der neunziger Jahre, schnellen Veränderungen der Kräfteverhältnisse in unserer Welt. Pünktlich zur Mitternacht gesellen sich die Mädchen zu uns und wir stoßen auf ein gutes nächstes Jahr an.

Da für die Tochter meiner Cousine im neuen Jahr die Schule wieder beginnt, wir aber noch ein paar Tage Zeit haben, machen wir uns zusammen mit einem indianischen Fahrer auf den Weg in den Süden von Paraguay. Wir wollen die Reduktion der Jesuiten in Trinidad besuchen, einer Stadt die nahe von Encarnacion liegt. Hier hatten die Jesuiten Anfang des 18. Jahrhunderts Guarani Indianer zum christlichen Glauben bekehrt und ihnen geduldig die notwendigen Dinge beigebracht, um sich nach einem Leben als Nomaden fest niederzulassen und dort den Ackerbau und dem Kunsthandwerk nachzugehen. Die Ruinen der Jesuiten Reduktion sind eine eindrucksvolle Erinnerung an diesen Teil der Geschichte von Paraguay. Leider wurden die Jesuiten gegen Ende des 18. Jahrhunderts von den spanischen Kolonisatoren verjagt und viele der Guarani Indianer erlitten das Schicksal der Sklaverei.

Die Nacht verbringen wir in dem inmitten im Dschungel gelegenen Hotel Tirol und ganz sicher werden wir diese Nacht nie wieder vergessen. Zunächst waren es die abertausenden Stimmen des Dschungels, die Stimmen von Vögeln und Zikaden und vielen anderen unsichtbaren Tieren. Wir lagen dabei in einem der drei terrassenförmig angelegten Swimmingpools und lauschten den magischen Stimmen der Nacht. Meine Tochter hatte am Abend mit zwei indianischen Mädchen Freundschaft geschlossen und obwohl sie deren Sprache nicht verstand, hatten sie scheinbar keinerlei Probleme, sich zu verständigen. Mir ging es mit unserem indianischen Fahrer ähnlich, aber nach dem ersten Glas Whisky, das wir zusammen an der Bar des Hotels tranken, verstanden auch wir uns bestens.

In einer Ecke auf der überdachten Terrasse saß eine uralte Frau, die uns mit ihren hellwachen Augen ständig beobachtete. Auch schien sie uns klar zu verstehen, wenn ich mit meiner Tochter Deutsch sprach. Wir sollten erst nach unserer Rückkehr nach Asuncion erfahren, dass das Hotel einem ehemaligen General der Waffen-SS aus Belgien gehörte, der nach Ende des Zweiten Weltkrieges nach Paraguay geflohen war. Die alte Frau war seine Frau gewesen. Nur für einen kurzen Moment hatte sich der ehemalige General gezeigt. Erst viele Jahre später sollten wir erfahren, dass dieses Hotel auch einige Male von dem ehemaligen KZ Arzt Mengele besucht worden war, der in einem Ort ganz in der Nähe einen Unterschlupf gefunden hatte, bevor er später nach Brasilien übersiedelte.

Die Rückfahrt nach Asuncion führte uns oftmals über Schotterpisten und durch riesige Viehkoppeln, deren Tore wir öffnen und hinter uns wieder schließen mussten. An einem schönen See unterwegs machten wir eine lange Pause und waren gerade dabei über ein erfrischendes Bad nachzudenken, als ein Pickup mit bewaffneten Jägern neben uns anhielt. Im See würde es Krokodile geben und wir sollten dem Ufer auf keinen Fall zu Nahe kommen, um eine unliebsame Begegnung mit den Reptilien zu vermeiden. Da hatten wir wohl noch einmal Glück gehabt, denn auch unserem umsichtigen Fahrer war es nicht bekannt gewesen, dass es hier Krokodile gab.

Unglaublich bereichert verlassen wir wenige Tage später Asuncion und Paraguay, das wir in seiner ursprünglichen Form erleben dürfen und das zu einer Zeit, in der noch kaum Touristen im Lande unterwegs waren. Heute hat sich die Industrie im Lande unglaublich entwickelt und Paraguay gehört jetzt zu den prosperierenden Ländern in Südamerika. Nur allzu gern würde ich einen Besuch in diesem Lande wiederholen, um mir mit eigenen Augen ein Bild von der Entwicklung machen zu können.

42
Begegnungen mit zehntausenden Menschen am Nationalfeiertag

Ich warte am Gate in Mexiko City, um eine Maschine der Aero Mexico in Richtung Caracas in Venezuela zu besteigen. Die Besatzung war bereits an Bord gegangen und das Borden würde vermutlich in wenigen Minuten beginnen. Dann aber trat unerwartet der Copilot an das Mikrofon und teilte den Wartenden mit, dass sich der Abflug um sechs Stunden verzögern würde, da der Kapitän nicht am Flughafen erschienen wäre. Man wüsste nicht, wo er ist und eine Ersatzcrew stehe jetzt kurz vor Mitternacht nicht mehr zur Verfügung. Am nächsten Morgen würde uns eine neue Crew nach Caracas fliegen. Man würde uns Voucher für ein Essen und ein Getränk geben. Ansonsten könne man nichts für uns tun. Da es in Venezuela schon am frühen Morgen ist, kann ich meinen liebenswerten Vertreter Ronald nicht mehr erreichen. Er wird vermutlich erst am Flughafen von der Verspätung erfahren und ebenso sechs Stunden warten müssen. Überdies muss er die Termine mit wichtigen Kunden absagen und neu organisieren.

Mürrisch öffnet das Personal eines bereits geschlossenen Restaurants wieder seine Pforten und bedient uns entsprechend misslaunig. Man wollte bereits unterwegs in den verdienten Feierabend sein und sich nicht die Nacht mit aufgebrachten Fluggästen herumärgern müssen. Wir können sie ja irgendwie verstehen. Schließlich suchen sich alle Fluggäste einen Platz auf einem dicken Teppich des Warteraumes und versuchen, wenigstens ein paar Stunden Schlaf zu finden. Zum Glück erreiche ich Ronald noch vor dem Abflug aus Mexiko City. Er wollte gerade zum Flughafen aufbrechen und nimmt meine Nachricht gelassen entgegen. Er werde alles neu organisieren. Ich sollte mir keine weiteren Gedanken machen. Nur müssten wir vermutlich meinen Rückflug nach Europa verschieben, aber das solle wohl kein Problem sein.

Beruhigt lehne ich mich in die Polster meines Flugzeugsitzes zurück und kann mich später sogar auf der ganzen Bank hinlegen, da die Maschine nur wenig besetzt ist. So fühle ich mich einigermaßen ausgeruht, als die Maschine über Caracas zum Landeanflug ansetzt. Weit unter mir erkenne ich bereits die riesigen Favelas an den Hängen der Berge, die die Hauptstadt von Venezuela umgeben. Caracas hat zum Zeitpunkt meines Besuches die höchste Mordrate in der Welt. Mehr als 50 Menschen werden hier jeden Tag umgebracht. Man kann sich leicht vorstellen, dass das ärmliche Leben und die entsetzlichen Lebensbedingungen in den Favelas den Nährboden für dieses Ausmaß an Kriminalität bieten.

Ronald empfängt mich freudestrahlend am Flughafen und bedeutet mir, dass wir nun noch eine dreistündige Autofahrt bis Valencia vor uns haben, wo er selbst lebt und mir ein Hotel gebucht hat. Auch werden wir dort unsere Gespräche mit den wichtigsten Kunden des Landes haben. Allerdings werden diese Treffen nicht am kommenden Tag stattfinden können, da dieser ein Nationalfeiertag in Venezuela ist. Durch meine Verspätung hatte sich so das ganze Programm verschoben, aber Ronald hatte bereits alle Termine neu vereinbaren können. Wir würden uns mit den jeweiligen Technischen Direktoren der Werke treffen, da sich die Besitzer mit ihren Familien die meiste Zeit in Florida aufhalten. Dort lebt man sicherer und kann vor allem seinen Kindern eine gute Ausbildung sichern. Ab und zu fliegen die Besitzer dann allein für einige wenige Tage nach Venezuela, um vor Ort notwendige Entscheidungen zu treffen.

Um nach Valencia zu kommen, müssen wir zunächst einmal quer durch Caracas fahren und so kann ich das Elend der Favelas mit eigenen Augen erkennen. Ronald weist mich darauf hin, das Fenster und Türen vom Auto konsequent geschlossen zu halten sind. Überfälle könnten von vorbeifahrenden Motorrädern aus verübt werden. Die Täter würden unerkannt im dichten Gewühl des Verkehrs verschwinden. Irgendwie bin ich froh, als wir Caracas schließlich hinter uns gelassen haben und Ronald zum Tanken in eine Tankstelle einbiegt, die von bewaffneten Sicherheitskräften überwacht wird. Hier sollte man einigermaßen sicher sein. Trotzdem fühle ich mich bei dem Zwischenstopp nicht besonders wohl. Neben uns wird ein uraltes amerikanisches Auto mit einem Zwölfzylindermotor betankt, der auch während des Tankens nicht abgestellt wird. Beim Blick auf die Zapfsäule kann ich meinen Augen nicht trauen. Der Liter Benzin kostet hier ganze 4 Cent, einfach unglaublich. Venezuela gehört zu den größten Ölproduzenten der Welt, aber nur die wenigsten Menschen haben etwas von dem natürlichen Reichtum des Landes. Man speist sie einfach mit niedrigen Benzinpreisen ab, um sie ruhig zu stellen.

Hinter Caracas wird es ruhiger auf der Straße. Eine saftige, grüne und bergige Landschaft zieht am Autofenster vorbei. Ganz im Gegensatz zu Caracas ist Valencia eine gepflegte Stadt mit herrlichen Grünanlagen und vielen tropischen Bäumen. Auch das Hotel sieht sehr einladend aus, wird aber auch hier von Sicherheitskräften Tag und Nacht bewacht. Das Geschäft mit der Angst blüht hier wie an vielen anderen Orten der Welt!

Nach den Strapazen des Fluges gönnt mir Ronald eine Auszeit am Nachmittag, schärft mir aber ein, nicht ohne seine Begleitung das Hotel zu verlassen. Er werde mich am Abend zu einem guten Abendessen ausführen, wobei wir dann die Pläne für die kommenden Tage besprechen könnten. Bevor ich mich ein wenig ausruhe, schaue ich mich im schön angelegten tropischen Garten des Hotels um, wo herrliche Blumen in allen Farben blühen. Auf einigen der Bäume entdecke ich große Leguane, von denen einige sicher 70 bis 80 cm lang sind. Was sind das doch für urzeitliche Tiere!

Bei einbrechender Dunkelheit werde ich von Ronald abgeholt, der jetzt in Begleitung seiner reizenden Freundin ist. Sie laden mich in ein in der Nähe gelegenes Steakhaus ein, das mit vielen gut gekleideten Menschen besetzt ist. Viele der anwesenden Frauen sind bildhübsch. Es herrscht eine angenehme und entspannte Atmosphäre. Den Menschen der Mittelschicht ging es zum Zeitpunkt meines Besuches noch gut. Ohne Frage aber gehörten alle Anwesenden an diesem Abend zu einer bereits privilegierten Schicht. Ronald und seine Freundin hatten in den USA studiert, dann aber entschieden, wieder in ihre eigene Heimat zurückzukehren, um sich mit einer Vertretung für Maschinen und Ersatzteile ein eigenes Geschäft aufzubauen.

Da am kommenden Tag Nationalfeiertag ist, laden mich Ronald und seine Freundin zu einem Ausflug zum Baden ans Meer ein. Die Strecke nach Puerto Cabello soll nur 70 Kilometer lang sein, aber wir werden dazu vermutlich mehrere Stunden brauchen, da an diesem freien Tage ganz Valencia auf den Beinen sein wird. Das ist die Prognose von Ronald und er sollte mit seiner Vermutung recht behalten. Kaum haben wir am nächsten Morgen die Stadt verlassen, stehen wir in einem Stau zwischen tausenden anderen Autos voller fröhlicher Menschen. Auf der Straße sind überall fliegende Händler unterwegs und verkaufen kalte Getränke, kleine Snacks für Zwischendurch und bunte Badeartikel für die Kinder. Definitiv habe ich noch nie in meinem Leben in einem solchen fröhlichen Stau gestanden, wo kein einziger damit zu hadern scheint. Manchmal steige ich einfach aus und gehe ein paar Meter zu Fuß, um mir etwas an den Verkaufsständen anzuschauen. Dann holt mich Ronald wieder ein und wir rollen gemeinsam ein paar Meter weiter. Aus den Lautsprechern der Autos klingt rhythmische Musik und einige junge Leute tanzen ausgelassen dazu auf der Straße, bevor sie wieder in das Auto steigen. Niemand hupt und niemand scheint es wirklich eilig zu haben! Wir befinden uns im schönsten Stau der Welt und brauchen schließlich geschlagene vier Stunden für die 70 Kilometer zum Meer.

Wir finden nach langer Suche einen Parkplatz und erstehen von einem Händler einen Sonnenschirm und einen Eimer mit Eis und einigen Flaschen Bier darin. Damit ziehen wir in Richtung Strand und Wasser, von dem fast nichts zu sehen ist. Zehntausende, meist dunkelhäutige Menschen befinden sich im Wasser und in dessen unmittelbarer Nähe am Strand. Menschenmassen, soweit das Auge reicht! Dazwischen dann immer wieder die bunten Farbklekse der Sonnenschirme und von Wasserspielzeug für die Kinder. Und Kinder gibt es buchstäblich wie Sand am Meer. Die Venezolaner scheinen nicht nur kinderreich, aber auch ganz besonders kinderlieb zu sein. Die Sprösslinge toben jedenfalls nach Herzenslust und kein einziges böses Wort der Eltern oder der anderen Badegäste ist zu hören. Immer wieder wird Ronald gefragt, woher ich komme. Als sie dann Deutschland als Antwort bekommen, wird der Daumen nach oben gezeigt. Offenbar haben wir Deutschen einen recht guten Namen im Land, oder stehen vielleicht symbolisch für etwas, was man selbst gern erreichen würde. An diesem Tag aber sind wir wohl alle gleich.

Wir genießen die Wärme, die Sonne und das lauwarme Wasser der Karibik. Dazu gibt es ein eisgekühltes Bier und vor der Rückfahrt ein ausgezeichnetes Fischgericht in einem offenen Lokal am Strand, das zu unserer Überraschung wenig besucht ist. Vermutlich können sich die meisten der Badegäste einen Besuch im Restaurant nicht leisten. Wohl nie wieder im Leben werde ich wohl wieder ein solch intensives Badeerlebnis haben.

Als wir nach unseren Geschäftsterminen wieder nach Caracas zurückkehren, ist es dort fast unerträglich heiß. Viele ehemalige deutsche Auswanderer müssen das wohl ebenso empfunden haben, als sie Ende des 19. Jahrhunderts in Caracas ankamen. Sie waren auf dem schnellsten Wege in die Berge weitergezogen und hatten dort Kolonien gegründet, die bis heute weiter existieren. In diesen Kolonien wird noch immer ein einfaches Deutsch, gesprochen, dass sich an den Wortschatz anlehnt, der Ende des 19. Jahrhunderts üblich war. Ronald schlägt vor, einen solchen Ort zu besuchen und mit Freude nehme ich sein Angebot an, da ich in Caracas nichts finden konnte, was mich in irgendeiner Weise angezogen hätte.

Eine sich windende Straße führt von Caracas aus in die Berge. Von Kilometer zu Kilometer sinkt jetzt die Temperatur und als wir die erste Kolonie erreichen, sind die Außentemperaturen auf angenehme 24 Grad gesunken. Vermutlich wird es hier an den Abenden bereits frisch sein. Alles sieht äußerst gepflegt aus und die Architektur der Häuser, der Schule, des Gasthofes und er Kirche trägt klare deutsche Züge. Auch die Straßen tragen alte deutsche Bezeichnungen und die Menschen sprechen tatsächlich ein einfaches, teilweise schlecht verständliches Deutsch. Offenbar geht es den Bewohnern der Kolonie, gemessen am Lebensstandard der übrigen Landbevölkerung, recht gut. Wir sehen überall zufriedene Gesichter und vernehmen das Lachen von Kindern.

Vor meiner Abreise aus Venezuela bekomme ich noch einen kleinen Einblick in den Geschäftspraktiken in diesem Land. Die Unternehmer müssen sich mit dem Staat arrangieren. Dafür bekommen sie dann günstig Kredite. Wer das ablehnt, dem wird das Leben von den Steuerbehörden schwer gemacht, die Fabriken über Nacht einfach stilllegen können. Wir erleben einen solchen Fall und stehen trotz eines vereinbarten Besuchstermines vor einer verschlossen Tür, die eine Plombe der Steuerfandung trägt. Die Korruption blüht in diesem Land und wird es eines Tages völlig in den Abgrund reißen. Ernüchtert verlasse ich das Land in der gleichen Nacht und das Erlebte hinterlässt eine innere Traurigkeit.

43
Gold und bittere Armut

EINIGE MALE SCHON HATTE ICH EINEN ANLAUF ZUM BESUCH VON KOLUMBIEN UNTERNOMMEN. Immer wieder war etwas dazwischengekommen. Dieses Mal aber sollte es klappen, da ich zusammen mit einem spanischen Freund und Kollegen Kunden in Mexiko und Kolumbien besuchen musste. Fast hatten wir in Mexiko unser Flugzeug nach Bogota verpasst, mit dem wir erst kurz vor Mitternacht nach einem mehrstündigen Flug im Norden von Südamerika landen sollten.

Die Maschine ist nur wenig besetzt und so haben wir es uns bequem machen können. An Bord der Maschine sind überwiegend Kolumbianer, die zweifelsfrei einer gehobeneren Schicht der Bevölkerung zuzuordnen sind. Unter ihnen sind viele Frauen, von denen einige ausgesprochen gutaussehend sind. In der Abendsonne glänzen ihre langen und rabenschwarzen Haare und das unterstreicht den ohnehin exotischen Charakter der Frauen.

Die Einreise in Bogota ist unproblematisch. Der Flughafen selbst ist von vielen Polizisten bewacht, die alle bis auf die Zähne bewaffnet sind. Willkommen ich einem Land der krassen Gegensätze zwischen Reichtum und bitterer Armut! Selten habe ich dieses Gefühl sofort nach der Ankunft in einem Land gespürt, aber hier ist der Kontrast von der ersten Minute an omnipräsent!

Wir haben ein schönes Hotel in der Nähe vom Flughafen gebucht, da ich bereits am nächsten Abend wieder den Rückflug antreten muss, während mein Freund weitere Termine in Kolumbien und auch in El Salvador wahrnehmen wird und auch dazu in der Nähe vom Flughafen bleiben will. Auch wenn es bereits Mitternacht ist, als wir das Hotel erreichen, haben wir keine Lust, in das Bett zu gehen und treffen uns wenige Minuten nach dem Einchecken an der Bar des Hotels, an der wir zu dieser späten Stunde bereits die einzigen Gäste sind. Auch wenn die Uhr nun bereits den neuen Tag anzeigt, werden wir sehr zuvorkommend bedient und bekommen zu den Drinks einige kleine Snacks serviert. Mein spanischer Freund war schon einige Male zuvor in Kolumbien gewesen und er bereitet mich in diesen frühen Morgenstunden auf meinen ersten Besuch in diesem Land mit seiner so wechselvollen Geschichte vor.

Zum Glück haben wir den ersten Termin erst kurz vor dem Mittagessen und können trotzdem wir erst am frühen Morgen schlafen gegangen sind, einigermaßen ausschlafen. Mit einem Taxi geht es dann in Richtung Zentrum der kolumbianischen Hauptstadt. Die Straßen sind gesäumt von herrlichen Bäumen und überall sind kunstvoll angelegte Blumenrabatten zu erkennen. Schon auf dieser ersten Fahrt in die Stadt wird man mit der allgegenwärtigen Armut konfrontiert. Menschen liegen schlafend am Straßenrand. Nicht alle haben eine Decke dabei, die wenigstens ein wenig gegen die niedrigen Temperaturen schützt, die hier zu mindestens in den Nächten herrschen. Bogota liegt immerhin auf 2.640 Metern über den Meeresspiegel und das führt zu größeren Temperaturschwankungen zwischen den Tagen und Nächten. Auch liegen die Höchsttemperaturen selbst im kolumbianischen Sommer bei maximal 17 Grad Celsius. Vermutlich haben viele dieser bedauernswerten Menschen Blätter des Coca Strauches gekaut, der in den Ländern der Andenregion in einer Höhe bis zu 2.000 Metern angebaut wird. Auf diese Weise befinden sich die Menschen in einem ständigen leichten Rausch, der ihnen vermutlich hilft, mit ihrer eigenen Situation fertig zu werden. Es ist ein Teufelskreis, in dem sich viele befinden und aus dem ein Entrinnen fast aussichtslos ist! Kolumbien gehört traditionell zu den größten Produzenten von Kokain in dieser Region.

Die Produktion von Kokain und der Handel hatte maßgeblichen Einfluss auf die eher unrühmliche Geschichte des Landes der vergangenen Jahre. Hauptabnehmerland sind die USA, wo Preise bis zu 30.000 Dollar für ein Kilogramm Kokain gezahlt werden, während in Kolumbien die oft illegalen Hersteller ca. 2.000 Dollar dafür bekommen. Die Gewinnspannen sind enorm und der Kampf der Regierung gegen den illegalen Anbau in abgelegenen Gebieten fast aussichtslos, zumal dort ehemalige Rebellen und paramilitärische Banden die Kontrolle an sich gerissen haben.

Zum Glück wird auf den extrem fruchtbaren Hochebenen des Landes nicht nur Kokain angebaut. Kolumbianischer Kaffee gilt traditionell als einer der besten und kräftigsten Kaffeesorten der Welt und der Export von Kaffee ist ein wichtiger Wirtschaftsfaktor des Andenlandes.

Die Zusammentreffen und Gespräche bei unseren Kunden, die Verpackungen herstellen, geben mir einen kleinen Einblick in die Lebensweise der Kolumbianer. Kaum ein Mitarbeiter an den Maschinen grüßt uns. Nur aus den Büros werden uns freundliche Blicke und flüchtige Grüße zugeworfen. Diese Mitarbeiter sind den Unternehmern wichtig, weil er sich auf ihre Loyalität verlassen muss. Die Arbeiter in den Werkhallen kann man aber beliebig austauschen. Die Arbeitslosigkeit ist groß in Bogota und man wird so immer einen Ersatz finden. Auf diese Weise werden die Löhne niedrig gehalten. Mehr als 7,4 Millionen Menschen leben in Bogota und in der Metropolregion kommen weitere Hunderttausende dazu. Die Qualität der Luft in der Stadt ist schlecht und der Verkehr chaotisch. Lebensqualität sieht ganz sicher anders aus.

Ein kleiner Lichtblick ist der Besuch auf einem Markt, auf dem wunderbare Blumen, Gemüse und Obst verkauft werden. Die Farbenvielfalt und das Angebot verschlagen uns fast die Sprache. Doch nur wenige Menschen können hier wirklich einkaufen und sich die Preise leisten, die für die Waren verlangt werden. Trotzdem genießen wir den Anblick so vieler exotischer Früchte und Blumen ganz besonders. Dann aber wieder die Begegnungen nahe dem Markt mit den vielen armen Menschen, auf die man überall trifft. Der uns begleitende Fahrer hatte uns ausdrücklich vor kriminellen Banden gewarnt, die gerade in der Nähe der Märkte ihr Unwesen treiben, was bei den extremen Kontrasten zwischen Reichtum und Armut auch kein Wunder ist.

Ein Besuch im schwer bewachten Goldmuseum von Bogota, dem El Museo del Ora, macht einem den Kontrast noch weiter bewusst. Dieses Museum beherbergt eine große Sammlung kolumbianischer Goldschmiedekunst. Viele der atemberaubend schönen Kunstwerke wurden von den zahlreichen Indianerstämmen vor hunderten von Jahren angefertigt. Das man diese einmaligen Kunstwerke überhaupt aufgetrieben hat, grenzt fast an ein Wunder. Wie viele dieser Gegenstände werden wohl irgendwo auf der Welt im Besitz von privaten Sammlern sein, die sie vermutlich nur in seltenen Fällen auf völlig legalem Wege erworben haben. Wie reich ist doch dieses Andenland! Doch wie wenig hat seine Bevölkerung davon profitieren können.

Fast so wertvoll wie Gold sind die Werke des kolumbianischen Malers und Bildhauers Fernando Botero, die in einem nahe dem Goldmuseum gelegenen Museum ausgestellt werden. So überrascht es auch nicht, dass auch dieses Museum von schwerbewaffneten Polizisten bewacht wird. Botero ist einer der bedeutendsten bildenden Künstler Lateinamerikas und hatte viele Jahre in Bogota gelebt, bevor er nach Europa übersiedelte. In seinen Bildern und Skulpturen werden die Menschen und Tiere extrem füllig dargestellt, wobei er offensichtlich viel Inspiration von anderen Malern bekommen hatte, zu denen ohne Zweifel Rubens gezählt haben sollte. Ein Besuch in diesem Museum ist ohne Frage ebenso lohnenswert, wie der im nahe gelegenen Goldmuseum. Nicht jedem aber werden die Werke des Künstlers gefallen. Auf jeden Fall aber zwingen sie den Betrachter, sich mit deren Inhalten auseinanderzusetzen!

Am gleichen Abend verlasse ich nach diesen intensiven Eindrücken unglaublicher Kontraste zwischen Armut und Reichtum das Andenland mit dem Gefühl, dorthin noch einmal mit deutlich mehr Zeit zurückkehren zu wollen. Vermutlich waren meine Eindrücke von dem Kurzaufenthalt sehr oberflächlich und ohne Frage gibt es dort deutlich mehr zu entdecken! Nach wie vor aber ist das Reisen in Kolumbien nicht ganz ungefährlich und eine Reise dorthin sollte gut vorbereitet werden!

In einem Souvenirgeschäft am Flughafen hatte ich kurz vor dem Abflug ein nettes Gespräch mit einer der Verkäuferinnen in mittlerem Alter gehabt. Die Dame spürte wohl mein wirkliches Interesse an ihrem Land beim Kauf eines Bildbandes, den ich heute mein Eigentum nenne. Sie bat mich eindringlich die Information mit nach Europa zu nehmen, dass Kolumbien mehr als einen Besuch wert wäre und Kolumbien nicht nur mit dem Anbau von Kokain und dem Handel der Drogen in Verbindung zu bringen sei. Ich nehme mir ihre Worte sehr zu Herzen, drücken sie doch genau das aus, was ich bei all meinen Reisen durch ungezählte Länder auf allen Kontinenten immer wieder gespürt habe. In jedem einzelnen Land der Erde wird es trotz aller Gegensätze immer viel Lohnenswertes zu entdecken geben, wenn der Besucher auch nur ein wenig gewillt ist, sich diesem zu öffnen!

Genau diesen Gedanken hänge ich nach, als ich es mir in meinem Sitz im Flugzeug gemütlich gemacht habe und die große Maschine auf dem Rollfeld langsam in Richtung Startbahn fährt. Wenig später sehe ich das Lichtermeer der Millionenstadt Bogota unter mir und bin dankbar dafür, erneut einen Fuß in ein mir bis zu diesem Zeitpunkt noch unbekanntes Land gesetzt zu haben.

44
Die lange Nacht im Dschungel von Yucatan

Die Yucatan Halbinsel in Mexiko ist vor allem wegen seiner herrlichen Strände ein beliebtes Reiseziel unter Amerikanern und Europäern. Dabei hat die Halbinsel deutlich mehr zu bieten und die wahren Kostbarkeiten verbergen sich im Hinterland. Wir sind vor wenigen Tagen aus dem heißen Arizona gekommen und haben Quartier in einem Eco Hotel in dem kleinen Örtchen mit dem schönen Namen Xpu Ha bezogen. Unser Bungalow liegt dabei mitten in einem Dschungel und ist über einen befestigten Gehweg zu erreichen. Auch sind es nur wenige Gehminuten bis zum Wasser des Karibischen Meeres, das blitzsauber und herrlich warm ist. Was ist das für ein Labsal nach der trockenen Hitze, die wir in Arizona erlebt hatten!

Nach Einbruch der Dunkelheit erwacht der Dschungel um uns herum zum Leben. Nasenbären und Waschbären geben sich die Klinke in die Hand und die vielfältigen Geräusche lassen noch viele andere Dschungelbewohner erahnen. Während die Nasenbären eher possierlich und neugierig sind, erscheinen uns die Waschbären als aufdringlich und frech. Ganz offenbar sind sie von anderen Besuchern gefüttert worden und erwarten von uns nun das Gleiche. So sind wir oft gezwungen, von unserer kleinen überdachten Terrasse in das Innere des Hauses zu fliehen und können so manches Mal gerade noch verhindern, dass eines der Tiere ins Haus gelangt. Enttäuscht drücken sich dann die eigentlich hübschen Tiere die Nase an unserer Glastür platt und ziehen enttäuscht von dannen.

Nach einigen faulen Tagen am Wasser wird es uns zu langweilig und wir beschließen, uns ein Auto zu mieten, um das Hinterland der Yucatan Halbinsel zu erkunden. Ganz bewusst haben wir uns für einen Kleinwagen entscheiden, um nicht Begehrlichkeiten zu erwecken und uns unnötig in Gefahr zu bringen. Mexiko ist schließlich vielerorts ein heißes Pflaster. Auch beschränken wir uns auf die Mitnahme der allernötigsten Sachen. Wir wollen immer beim Verlassen des Autos alles am Mann tragen können. Kaum haben wir die Küste verlassen, tauchen wir in das Dickicht des Dschungels ein und folgen dem schmalen Straßenband landeinwärts. Unterwegs immer wieder kleine Ansiedlungen, die in vielen Fällen nur aus einer Handvoll Häusern bestehen. Überall wird etwas zum Verkauf angeboten, darunter bunt bemalte Holzfiguren mit Nachbildungen der Götter der Maya, farbenfrohe Keramik und selbst gewebte Tischdecken und Teppiche. Nicht selten sehen wir einen kleinen Webstuhl unter einem Schatten spendenden Dach, an dem gerade gearbeitet wird. Wahre Kunstwerke werden hier im Straßenrand verkauft, während in den Badeorten am Meer oft nur in China gefertigte billige und meist kitschige Souvenirs angeboten werden.

Unser erstes Ziel ist die alte Mayastadt Coba, die im mexikanischen Bundesland Quintana Roo nur 40 Kilometer von der karibischen Küste entfernt liegt. Die Hauptstadt des Bundesstaates ist nicht etwa das bekannte Cancún, sondern die an der Grenze zu Belize liegende Millionenstadt Chetumal. In der Hochzeit der Maya soll Coba eine der größten Mayastädte gewesen sein. Erbaut wurde die Stadt vermutlich in den Jahren zwischen 600 und 900 nach Christi. Die Ruinenstätte liegt inmitten des Dschungels und ein schattiger Weg führt von dem kleinen Parkplatz zu der gut erhaltenen Pyramide. Nur wenige andere Besucher sind mit uns anwesend und wir können uns ungestört bewegen und fotografieren. Alles macht einen ordentlichen Eindruck und man bekommt eine vage Vorstellung von dem, was sich vermutlich noch alles im dichten Grün des Dschungels verbirgt.

Wir halten uns nicht allzu lange auf, da wir noch weiter bis Chichen Itza wollen, um der berühmten Kukulkan Pyramide einen Besuch abzustatten. Dieses fantastische Bauwerk wurde im Jahre 2007 zu einem der 7 neuen Weltwunder gewählt. Wir sind sehr gespannt und freuen uns auf den Besuch. Die Fahrt ist lang und wir fahren auf den engen Straßen lieber vorsichtig. Im Dschungel leben viele Tiere, die urplötzlich vor uns auf der Fahrbahn der kurvenreichen Straße stehen könnten. Unser Kleinwagen würde uns bei einem Zusammenprall nur wenig Schutz bieten! Chichen Itza ist älter als Coba und wurde vermutlich schon im Jahre 500 nach Christi erbaut. Wir lassen uns Zeit unterwegs und genießen in einem kleinen Restaurant beste lokale Küche. Auch dürfen wir im kleinen Pool ein erfrischendes Bad nehmen, was bei der Hitze des Tages ganz besonders guttut. Als wir dann aber bezahlen wollen, nimmt man weder Kreditkarten noch US-Dollar. Wir müssen fast alle unsere Reserven an Mexikanischen Pesos aufbrauchen, was mir gar nicht behagt. Zum Glück können wir den unverschämt hohen Eintrittspreis zum Besuch der Pyramide dann mit einer Kreditkarte bezahlen.

Der Besuch der zum Weltkulturerbe der UNESCO zählenden Pyramide aber ist ein Erlebnis. Viele farbenfroh gekleidete Menschen aus vielen Ländern der Welt sind an diesem Tage im weitläufigen Gelände unterwegs. Dabei sind es die Mexikaner selbst, die am meisten auffallen. Meist handelt es sich um ganze Familien, die laut schwatzend und lachend durch das Areal ziehen. Den Worten der Führer aber lauschen dann alle aufmerksam. Die Maya gehören zur Geschichte Mexikos und man ist stolz auf diese kulturellen Wurzeln. Die Pyramide selbst hat eine quadratische Grundfläche und von jeder Seite führt eine Treppe mit jeweils 91 Stufen auf die obere Plattform. Zählt man die Plattform dazu und multipliziert die Anzahl der Stufen einer Treppe mit der Anzahl der Seiten, dann ergibt das genau 365, was den Tagen eines Jahres entspricht. Die Maya waren bereits zu dieser Zeit unglaublich gute Astrologen. Wir sind fasziniert davon und verlassen am frühen Abend diesen besonderen Ort in dem guten

Gefühl, eines der neuzeitlichen Weltwunder mit eigenen Augen erlebt zu haben.

Da wir aber mehr als 200 Kilometer von hier zu unserem Hotel zu fahren haben, machen wir uns auf den Weg, um eine Tankstelle zu suchen. Keine der Tankstellen aber nimmt Kreditkarten oder gar US-Dollar und unsere Mexikanischen Pesos reichen gerade für etwas mehr als drei Liter Benzin. Mit unserer Tankfüllung werden wir auf keinen Fall unser Hotel an der Küste erreichen können. Erschrocken über diese Erkenntnis beratschlagen wir kurz. Es kommen eigentlich nur zwei Varianten in Frage. Entweder bleiben wir in einem Hotel der Stadt, wo man Kreditkarten akzeptiert, oder wir versuchen unterwegs bei den Menschen in den Dörfern nach Benzin zu fragen. Eine Tankstelle hatten wir auf der gesamten Strecke zwischen Coba und Chichen Itza nicht gesehen.

Noch einmal nehmen wir unsere Karte zur Hand und entdecken eine eingezeichnete fast schnurgerade Straße, die durch den Dschungel führt und beide Orte direkt verbindet. Diese Strecke scheint etwa 100 Kilometer lang zu sein. Leider sind wir der spanischen Sprache nicht mächtig und die Einheimischen verstehen kein Wort Englisch. Wir beschließen aber trotzdem nach dem Beginn der Wegstrecke zu suchen und finden nach kurzer Zeit eine schmale Piste, die direkt in den Dschungel führt. An einem der letzten Hütten haben wir Gluck und ein junger Mann spricht ein paar Brocken Englisch. Es handele sich um die alte Mayastrasse, die Chichen Itza und Coba einst verbunden hatte. Skeptisch schaut der Mann auf unseren Kleinwagen und gibt uns zu verstehen, dass man die Route durch den dichten Dschungel nur mit einem Jeep befahren könne. Die Fahrzeit soll einige Stunden betragen. Das sind wertvolle Informationen. Noch einmal prüfen wir die Tankfüllung und wägen noch einmal die Situation ab. Wir haben einen kleinen Rucksack mit den Papiern und Fotoapparaten und einige Flaschen Wasser. Sollte uns unterwegs etwas passieren, könnten wir versuchen, Coba zu Fuß zu erreichen und dort um Hilfe bitten. Mittlerweile ist es Abend geworden und die Dunkelheit senkt sich über den Dschungel.

Wir entscheiden, das Risiko einzugehen und die Fahrt durch den Dschungel zu versuchen. Bereits nach kurzer Zeit wird es stockdunkel draußen und nur ab und zu sehen wir ein Feuer vor einer der ärmlichen Hütten nahe der Piste. Zweimal halten wir noch an und fragen die dort lebenden Menschen, ob wir auf dem richtigen Wege sind. Beide Male ist ein Kopfnicken die Bestätigung, dass wir in Richtung Coba unterwegs sind. Der Weg wird zunehmend schlechter und wir erinnern uns an die skeptische Geste des Mannes in Chichen Itza beim Anblick unseres kleinen Wagens. Das Auto aber ist extrem wendig relativ hochbeinig und hat einen kurzen Radstand. Das kommt uns in dieser Nacht zugute.

Ab und zu kommen uns Männer entgegen, die schwere Lasten tragen und alle eine Machete griffbereit tragen. Ungläubig schaut man uns hinterher. Würde man uns hier überfallen, hätten wir keine Chance. Niemand würde uns je finden! Langsam macht sich unter uns die Angst breit und zu allem Uebel wird die Strecke immer schwieriger. Wir kommen oftmals nur im Schritttempo vorwärts. Als wir an einer weiteren Hütte vorbeikommen, vor der einige düster dreinblickende Gestalten um ein Feuer sitzen, erwägen wir kurz darum zu bitten, hier im Auto übernachten zu können. Irgendwie ist uns aber unheimlich zumute und wir beschließen die Fahrt fortzusetzen, da uns das Auto wenigstens ein wenig Sicherheit bietet. Wir sind uns sicher, dass es hier jede Menge Schlangen geben wird und einige Male haben wir im Scheinwerfer reflektierende Augen gesehen. Vermutlich hatte es sich um Jaguare gehandelt, vor denen wir gehörigen Respekt haben.

Wir sind nun schon bereits mehr als zwei Stunden unterwegs im Dschungel und haben weniger als die Hälfte der Strecke zurückgelegt, als am Himmel zunächst ein Wetterleuchten beginnt. Innerhalb weniger Minuten kommt ein starkes Gewitter auf und Regen trommelt auf unser Dach. Der Dschungel beginnt zu dampfen und riesige Wasserlachen füllen im Nu jegliche

Unebenheiten der Piste. Jetzt riskieren wir, in einer der Wasserlöcher stecken zu bleiben, da wir ihre Tiefe nicht mehr abschätzen können. Wieder unterbrechen wir die Fahrt und überlegen, ob wir bis zum Morgen warten sollten und die Fahrt erst fortsetzen, wenn wir wieder ausreichend Sicht haben.

Es ist unheimlich im Dschungel und der tropische Regenguss verstärkt dieses Gefühl nochmals. Wir müssen jetzt hoffen, dass wenigstens keine Bäume von dem aufkommenden Sturm entwurzelt werden. Dann wäre an ein Weiterkommen nicht mehr zu denken. Da entdecken wir unweit von dem Auto einen Stock und meine Frau kommt auf die Idee, vor dem Auto herzulaufen, um die Tiefe der Wasserlachen auszuloten. Bei den Schlangen und dem Gewitter ist das ein gefährliches Unterfangen, aber wir haben kaum eine andere Wahl, da sie sich das Lenken des Autos unter diesen Bedingungen selbst nicht zutraut. Mehr als eine Stunde lang läuft sie tapfer vor mir und ich folge ihr auf der nunmehr völlig verschlammten Piste. Einige Male droht das Auto von dem Weg zu rutschen und ich kann es im letzten Moment abfangen. Die Beine meiner Frau sind bis zu den Knien mit Schlamm bespritzt.

So plötzlich wie das Gewitter gekommen war, verschwindet es nach einer guten Stunde wieder. Der Regen hört auf und die Stimmen des Dschungels sind jetzt wieder zu hören. Wir machen eine Pause und sitzen bei offenem Fenster in stockdunkler Nacht mitten im undurchdringlichen Dschungel. Wenn die Situation nicht so bedrohlich wäre, würden wir diese Momente wohl zutiefst genießen können. Das Tachometer zeigt an, dass wir nur noch vielleicht 25 Kilometer von Coba entfernt sind. Auf den nächsten Kilometern wird der Weg besser und wir erkennen wieder einzelne Hütten auf Lichtungen, wo man den Dschungel gerodet hatte, um vermutlich Kartoffeln und Gemüse anzubauen. Wir scheinen uns tatsächlich einer Ansiedlung zu nähern. Die Strecke führt jetzt einen Berg hinauf und als wir die Kuppe erreichen, sehen wir plötzlich die Lichter eines Ortes einige Kilometer vor uns. Wir fallen uns in die Arme. Minuten später erreichen wir Coba und sind gerettet. Es ist bereits nach Mitternacht und wir waren geschlagene fünf Stunden im Dschungel unterwegs gewesen.

Auch wenn wir bereits seit einer Stunde auf Reserve fahren, sollte das Benzin bis zur Küste reichen, wenn wir langsam fahren. Auch sind wir von nun an auf asphaltierten Straßen unterwegs, wo es immer wieder kleine Ansiedlungen gibt. Kurz vor zwei Uhr morgens erreichen wir völlig erschöpft und überglücklich unser Hotel. Eine Bar hat noch offen und wir kaufen uns dort eine Flasche Whisky, um den glücklichen Ausgang unseres Abenteuers zu feiern. Am kommenden Tag müssen wir unser völlig verdrecktes Auto innen und außen reinigen, bevor wir es dem Vermieter zurückgeben können. Auch erreichen wir mit Mühe und Not eine nahe gelegene Tankstelle. Wir werden diese Nacht im Dschungel nie vergessen!

45
Unter den Schwingen des Kondors

Immer wieder hatte ich das grosse Glück, Chile an der Westküste von Südamerika besuchen zu müssen oder besser gesagt, besuchen zu dürfen. Allerdings ist die Reise dorthin wirklich anstrengend und dauert lange. Ein Besuch dieses langgestreckten und schmalen Landes lohnt sich aber auf jeden Fall. Ich hatte weder vor, Patagonien einen Besuch abzustatten, noch wollte ich weiter auf die in Polynesien liegenden Osterinseln fliegen, die zu Chile gehören. Ich musste zu einem großen Kunden, der in Chile und Argentinien riesige Blaubeerplantagen besitzt und nun die Herstellung von Verpackungen im eigenen Hause weiter ausbauen will.

Die Flugreisen nach Südamerika sind alle lang. Die Flugstrecke nach Chile aber gehört wohl zu den längsten. Ich hatte die Flugroute über Buenos Aires gewählt und meine Maschine der Lufthansa ist dazu fast 14 Stunden von Frankfurt am Main aus unterwegs. Am Flughafen von Argentiniens Hauptstadt kann man sich dann die Beine vertreten, ehe einem die gleiche Maschine mit einer neuen Crew weiter nach Santiago de Chile fliegt. Nach dem Nachtflug komme ich einigermaßen ausgeschlafen in Buenos Aires an. Die Flugbegleiterinnen hatten ihr Bestes gegeben, uns die lange Flugzeit so erträglich wie möglich zu machen. Meine Bewunderung gehört aber vor allem den Piloten, die sich zwar auch zwischendurch abwechseln können, aber während der gesamten Flugzeit die Verantwortung für uns Passagiere haben. Auf dem Flughafen ist jetzt in den Morgenstunden viel Betrieb. Dabei ist hier ein buntes Völkergemisch unterwegs. Viele Indios in ihren herrlichen Trachten warten am Terminal auf den Weiterflug zu einer der vielen Inlandsdestinationen.

Nach kurzer Wartezeit sitze ich wieder im Flugzeug, dass jetzt nur halb besetzt ist. So kann ich mir einen Fensterplatz aussuchen beim Flug über die Anden, der nach meiner Meinung zu den spektakulärsten der Welt gehört. Der Flug führt über die mit ewigem Schnee bedeckten Bergriesen der Andenkette. Der höchste Berg der Anden liegt mit dem Aconcagua und seinen 6.961 Metern auf der argentinischen Seite der gigantischen Bergkette. Der Ojosdel Salado dagegen ist mit 6.893 Metern der höchste Vulkan der Welt und liegt im Grenzgebiet zwischen Chile und Argentinien. Geht man von einer Flughöhe von ca. 10.000 Metern aus, so hat man bei klarer Sicht eine traumhafte Aussicht auf diese unberührte Bergwelt. Die Anden sind mit ihren über 7.500 Kilometern Länge die mit Abstand längste Bergkette der Welt, die sich über die Territorien von Venezuela, Kolumbien, Ecuador, Peru, Bolivien, Argentinien und Chile erstreckt. Ich versuche mich in einen Kondor zu versetzen, der über diese majestätisch wirkende Landschaft auf der Suche nach Beute gleitet. Auch erscheinen einem die Bergriesen teilweise zum Greifen nahe und das vor allem dann, wenn das Flugzeug lange vor Santiago de Chile langsam mit dem Landeanflug beginnt und sich so die Entfernung zwischen Flugzeug und den Bergreisen spürbar verringert.

In westlicher Richtung liegt vor den Anden mit der Cordillera de la Costa eine weitere Bergkette, die bis auf Höhen von 2.000 Metern aufragt. Diese Küstenkordillere macht den Landeanflug für die Piloten jeder Verkehrsmaschine zu einer besonderen Herausforderung, da nach dem Überfliegen ebendieser Cordillera de la Costa nur wenige Kilometer bis zum Flughafen der Hauptstadt von Chile verbleiben und das Flugzeug schneller als sonst Höhe verlieren muss. Meistens fliegen die Piloten ein Stück auf den Pazifischen Ozean hinaus, um über der Hafenstadt Valparaiso umzudrehen und mit dem eigentlichen Landeanflug zu beginnen. Deutlich einfacher haben es die Flieger, die aus dem Norden kommen und die somit die Flugroute entlang der Küste des Pazifiks wählen können. Dafür kommen aber die Passagiere um eine der spektakulärsten Ausblicke aus einem Flugzeug, den man wohl haben kann.

Die Millionenstadt Santiago de Chile wird von mehr als 5 Millionen Menschen bewohnt. Damit leben mehr als 25 Prozent aller Einwohner des Landes in dieser Stadt, die somit neben seiner politischen Funktion auch das wirtschaftliche Zentrum des Landes bildet. Das macht es dem Geschäftsreisenden relativ leicht, da nahezu alle wichtigen Kunden des Landes in unmittelbarer Nähe von Chiles Hauptstadt zu finden sind. Chile selbst gehört seit vielen Jahren zu den wohlhabendsten und politisch stabilsten Staaten in ganz Südamerika. Dabei war hatte die Geschichte des Landes viele dunkle Kapitel.

Von 1970 bis 1973 hatte das Land mit Salvador Allende einen sozialistisch orientierten Präsidenten, der vor allem den USA ein Dorn im Auge war. Sie unterstützten einen von General Augusto Pinochet geführten Militärputsch, in dessen Ergebnis der General bis zum Jahr 1990 eine Militärjunta als Präsident führte. Nach seiner Abwahl diente er weiter bis 1998 als Chef des Generalstabes. Die letzten Jahre bis zu seinem Tod musste er dann unter Hausarrest verbringen. Viele der unter der Junta begangenen Verbrechen sind bis heute nicht vollständig aufgearbeitet.

Santiago de Chile ist eine moderne Stadt, in der das Leben nur so pulsiert. Irgendwie fühlt man sich auf Anhieb wohl und unserer damaliger aus Peru stammender Vertreter hat viel geholfen, einem die Stadt und das Land näher zu bringen. Er war mit einer erfolgreichen chilenischen Malerin leiert und das bot eine einmalige Gelegenheit, einen tiefen Einblick in die Kunstszene des Andenlandes zu bekommen. Die gutaussehende und rassige Malerin liebte allabendliche Zusammenkünfte in ihrem herrlichen, an einem Berghang gelegenen Haus, mit Blick auf die Millionenstadt. Das Kunstverständnis der Südamerikaner war mir schon in einigen anderen Ländern des Kontinentes aufgefallen. Hier aber schien es mir ganz besonders ausgeprägt zu sein. Der Besuch auf einer der vielen Vernissagen an den Wochenenden ist fast eine Selbstverständlichkeit für die gehobene Mittelklasse des Landes. Bei den abendlichen Zusammenkünften im Haus der Malerin lernte ich einige hochinteressante Menschen kennen. Viele von ihnen waren in der Kunstszene tätig. Andere waren aktive Kunstsammler und -händler. Auch wurde von dem guten chilenischen Wein in diesen Stunden reichlich eingeschenkt und von Trübsal war keine Spur.

Auch bei meinen Besuchen in der Firma des Kunden wurde ich erneut Zeuge des ausgeprägten Kunstverständnisses der Chilenen. Im Gegensatz zu den bei uns in Europa üblichen Besprechungszimmern mit meist unterkühlter Atmosphäre, fand man sich in Chile in einem gemütlichen Raum wieder, der mit viel Geschmack ausgestattet war. Gleiches galt auch für die angrenzenden Bueros. Hier sollt das Arbeiten Spaß machen und genau das war auch das erklärte Ziel des Unternehmers. Einige Male durfte ich dort zu Gast sein und immer habe ich mich sofort wohl gefühlt.

Ist man in Santiago de Chile unterwegs, wird man unweigerlich fast immer die Bergkette der Anden vor Augen haben. Da lag es natürlich nahe zu versuchen, einen Ausflug in die Berge selbst zu unternehmen, wenn immer die Gelegenheit sich bieten würde. Ich hatte es aber schon lange gelernt, dass man das Glück ein wenig provozieren musste. In den meisten Fällen sehen es die Gastgeber gern, wenn man sich für ihr Land interessiert und so war das auch in Chile der Fall. Der überaus freundliche Unternehmer bot mir einen Ausflug mit einem kleinen Bus in die Anden an. Der allradgetriebene Bus hatte genau die richtige Größe für die engen Straßen, die an den Berghängen entlangführen. Alle eintausend Höhenmeter stoppte der Bus und der Fahrer entließ uns für gute 10 Minuten ins Freie, um uns zu akklimatisieren. Irgendwo zwischen einer Meereshöhe von 1.500 und 2.000 Meter erreichen wir die Schneegrenze. Bei 3.000 Metern beginnt man deutlich zu spüren, dass die Luft dünner wird und die Schritte anstrengender werden.

Bei unserem vorletzten Stopp sehen wir einige Meter von uns eine kleine Grupps Vikunas, einer freilebenden Lama Art. Unter den Tieren sind einige Jungtiere. Plötzlich huscht ein

Schatten über uns und wir entdeckten unseren ersten Andenkondor, der offensichtlich nach Beute ausschaut. Der Vogel ist riesig. Nie im Leben zuvor hatte ich einen solch gewaltigen Vogel gesehen, dessen Spannweite der Flügel bis zu drei Metern betragen kann. Weit über uns sehen wir einen weiteren Kondor kreisen. Was für ein erhabener Anblick! Die Lamas aber sich zu einer Gruppe formiert und haben dabei die Jungtiere in die Mitte genommen. Vermutlich lassen sie den Kondor nicht mehr aus den Augen, bis die Gefahr gebannt ist.

Der Bus quält sich weitere tausend Höhenmeter bergan und kurz darauf erreichen wir eines der höchst gelegenen Skizentren des Landes. Hier kann das ganze Jahr Ski gefahren werden und viele der besten alpinen Skifahrer der Welt trainieren hier jedes Jahr, bevor die Wintersaison in den USA, Kanada und Europa beginnt. Wir steigen hier aus und können eine Weile dem Treiben auf den gut präparierten Pisten zuschauen, die gut besucht sind. Es ist wohl auch für mich das erste Mal, dass ich auf einem Berg in über 4.000 Meter Höhe bin.

Auf der Rückfahrt statten wir einem in der Nähe der Hauptstadt gelegenem Weingut einen Besuch ab. Das Weingut exportiert seine Weine überwiegend in die USA und nach Europa. Allerdings hatten wir zuvor bereits deutlich bessere Weine im Land getrunken und sind so ein wenig enttäuscht. Aber auch so bedanken wir uns bei unserem Geschäftspartner für die Gelegenheit, wenigstens etwas von seinem Lande kennenlernen zu dürfen.

Zweifelsfrei hat das Land für einen touristischen Reisenden viel zu bieten, wenn man nur an so klangvolle Namen, wie den der Atacama Wüste oder Patagonien mit seinen herrlichen Nationalparks und Gletschern denkt. Ein Besuch dieser wilden und ursprünglichen Gebiete der Welt wären ganz sicher eine Reise wert. Aber auch so haben die Reisen nach Chile viele Erlebnisse der Superlative bereitgehalten.

46
Ein Mann und seine Farm in der Prärie

Die Geschichte begann im Juni des Jahres 2009 in unserem herrlichen alten Bauernhaus, das wir zu dieser Zeit in Tschechien bewohnten. Seit einigen Monaten hatten wir einen jungen Amerikaner aus dem Oregon zu Gast. Cord war ein begnadeter Pianist und Sänger. Jeden Abend saß er mehrere Stunden an unserem alten Flügel im geräumigen Wohnzimmer und spielte sein reiches Repertoire selbstvergessen. Unsere Schäferhündin Elza legte sich zu ihm, sobald er mit dem Spielen begonnen hatte. Ganz offenbar waren die Töne angenehm für ihre Ohren.

Als sich der mehrmonatige Aufenthalt von Cord in unserem Hause dem Ende entgegen neigte, beschlossen wir, zu seiner Verabschiedung ein Klavierkonzert vor den Bewohnern unseres kleinen Ortes zu organisieren. Dabei sollte Cord bei weit geöffneten Flügeltüren zur Terrasse im Wohnzimmer spielen, während die Besucher auf Bänken im Garten Platz nehmen sollten. Die Akustik unseres geschlossenen Innenhofes ließ ein ganz besonderes Musikerlebnis erwarten und wir probten das gleich an mehreren Abenden. Der Tag des Konzertes rückte immer näher, als uns Cord eines Abends mit der Bitte überraschte, zu dem Konzert eine junge Kanadierin aus der Provinz Saskatchewan einladen zu dürfen. Sie wäre ebenso eine gute Pianistin und weilte derzeit zu einem Austauschjahr in der Slowakei. Die jungen Leute hatten sich auf einem gemeinsamen Treffen kennengelernt. Wir hatten nichts gegen seine Bitte einzuwenden und freuten uns auf den neuen Besuch.

So stand eines Tages die junge Kanadierin Ava an unserem schmiedeeisernen Gartentor und wir waren auf Anhieb angetan von dieser angenehmen jungen Frau mit einer anpackenden Art. Ava war in einem einsam gelegenen Farmhaus in der kanadischen Prärie groß geworden und hatte ganz im Gegenteil zu Cord kein Problem damit, anfallende Arbeiten ohne viele Worte zu erledigen. Sie war das ganz offensichtlich von daheim gewohnt. Tatsächlich war sie eine hervorragende Pianistin, ohne sich dabei besonders hervortun zu wollen. Auch das war ein krasser Gegensatz zu dem jungen Amerikaner, der jünger als sie war und nur so vor Selbstbewusstsein strotzte.

Am Tage des Konzertes war uns das Wetter hold und die Dorfbewohner und andere Freunde strömten in Scharen in unseren herrlichen Garten. Gedämpftes Licht unterstrich am Abend eine erwartungsfrohe Stimmung unter den Gästen. Hündin Elza war an diesem Abend wie selbstverständlich lieber bei den Pianisten im Wohnzimmer geblieben und hatte ihren Lieblingsplatz unterhalb einer Treppenstufe eingenommen. Cord und Ava wechselten sich ab beim Spielen und wir wurden Zeuge eines wahrhaften Kulturgenusses, den sich niemand aus dem Ort hatte entgehen lassen wollen. Noch lange saßen wir in der lauen Nacht mit einem engen Kreis von Freunden und den beiden wirklich begabten jungen Pianisten im Garten zusammen.

Am kommenden Morgen hatten wir den Frühstückstisch unter den weit ausladenden Ästen eines uralten Apfelbaumes in unserem Obstgarten gedeckt. Ava war völlig begeistert vom Ambiente unseres Anwesens und fragte uns, ob sie drei Wochen später noch einmal zusammen mit ihrem Vater Reg einen Besuch bei uns machen dürfe. Er würde eigens aus Kanada anreisen, um mit seiner Tochter einige Tage durch die Slowakei und Tschechien zu reisen und vor allem den Gasteltern von Ava in der Slowakei einen Besuch abzustatten. Gemeinsam wollten sie danach die Heimreise nach Kanada antreten. Nur allzu gern stimmten wir der Bitte der jungen Frau zu, die uns in den Tagen ihres Besuches sehr an das Herz gewachsen war.

Zur vereinbarten Zeit holte ich Ava und ihren Vater am Busbahnhof der nahen gelegenen Stadt ab. Vater Reg war von kräftiger Statur und hochgewachsen. Sein Händedruck zur Begrüßung war der eines Mannes, der harte Arbeit gewohnt war. Er hatte riesige Hände und strahlte dabei die Wärme eines liebenden Vaters aus. Ganz offensichtlich hatte er eine ganz besonders enge und gute Beziehung zu seiner Tochter. Noch am gleichen Abend fragte uns Reg zu unserer Überraschung, ob er sich an den Flügel setzen dürfe, um selbst zu spielen, nachdem wir zuvor seiner Tochter beim Klavierspiel zugehört hatten. Es war faszinierend, wie er mit seinen großen Händen und breiten Fingern über die Tastatur glitt und dem Instrument wunderbare und harmonische Töne entlockte. Auch schien er beim Spiel in seine eigene Welt zu entrücken, die von einer tiefen inneren Zerrissenheit geprägt war, wie wir zu einem späteren Zeitpunkt erfahren sollten. Glücklich setzte sich Reg nach dem Klavierspiel am Abend wieder zu uns.

Bis spät in die Nacht hockten wir uns in diesen Tagen um unser Lagerfeuer im Obstgarten und ließen unsere Gedanken gemeinsam um die Welt schweifen. Reg war als junger Mann viel gereist und war dabei oftmals monatelang nicht daheim gewesen. Jetzt aber galt seine Aufmerksamkeit fast ausschließlich der großen Weizenfarm, die er zusammen mit Avas Bruder Jonas betrieb. Als wir unsere Gäste einige Tage darauf verabschieden, erhalten wir eine Einladung zu einem Besuch in Kanada, die wir nur allzu gern annehmen.

Nur wenige Wochen später kommt unser zu dieser Zeit in Mexiko lebender österreichische Freund Gebhard zu Besuch, der dort die Technische Leitung eines kunststoffverarbeitenden Betriebes innehat. Wir berichten Gebhard von dem Besuch der Kanadier und es entsteht spontan die Idee, gemeinsam Anfang Oktober nach Kanada zu reisen, um die Hoegl Familie auf ihrer Farm zu besuchen. Wir wollen diese Reise mit einem Besuch der kanadischen Rocky Mountains verbinden. Da meine Frau lieber daheimbleiben möchte, planen wir die Reise als echtes Männerabenteuer. Wir wollen uns einen geräumigen Geländewagen mieten und die Schlafsäcke mitnehmen. Wenn immer möglich, wollten wir unterwegs im Auto schlafen. Die Bestätigung zu unserer Reise aus Kanada lässt nicht lange auf sich warten.

So besteigen wir Anfang Oktober zwei unterschiedliche Flieger in Frankfurt am Main und in Mexiko City, um uns viele Stunden später am Flughafen von Calgary unweit der Rocky Mountains zu treffen. Völlig unerwartet ist es viel zu kalt für die Jahreszeit und die Temperaturen sinken am frühen Abend bereits auf Werte um den Gefrierpunkt. So bliebt uns nichts anderes übrig, als unterwegs ein Hotel aufzusuchen, da eine Fahrt in der Dunkelheit aufgrund vieler Hirsche gefährlich wäre. An ein Schlafen im Auto ist bei den Temperaturen ohnehin nicht zu denken. Zum Glück habe ich Handschuhe, eine warme Mütze und eine dicke Jacke dabei. Gebhard aber ist aus dem heißen Mexiko kommend, völlig unpassend gekleidet und hat lediglich einen warmen Pullover dabei.

Am nächsten Morgen ist die Landschaft von einer dünnen Schneedecke überzogen und die Straßen sind teilweise spiegelglatt. Zum Glück hat die Sonne noch immer Kraft und nach wenigen Stunden Fahrt sind die Straßen wieder völlig frei. Die leichte Schneedecke aber sollte uns in den nächsten Tagen auf unserer Reise begleiten. Die Fahrtstrecke führt dabei über fast 500 Kilometer durch das Flachland der kanadischen Provinz Alberta. Die Architektur vieler Häuser von Orten, an den wir vorbeikommen, zeugen von der Besiedlung durch Ukrainer, die auf Werben der damaligen kanadischen Regierung Ende des neunzehnten Jahrhunderts und Anfang des zwanzigsten Jahrhunderts stattgefunden hatte. Es handelte sich damals vorwiegend um erfahrene Beuern der ukrainischen Provinzen Galicia und Bukowina, wo ähnliche klimatische Bedingungen wie in der kanadischen Prärie herrschen. Hunderttausende sind in den Jahren dem Ruf gefolgt und noch immer hält der Zustrom der Ukrainer an, nachdem die eigene Heimat auch in den letzten Jahren politisch unstabil war. In den Orten werden uralte Traditionen wachgehalten. Orthodoxe Kirchen und ein überdimensionales ukrainisches Osterei in Vegreville zeugen davon. Diese kunstvoll bemalten Ostereier werden in der Ukraine und nun auch in Kanada Pysanka genannt und werden anlässlich des orthodoxen Osterfestes handbemalt.

Wir treffen Ava wie vereinbart in einem Walmart Kaufhaus in der Stadt Lloydminster. Durch die Stadt verläuft die Grenze der Provinzen Alberta und Saskatchewan. Die Wiedersehensfreude ist groß und Gebhard wird wie selbstverständlich ebenso herzlich willkommen geheißen. Da es schon Abend geworden ist, machen wir uns sofort auf den Weg hinaus zur Farm, die eine halbe Fahrstunde ostwärts der Stadt in völliger Einsamkeit liegt. Die nächsten Nachbarn wohnen einige Meilen entfernt und dabei handelt es sich um die Großeltern und eine Tante. Nachdem wir hunderte von Kilometern durch fast völlig flaches Land gefahren waren, wird jetzt die Landschaft hügelig. Die Straße führt bergauf und bergab, vorbei an zumeist abgeernteten Getreidefeldern. Hier wird überwiegend Weizen angebaut. Ich taufe diese Landschaft, in der die Farm liegt, passend »Rolling Hills«.

Reg begrüßt uns am Eingang seines Farmhauses, dass zum Schutz gegen die hier sicher oft tobenden Schneestürme am Fuße eines kleinen Hügels erbaut wurde. Ich sollte hier bei einem späteren Besuch einmal Temperaturen von unter –30 Grad und spiegelglatte Straßen erleben. Das Leben auf der Farm ist ohne Frage kein Zuckerlecken. Im Sommer herrscht oft brütende Hitze in der fast baumlosen Prärie und die Winter sind bitterkalt und oft liegt hier Schnee bis in den Monat April hinein, wie wir erfahren. Wir nehmen am großen Esstisch in der Wohnküche statt, die den zentralen Raum des Hauses bildet. Wie nicht anders erwartet, gibt es auch hier ein Klavier und noch ein weiteres in dem Zimmer von Ava.

Nach einem deftigen Abendessen beginnt Reg von seinem Leben als Farmer zu erzählen. Wir hängen wie gebannt an seinen Lippen, als er uns über das oft entbehrungsreiche Leben eines Getreidefarmers berichtet. Die Einkünfte aus dem Geschäft sind stark vom Wetter abhängig. Jetzt stehen zum Beispiel die Mähdrescher von Reg und Jonas auf einem Weizenfeld unweit des Hauses. Der viel zu zeitige Wintereinbruch hatte die Ernte gestoppt. Jetzt wird man viel Elektroenergie zur Trocknung der Körner aufwenden müssen, um weitere Verluste zu verhindern. Im Winter kann man sich etwas dazu verdienen, wenn sie mit ihrer schweren Technik, die Straßen in der Provinz freihalten, was bei anhaltenden Schneestürmen kein leichtes Unterfangen ist. Hatte es reiche Ernten in den vergangenen Jahren gegeben, konnte die Familie etwas beiseitelegen und hatte sich einige Reisen vor allem nach Nord- und Südamerika gegönnt. Das Klavier aber war immer da und half über die langen und dunklen Winterabende genauso wie bei der Bewältigung von Sorgen nach Missernten, die oft vorkommen.

Dazu kommt der Ärger mit der Ölindustrie. Wir hatten auf der Fahrt zur Farm überall auf den Hügeln die Ölpumpen und Silos entdeckt, von denen spezielle Tankfahrzeuge das Erdöl direkt abpumpen. Die kanadische Gesetzgebung garantiert zwar das Recht an Grund und Boden. Die darunter liegenden Bodenschätze aber gehören in den meisten Fällen dem Staat, der seinerseits Konzessionen vergibt. Auch zahlt die Ölindustrie natürlich besser und die Getreidefarmer haben es schwer, überhaupt Nachwuchs zu finden. So muss man oft in der Saison auf Saisonarbeiter aus dem Ausland zurückgreifen, die teilweise sogar aus Australien anreisen.

Die harte Arbeit und die ständige Unsicherheit hatten Reg über die Jahre zermürbt. Als sich der Teufel Alkohol dazu gesellte, zerbrach die Ehe mit Avas Mutter Wanda, die aber trotzdem der Farm ihre Treue hielt und Reg und Jonas zumindest bei der Buchhaltung unterstützte. Wir sollten diese großartige Frau und Mutter von vier Kindern noch während unseres Besuches kennenlernen dürfen.

Für den kommenden Tag ist ein Ausflug geplant. Ein Ford Pickup steht bereit und die Hunde des Hauses haben bereits auf der Ladefläche ihre Plätze eingenommen und bellen jetzt erwartungsfroh, als wir uns dem Auto nähern. Reg, Wanda und Ava zeigen uns die Gegend und Reg steuert dazu den Truck über die offenen Felder. Zunächst machen wir einen Zwischenstopp bei den Mähdreschern. Mit einer Schrotflinte schießt Reg mehrfach in die Luft, um die Wildgänse zumindest für eine Weile zu verscheuchen. Sie können großen Schaden anrichten und das Ernteergebnis wird ohnehin nicht gut sein in diesem Jahr. An einem kleinen Flusslauf machen wir ein Picknick. Wanda hat einen Kuchen gebacken und dazu gibt es frischen Kaffee aus der Thermoskanne. Reg hatte unterwegs telefoniert und uns einen Besuch in einer nahe gelegenen Hutterer Kolonie vorgeschlagen. Er kenne die Leute gut und darf hier jederzeit zu Besuch kommen, auch wenn sonst die Hutterer sehr isoliert von der Außenwelt leben. Wir haben oft von den Hutterer Kolonien gehört, hatten aber nie zuvor eine Chance, diese zu besuchen. Voller Spannung sehen wir diesem unverhofften Zusammentreffen entgegen.

Schon von weitem können wir die Kolonie der Hutterer erkennen. Große Werkstätten, ein Schulgebäude, Ställe, Futtersilos und eine Reihe einfacher Wohnhäuser sind zu erkennen. Dazu gibt es eine Küche mit einem angrenzenden Speisesaal, eine Bäckerei und eine kleine Konservenfabrik. Die Menschen sind altmodisch gekleidet. Die Frauen und Mädchen tragen knöchellange Röcke, die Haare sind hochgebunden und unter einer Haube oder einem Kopftuch versteckt.

Die verheirateten Männer tragen einen Bart und meistens karierte Hemden und Hosen mit Hosenträgern. Es herrscht geschäftiges Treiben in der Kolonie und man heißt uns herzlich willkommen. Die Offenheit der eigentlich eher in Abgeschiedenheit lebenden Hutterer hat seinen Grund. Man kennt Reg, der Kunde der Kolonie ist und hier häufig seine Fahrzeuge und Traktoren reparieren lässt. Die Kolonie betreibt nämlich die einzige Werkstatt weit und breit, die an sieben Tagen in der Woche geöffnet ist.

Man lebt in den Hutterer Kolonien in einer Gütergemeinschaft. Die Familien leben in eigenen Häusern und bekommen nur kleine Geldbeträge als Taschengeld. Familien mit bis zu 10 Kindern sollen keine Seltenheit sein. Wir werden in die Schule gebeten und uns zu Ehren werden einige Lieder in einer altdeutschen Sprache gesungen, die einst in Südtirol seinen

Ursprung hatte. Auch dürfen wir der Konservenfabrik einen Besuch abstatten. Seit dem Beginn unseres Besuches ist ein kleines Mädchen namens Sandra nicht von unserer Seite gewichen. Sie ist ein süßes Kind und lächelt gern und offen in meine Kamera. Ihre Mutter lässt sie ohne Probleme gewähren. Was wird aus diesem Mädchen werden, wenn es eines Tages mit der Normalität des Lebens außerhalb der Kolonien zwangsweise in Kontakt kommt? Auch wenn es eine Schule gibt, muss man aber Ärzte und Behörden wie jeder andere Kanadier besuchen. Auch hatten wir von Reg gehört, dass gerade junge Männer nicht selten versuchen, den engen Grenzen und Gepflogenheiten der Kolonie zu entfliehen. Mit vielen unbeantworteten Fragen verlassen wir die Kolonie der Hutterer mit einem Gemisch von Bewunderung und Zweifel über die Zukunft dieser Lebensform.

Nach einigen wunderbaren Tagen im Hause des Farmers verlassen wir die gastliche Familie, nicht ohne zu versprechen, dass wir wiederkommen werden. Dieses Versprechen haben wir jeder einzeln für sich eingelöst. Unser neues Ziel heißt jetzt Jasper in den Rocky Mountains. Bereits hinter Edmonton beginnt ein dichtes Schneetreiben, das aber kurz vor Jasper wieder aufhört. Zaghaft finden die ersten Sonnenstrahlen ihren Weg durch die Wolken und beleuchten die wunderbare Szenerie der Berge. Dickhornschafe und Wapiti Hirsche überqueren jetzt häufig die Fahrbahn oder äsen friedlich am Straßenrand. Vor allem die über 300 kg schweren Hirsche haben es uns angetan, sind sie doch deutlich grösser und schwerer als die uns bekannten europäischen Rothirsche.

Fasziniert stehen wir an einem Nachmittag hoch über dem stahlblauen Peyto Lake. Die Berge um uns herum liegen bereits unter einer dicken Schneeschicht und es ist bitterkalt. In Saskatchewan Crossing nehmen wir uns ein Zimmer in einem urigen Hotel, da wir in der Nähe ein Poster der Icefield Helicopter Company entdeckt hatten, die Flüge mit dem Hubschrauber über die Rocky Mountains anbietet. Eigentlich ist die Saison schon vorbei, aber man ist gewillt, am darauffolgenden Tag nochmals einen Helicopter startbereit zu machen. Es ist sonniges Wetter vorhergesagt und als wir am nächsten Morgen am Abraham Lake eintreffen, empfängt uns eine traumhafte Szenerie. Über den schneebedeckten Bergen wölbt sich ein blauer Himmel. Die Ränder des Sees und der Flussläufe tragen bereits eine dünne Eisschicht. Dazu sind wir die einzigen Gäste. Nach einem kurzen Briefing starten wir zu einem unvergesslichen Rundflug über die Berge der Rocky Mountains. Die Berge weisen zum Teil eigenwillige Formen auf. Einer von ihnen sieht aus, wie eine versteinerte Riesenwelle eines Tsunami. Wir schweigen und genießen und halten die majestätische Landschaft in einer Unzahl von Bildern mit den Kameras fest. Dankbar verabschieden wir uns nach dem Flug von den Piloten, die jetzt ihre Maschinen winterfest machen werden.

Vor unserem Rückflug haben wir noch ein wenig Zeit und entscheiden uns in Canmore zu einem Abstecher in den Peter Lokhead Provencial Park. Dorthin führt eine Schotterpiste durch das Kananaskis County, eine wilde Gegend, die mir ein Jahr zuvor der bekannte kanadische Fotograf John E. Marriot bei einem Zusammentreffen nahe dem Abraham Lake empfohlen hatte. Allerdings hatte ich mir das Befahren der Piste mit einem Campmobil damals nicht zugetraut. Mit unserem großen Yukon GMC haben wir aber genau das richtige Fahrzeug für die holprige und staubige Piste.

Unterwegs treffen wir auf einen uralten Elch, der ganz in der Nähe der Schotterpiste weidet. Er ist von vielen Kämpfen gezeichnet und hat nur noch ein Auge. Wenig später aber haben wir noch eine viel intensivere Begegnung, als wir am Visitorcenter des Provenccial Parks einen Grizzlybären entdecken, der mit seinen riesigen Pranken den bereits gefrorenen Boden auf einer Wiese bei der Suche nach Larven umgräbt. Was ist das für ein gewaltiges Tier! Wir nähern uns vorsichtig dem Bären, ohne ihn auch nur einen einzigen Moment aus den Augen zu verlieren. Unser Auto haben wir auf einem nahen Weg geparkt, können es aber innerhalb weniger Sekunden erreichen. Als der Grizzly uns schließlich bemerkt, treten wir vorsichtig unseren

Rückzug an. Wir hatten den notwendigen Sicherheitsabstand konsequent eingehalten und trotzdem spüren wir das Adrenalin, als wir die Türen unseres Wagens schließen und die Gegend verlassen.

Das war der krönende Abschluss einer ganz besonderen Reise und noch am gleichen Abend fliegen wir wieder in getrennten Richtungen nach Europa und Mexiko zurück. Die Eindrücke waren von einer solchen Vielfalt und Intensität gewesen, dass es mir beim Nachtflug schwerfiel das Erlebte zu verarbeiten und ein wenig Ruhe und Entspannung zu finden.

47
Goldrausch am Klondike und Yukon

ALLEIN DIE NAMEN DAWSON CITY, BONANZA, KLONDIKE UND ELDORADO LÖSEN EINE INNERE UNRUHE AUS, DA MAN SIE AUS DEN GESCHICHTSBÜCHERN KENNT, DIE ÜBER DIE ZEIT DES GOLDRAUSCHES BERICHTEN. Diese Orte einmal im Leben mit eigenen Augen zu erleben, war ein Kindheitstraum, den ich mir unbedingt erfüllen wollte. Nur die Insider wissen, dass es in den Sommermonaten einen Direktflug aus Frankfurt am Main in die Hauptstadt des Yukon Territory, Whitehorse, gibt. Das ist umso erstaunlicher, wenn man bedenkt, dass in dem Yukon Territory nur ganze 36.000 Menschen leben, von denen etwa zwei Drittel in Whitehorse ansässig sind.

Das direkt am legendären Yukon River gelegene Whitehorse ist der ideale Ausgangspunkt für eine Reise in den Yukon, die in den meisten Fällen mit einem Abstecher nach Alaska verbunden wird. Die Flugzeit aus Frankfurt dauert weniger als 10 Stunden und die Flugroute führt direkt über die Eisfelder von Grönland, auf die man bei gutem Wetter einen herrlichen Blick hat. Das erste Mal erfüllte ich mir im Jahre 2004 meinen Kindheitstraum und erreiche in den ersten Septembertagen die Wildnis des Yukon. Vom ersten Moment an bin ich begeistert von der rauen Wirklichkeit von Whitehorse. Die Stadt hat alles zu bieten, was man für eine Reise in die Wildnis braucht. Die meisten der Fluggäste werden den Yukon auf eigene Faust bereisen. Camper, Mietwagen oder Kanu können in Whitehorse angemietet werden und zahlreiche Outdoor Geschäfte helfen beim Erstehen noch fehlender Ausrüstungsgegenstände. Eine Reise mit dem Mietwagen ist dabei kein leichtes Unterfangen, da es im Yukon nur wenige andere Orte gibt, die Unterbringungsmöglichkeiten bieten. Ohne eine Bestätigung von Übernachtungen sollte sich hier auf jeden Fall keiner auf den Weg machen!

Eine Reise mit einem Camper aber ist wohl die beste Möglichkeit, die Wildnis auf eigene Faust zu erkunden. Campingplätze gibt es ausreichend und außerdem kann man an den meisten Orten auch wild campen, was überall möglich ist, wenn es auf Privatbesitz nicht ausdrücklich verboten wird. Eine Reise mit dem Kanu auf einem der vielen Flüsse ist sicher ein ganz besonders intensiven Naturerlebnis, ist aber sicher nur etwas für Hartgesottene. Geschlafen wird unterwegs in Zelten und nicht selten kommt es dabei zu Begegnungen mit Bären, die kritisch sein können.

Wer das erste Mal den Yukon mit einem Camper bereist, sollte nach seiner Ankunft in Whitehorse die erste Nacht in einem der urigen Hotels der Stadt verbringen. So kann man sich ein wenig vom Jetlag ausruhen. Die Zeitverschiebung zu uns in Mitteleuropa beträgt nämlich 9 Stunden und das bei weniger als 10 Stunden Flugzeit. Man kommt also bereits gegen Mittag in Whitehorse an und muss noch bis zum Abend durchhalten. Dementsprechend müde ist man und auch am nächsten Morgen wird man noch nach europäischer Uhrzeit aufwachen und vermutlich erschrocken feststellen, dass alles noch geschlossen ist. Hat man den Nachmittag aber noch für sich, kann man sich ein wenig umschauen in der Stadt und so langsam in die Atmosphäre eintauchen, die einen in den nächsten Tagen umgeben wird. Man wird auf urige Typen treffen, die hier keiner als solche ansieht. Gegenseitige Akzeptanz ist im Yukon großgeschrieben. Auch lohnt sich ein Besuch des am Ufer des Yukon liegenden Dampfschiffes SS Klondike. Dieses Schiff hatte noch bis zum Jahr 1966 Touristen über den Yukon River nach Dawson City gebracht, bevor es stillgelegt wurde. Heute steht das vollkommen restaurierte Schiff für Besichtigungen bereit.

Wenn man nach einem Großeinkauf am nächsten Vormittag dann zumindest etwas ausgeruht Whitehorse verlässt, wird man bereits nach wenigen Minuten Fahrzeit in die scheinbar unberührte Wildnis eintauchen. Allerdings weisen noch über einige Kilometer kleine abzweigende Wege und Schilder auf eine dünne Besiedlung in der Nähe der Stadt hin. Dann aber ist man endgültig in der Wildnis unterwegs, auch wenn man im Moment noch Asphalt unter den Rädern hat, was keinesfalls überall im Yukon der Fall ist. Nach eigenen Erfahrungen sollte man am ersten Tag eine relativ kurze Strecke fahren, um am späten Nachmittag rechtzeitig den ersten Campground anzusteuern. Dort muss man auspacken, einräumen und verstauen. Alles braucht seine Zeit und man muss es erst einmal lernen, alles so zu verstauen, dass die notwendigen Dinge immer griffbereit sind. Dazu gehören im Yukon natürlich Ferngläser und Kameras, denn zu einer Tierbegegnung kann es zu jedem Zeitpunkt kommen.

Wenn man Whitehorse in nördlicher Richtung verlässt, dann muss man sich schon sehr bald entscheiden, ob man dem Klondike Highway in Richtung Norden nach Dawson City, oder lieber dem Alaska Highway in Richtung Westen folgen will. Wir folgen auf dieser Reise, wie auf vielen der nachfolgenden Besuche im Yukon, der Westroute und steuern für die erste Nacht den direkt am Ufer des Kluane Lakes gelegenen Congdon Creek Campground an. Mit etwas Glück sollte man in dieser Gegend bereits die ersten Grizzlybären zu Gesicht bekommen, die im Kluane Nationalpark weit verbreitet sind. Der Kluane Lake ist der größte See des Yukon und seine sich schnell verändernden Lichtverhältnisse sind bekannt unter den Fotografen. Wenn dann abends im Camp das Lagerfeuer knistert und man in aller Ruhe einen guten kanadischen Whisky genießt, scheint einem das Glück fast perfekt zu sein. Jetzt im September zeigen die Blätter der Aspen am Ufer bereits die ersten Herbstfarben. Auch beginnen sich Sträucher und Gräser merklich zu verfärben. Die Gipfel der umstehenden Berge tragen erste Schichten von Neuschnee und die Temperaturen in der Nacht können von jetzt an unter den Gefrierpunkt sinken. Das war genau einer der Gründe, diese Jahreszeit für unseren ersten Besuch im Yukon gewählt zu haben. Die Herbstverfärbung ist sehr eindrücklich und vor allem ist jetzt die Chance am größten, Bären zu Gesicht zu bekommen.

Unterwegs waren wir bereits auf die ersten Elche gestoßen und nach einigen Tagen schon werden wir aufhören, diese zu zählen. Lange sitzen wir am ersten Abend am Lagerfeuer und versuchen, die einzelnen Stimmen der Wildnis zu identifizieren. Jetzt im September sind nur wenige andere Camper unterwegs. Die Kinder sind wieder zurück in den Schulen und das nicht nur in Europa, sondern auch in Kanada. Es ist die Zeit der Fotografen, da sich jetzt im Herbst die eindrucksvollsten Bilder machen lassen.

Wir haben uns bewusst für die Strecke entlang dem Kluane Lake entschieden. Bei Beaver Creek werden wir die Grenze zu Alaska erreichen und damit auch die Grenze zu den USA. Wir wollen einen kurzen Abstecher nach Alaska machen, um dann vor dem Städtchen Tok auf den Top of the World Highway abzubiegen, um über diese abenteuerliche Route wieder den Yukon zu erreichen. Der Grenzübertritt gestaltet sich als problemlos und auf den ersten Blick unterscheiden sich Alaska und das Yukon Territory nicht. Beide Gegenden sind wild und teilweise unberührt. Die Menschen, die hier leben, haben bewusst die Einsamkeit gesucht. Viele von ihnen haben ein anderes Leben hinter sich gelassen, das den einen oder anderen vermutlich auch mit der Hand des Gesetzes in Berührung kommen ließ. Auf jeden Fall müssen die Bewohner hier einiges abkönnen, da die Wintermonate lang und entbehrungsreich sind. Trotzdem ist für einen richtigen Yukoner oder Alaskaner der Winter die bevorzugte Jahreszeit. Jetzt sind Seen und Flüsse zugefroren und die Schlittenhunde wieder im Einsatz.

Die ersten Kilometer des Top of the World Highways sind hinter Tok noch asphaltiert. Dann aber beginnt unvermittelt die Schotterpiste, der man nun Meilen und Meilen folgen wird. Hinter dem kleinen Ort mit dem lustigen Namen Chicken erreichen wir wieder die Grenzstation und reisen erneut nach Kanada ein. Unser heutiges Ziel ist die legendäre Goldgräberstadt Dawson City, die unweit des Zusammenflusses des Klondike mit dem

Yukon River liegt. Die erst 1896 gegründete Stadt hat heute weniger als 1.400 Einwohner und ist damit immerhin nach Whitehorse die zweitgrößte Stadt im Yukon. Zur Blütezeit des Goldrausches hatten hier im Jahre 1898 mehr als 40.000 Menschen gelebt. Einer von ihnen war Jack London gewesen, dem die Goldsuche allerdings kein Glück gebracht hatte. Er erkrankte in Dawson City an Skorbut und erlangte erst viele Jahre später seinen guten Ruf als anerkannter Schriftsteller. Viele seiner Werke aber sind durch die entbehrungsreiche Zeit in Dawson City geprägt. Bereits kurz vor Ende des Top of the World Highways sieht man den mächtigen Yukon unter sich liegen. Am anderen Ufer liegt Dawson City und man erreicht den Ort mit einer kleinen Fähre, die hier regelmäßig verkehrt.

In der Stadt herrscht eine ganz eigene Atmosphäre. Wilde Typen beherrschen die Szene bis heute in den zahlreichen Bars der Stadt. Noch immer wird in der Nähe mit schwerem Gerät nach Gold gegraben. Jeder Meter am Klondike und Yukon scheint mehrfach umgewühlt worden zu sein. Die wirklich großen Goldfunde aber sind in den letzten Jahren ausgeblieben. Trotzdem scheint noch immer das Gold eine enorme Anziehungskraft auszuüben. Nach harter Arbeit auf ihren Claims kommen die Goldgräber wie damals in die Bars der Stadt, um einen Teil ihrer Einnahmen zu verzechen. Nur fahren sie heute mit großen Trucks vor, denen man ausnahmslos die Härte der Arbeit und die Rauheit der Gegend ansehen kann. Ein Besuch im Diamond Tooth Gerties versetzt einen zurück in die Zeit des Goldrausches. Es ist ein Casino mit einem Begleitprogramm. Von der Empore hat man einen guten Ausblick auf die Cancan Tänzerinnen auf der Bühne und die Spieler an den Pokertischen, an denen sich jeden Abend wieder Goldsucher einfinden.

Wir verlassen Dawson City bereits am nächsten Morgen, um nach ca. 40 Kilometern auf dem Klondike Highway in Richtung Norden abzubiegen. Bereits nach wenigen Kilometern endet die Asphaltstraße und man findet sich auf einer gut befestigten Schotterstraße wieder, die über eine Strecke von mehr als 730 Kilometern bis nach Inuvik führt. Die Straße führt entlang der unbewaldeten Ogilivie Mountains und windet sich immer weiter bergan. Oft kommen einem mit hoher Geschwindigkeit riesige Lastkraftwagen entgegen, die Material zwischen Inuvik und Dawson City transportieren. Man ist gut beraten, seinen Camper bei Annäherung der meist rücksichtslosen Fahrer auf die Seite zu fahren, um einen Steinschlag und damit eine kaputte Frontscheibe zu vermeiden. Hinter Eagle Plains wird man dann den Polarkreis erreichen. Mit etwas Glück kann man unterwegs auf die riesigen Caribou Herden treffen, die hier beheimatet sind. Auch gilt die Gegend bei den Tombstone Mountains als ein Gebiet mit einer besonders großen Bärenpopulation. Der Dempster Highway gilt unter den Yukon Fahrern als ein besonderes Highlight, zählt aber nicht unbedingt zu unseren Favoriten.

Wenn man kurz vor Carmacks in Richtung der Orte Faro und Ross River abbiegt, wird man bald mutterseelenallein unterwegs sein. Noch schöner ist aber dann der Weg in Richtung Süden, der von Ross River bis Johnsons Crossing führt. Hier erscheint einem die Landschaft als vollkommen unberührt. Nicht selten entdecken wir Elche unweit der Schotterpiste und treffen über Stunden auf kein einziges Fahrzeug. Die Campgrounds an dieser Strecke sind in keinem guten Zustand, so dass man besser in der Wildnis übernachtet, was allerdings nichts für schwache Nerven ist. Diese Strecke ist nur im Sommer zu befahren und wird oft bereits wegen eintretender Schneefälle Ende September geschlossen.

Bei Teslin entdecken wir ein wunderbar gestaltetes Ausstellungszentrum der Tlingit Indianer, die nach wie vor hier leben. Kunstvoll gestaltete Boote und einige schöne Totempfähle bilden das Herzstück der Ausstellung, deren Besuch sehr lohnenswert ist.

Von Tag zu Tag sinken jetzt Mitte September die Temperaturen. Oft liegen dicke Nebelschwaden am Morgen über den Niederungen, Flussläufen und Seen. Der nahe Winter schickt seine Vorboten und bis zum ersten Schnee wird es nicht mehr lange dauern. An unserem letzten Abend tanzen nahe Whitehorse die

Nordlichter der Aurora Boreales über uns und verabschieden uns so auf würdige Weise. Wir sollten noch einige Male in den wilden Yukon zurückkehren, einmal davon sogar im tiefen Winter. Die Wildheit der Landschaft hat eine magische Anziehungskraft und viele der Erstbesucher des Yukon Territory kehren regelmäßig zurück. Heute ist es aber nicht mehr der Goldrausch, sondern eher der Wunsch nach Einsamkeit und intakter Natur, der die Yukon Liebhaber anzieht.

48
Grizzlybären am Russian River in Alaska

WIR SIND AM FRÜHEN MORGEN IN CHICAGO MIT EINER MASCHINE DER ALASKA AIRLINE GESTARTET UND FLIEGEN NUN SCHON EINE GERAUME ZEIT ÜBER DEM TERRITORIUM VON KANADA. Sechs lange Stunden dauert der Flug und führt uns über die majestätischen Berge der Rocky Mountains, die wir zum Greifen nahe unter uns sehen. Die Gipfel sind bedeckt von Schnee. Vermutlich wird jetzt Anfang September bereits der erste Neuschnee auf den Bergen gefallen sein. Langsam nähern wir uns Alaska und als wir auf der rechten Seite den Mount Denali entdecken, wissen wir, dass wir bald in Anchorage landen werden. Mit seinen 6194 Metern ist der schneebedeckte Riese der höchste Berg Nordamerikas und liegt inmitten des Denali Nationalparks. Unruhe und Vorfreude machen sich unter meinen Mitreisenden breit. Keiner von ihnen ist je in Alaska gewesen und in wenigen Minuten werden wir das ersehnte Land erreichen.

Erstmals habe ich eine international besetzte Tour durch die Wildnis von Alaska organisiert, wo die Besatzung ausschließlich aus Männern besteht, die aus Deutschland, Tschechien, Bulgarien, den USA und China kommen. Jeden der Mitreisenden kenne ich seit Jahren und bin sicher, dass unser Team von acht Männern auch unter den schwierigen Bedingungen gut harmonieren wird. Es ist Mitte September und diese Reisezeit habe ich nach vielen vorherigen Reisen in den kanadischen Yukon und nach Alaska ganz bewusst gewählt. Wir werden den berühmten Indian Summer erleben, der mit seinen unglaublich intensiven Herbstfarben die Sinne betört. In den Bergen müssen wir von jetzt an jeden Tag mit den ersten Schneefällen rechnen. Die Jagdsaison hat ebenfalls begonnen und wir werden ganz sicher viele Elche zu Gesicht bekommen.

Vor allem aber wollen wir Bären beobachten, die zu dieser Zeit an den Flüssen Alaskas nach Lachsen fischen, um sich das notwendige Fett vor dem langen Winter anzufressen. Es ist wohl der Traum eines jeden Alaska Reisenden, Grizzlybären zu Gesicht zu bekommen, auch wenn hier äußerste Vorsicht geboten ist. Zusätzlich wollen wir die Kenai Halbinsel bereisen und versuchen, Wale und Orcas auf dem offenen Meer vor Seward oder Homer zu beobachten.

Es dauert einige Stunden, bis wir unsere Fahrzeuge übernommen und vor allem unsere Einkäufe erledigt haben. Wir haben uns mit Vorräten für mindestens eine Woche eingedeckt, da die Möglichkeiten für Einkäufe unterwegs in Wildnis rar sind und man immer mit einem sehr eingeschränkten Angebot rechnen muss. Zumeist gibt es nur kleine Shops unterwegs an den Kreuzungen der wichtigsten Straßen oder Schotterpisten. Wir werden uns komplett selbst versorgen und die Nächte direkt in der Wildnis oder auf primitiven Campgrounds verbringen.

Bei einbrechender Dunkelheit erreichen wir unseren ersten Stellplatz für die Nacht. Wir sind völlig allein auf dem herrlichen Campground am Kings Mountain, der am Glenn Highway liegt und haben schnell ein Feuer entzündet und stoßen auf das Gelingen unserer Reise mit einem Glas guten kanadischen Whiskys an. Die Temperaturen sind nach Untergang der Sonne schnell gefallen und ich erwarte in der Nacht den ersten Frost.

Ich sollte recht behalten mit meinen Vorahnungen. Bodenfrost hat am nächsten Morgen Gräser, Sträucher und Büsche mit einer dünnen Eisschicht überzogen. Die Eiskristalle glitzern im Schein der aufgehenden Sonne und der Wetterbericht sagt sehr stabiles Wetter für die kommenden Tage voraus. Darauf hatte ich als Organisator der Reise gehofft und mit Bangen in den letzten Tagen die Wettervorhersagen verfolgt. Die Stimmung am nächsten Morgen ist nach einer ruhigen Nacht bestens. Die Strecke führt uns am gewaltigen Matanuska Gletscher vorbei. Ich hatte oftmals zuvor eine Wanderung auf den Eisfeldern unternommen und will auch an diesem Tag meinen Mitreisenden diese Möglichkeit nicht vorenthalten, zumal das Wetter ideal für einen Besuch des Gletschers aus nächster Nähe ist.

Über eine etwas baufällige Brücke und eine mehrere Kilometer lange Schotterpiste erreichen wir einen Aussichtspunkt. Die Eismassen des gewaltigen Gletschers schimmern im Sonnenlicht in allen nur erdenklichen Blautönen. Über uns wölbt sich ein blauer Himmel mit einzelnen weißen Federwolken. Die Blätter der Aspen haben sich bereits gelb verfärbt und das niedrige Buschwerk leuchtet in sattem Rot. Vollkommener könnte der Anblick nicht sein!

In Glennallen treffen wir auf den Richardson Highway, dem wir von nun an weiter ich Richtung Norden folgen. Wären wir hier in Richtung Süden abgebogen, würde uns der Highway direkt nach Valdez führen, wo die legendäre Alaska Pipeline endet und das Öl auf bereit liegende Tanker gepumpt wird. In der Ferne grüßen jetzt die schneebedeckten Gipfel des Wrangell-St. Elias Nationalparks. Bei Gulkana liegt der Mount Sanford mit seinen 4949 Metern zum Greifen nahe. Immer wieder müssen wir unsere Fahrt kurzzeitig unterbrechen, um eines der zahllosen Fotomotive im Bild festzuhalten.

Hinter dem Paxson Lake verlassen wir nun das schmale Asphaltband des Richardson Highways, um auf den Denali Highway in Richtung Westen abzubiegen. Nach wenigen Kilometern endet die befestigte Straße und nun liegen ca. 240 Kilometer Schotterpiste vor uns. Wir fahren mit unseren drei Fahrzeugen in gebührendem Abstand voreinander, um die Staubbelastung zu minimieren und vor allem einen Steinschlag auf den Frontscheiben zu verhindern. Am Tangle Lake machen wir eine kurze Pause, um uns einen Kaffee in der gleichnamigen Lodge zu gönnen. Die nette Bedienung ist fasziniert von unserem internationalen Team und fragt uns Löcher in den Bauch, um zu wissen, wo wir herkommen. Auch konnte sie sich gut an vorherige Besuche von mir in den vergangenen Jahren erinnern.

Es ist bereits später Nachmittag geworden und ich dränge die Mannschaft zur Eile. Ich will nach Möglichkeit einen der wenigen Campgrounds unterwegs am Brushkana Creek erreichen, um in der laufenden Jagdsaison zu vermeiden, irgendwo in der Wildnis übernachten zu müssen. Auch möchte ich den Anglern unter uns die Change geben, in dem fischreichen Fluss ihre Angeln auszuwerfen. Arctic Graylings sollte es dort in Hülle und Fülle geben. Diese schmackhafte Forellenart wäre eine willkommene Bereicherung unseres Speiseplanes, worauf wir uns freuen. Tatsächlich finden wir auf dem besagten Campground die notwendigen Stellplätze direkt am Creek. Ich mahne die Angler zur äußersten Vorsicht, da wir uns von nun an in einem Bärengebiet aufhalten und vor allem hier am Fluss mit Bären rechnen müssen. Alle haben zur Sicherheit Pfefferspray dabei, das wir in einem Notfall auch nutzen müssen. Bei einbrechender Dunkelheit kommen die Angler überglücklich zurück und nur nach wenigen Minuten brutzeln einige herrliche Fische auf dem schon lange vorher angefachten Feuer. Selbst später einsetzender leichter Regen trübt unsere Stimmung nicht, zumal wir sicherheitshalber Regenplanen aufgespannt hatten, unter denen wir weiter trocken sitzen können.

Bei strahlendem Wetter verlassen wir den gastlichen Ort am kommenden Morgen und folgen nun weiter der Schotterpiste. Immer wieder treffen wir auf Jäger unterwegs und sehen in einiger Entfernung ihre Camps. An diesem Tag begegnen wir zunächst einigen Elchen in unmittelbarer Nähe. Sie streifen durch das niedrige Buschwerk entlang der Strecke. Die Laubverfärbung hat weiter zugenommen und die Farben werden nun immer intensiver. Genauso hatten wir es uns erhofft. Bei einer langen Pause unterwegs entdecken wir mit den Ferngläsern dann die ersten Grizzlybären, die in angemessener Entfernung durch die wellige Landschaft streifen. Wir sind alarmiert und ich ermahne nochmals alle zur Vorsicht. Bei Cantwell erreichen wir später den Parks Highway, dem wir in Richtung Denali Nationalpark folgen. Bei einer Busfahrt am folgenden Tag bekommen wir einige Bären zu sehen und das aus Nahdistanz. Lange können wir die Bären in aller Ruhe beobachten. Trotzdem sollte das aber bei weitem nicht unsere intensivste Begegnung mit den Giganten der Wildnis bleiben. Auf der Rückfahrt entdecken wir im Buschwerk direkt neben der Straße einen riesigen Elch mit einem gewaltigen Geweih. Das Tier zieht in aller Ruhe an uns vorbei. Welch ein Erlebnis!

Am Abend finden wir ein völlig verlassenes Fischcamp an einem Creek nahe des Parks Highways auf dem halben Wege zurück nach Anchorage. Tatsächlich gelingt es uns, mit bloßen Händen Lachse zu fangen, die wir später auf dem Feuer braten. Immer wieder streifen unsere Blicke an diesem Abend hinüber zum Creek. Ganz sicher sind hier Bären anwesend. Sorgsam verbrennen wir alle Rückstände unserer Mahlzeit an diesem Abend. Bären haben einen unglaublich ausgeprägten Geruchssinn und können Nahrungsmittel und Kosmetikartikel über eine lange Distanz riechen. Dieses Mal sind wir eher froh, keinem der Tiere begegnet zu sein.

Entlang dem Turnagain Arm führt die Fahrt hinter Anchorage in Richtung der Kenai Halbinsel. Hier soll es viele der weißen Beluga Wale geben, die wir aber leider nicht zu Gesicht bekommen. Unser Ziel ist heute der kleine Hafenort Seward im Südosten der Halbinsel. Wir wollen am kommenden Tag mit einem Katamaran zum Price William Sound fahren, in der Hoffnung Wale und Orcas zu Gesicht zu bekommen. In der Nacht frischt der Wind auf und einige kurze Regenschauer ziehen über die aufgewühlte See. Trotzdem liegt der Katamaran ausgesprochen ruhig auf dem Wasser. Allerdings dauert es lange, bis wir einige Orcas und einen Humpback Whale zu Gesicht bekommen. An diesem Abend verabschieden wir uns mit einem Festessen von unserem chinesischen Freund Jima, der am kommenden Tag die Heimreise nach China antreten wird. In einem kleinen Restaurant am Hafen von Seward genießen wir fangfrischen Halibut. Das weiße Fleisch des Fisches schmeckt köstlich und natürlich völlig anders, als die Tiefkühlkost, die wir von daheim kennen.

Auf dem Campground abends bekommen ich von anderen Campern die erhoffte Bestätigung, dass es im Moment viele Bären am Russian River bei Cooper Landing geben soll. Der Lachszug ist in vollem Gange. Wir beschließen, bereits am frühen Morgen dorthin aufzubrechen, nachdem wir Jima zu einem Bus nach Seward gebracht hatten. Er wird leider die intensivste Tierbegegnung in Alaska verpassen, ist aber auch so zufrieden mit seiner Reise. Unterwegs immer wieder russische Namen, die an die ehemalige Zugehörigkeit Alaskas zu Russland erinnern. Soldotna, Ninilchik, Nikolaevsk, Voznesenka, Kasilof oder Kalifornsky heißen die zumeist kleinen Orte, die wir passieren. Auch entdecken wir einzelne Russisch-Orthodoxe Kirchen. Die Namensschilder auf den Gräbern der Friedhöfe tragen hier noch oft russische Namen oder zumindest einen Doppelnamen, der die russische Herkunft der Familien verrät.

Noch vor dem Mittagessen beziehen wir den herrlich auf einem Steilufer gelegenen Campground am Russian River. Alle Stellplätze haben hier eine bärensichere Box aus festem Stahlblech zur Aufbewahrung der Lebensmittel. Wir bewaffnen uns mit unseren Kameras und Ferngläsern. Jeder trägt sein Pfefferspray griffbereit am Mann. Am Ufer des Flusses führt ein befestigter Weg entlang, der an einigen morastigen Stellen mit hölzernen Bohlen gesichert ist. Im Wasser stehen viele Angler und versuchen einen der vielen Lachse zu fangen. Das Wasser schäumt förmlich von den Unmengen von Fischen, die sich stromaufwärts drängen. Es sind die begehrten und riesigen Königslachse, die in diesen Tagen im Russian River unterwegs sind. Diese Möglichkeit wollen sich die Angler nicht entgehen lassen. Zu ihrer eigenen Sicherheit sind alle mit einem Revolver bewaffnet. Sie wissen sehr wohl, dass sie sich den Fluss mit den Bären teilen müssen. Ein Ranger hatte uns bei der Ankunft auf dem Campground von einer Bärenattacke in den letzten Tagen berichtet, die sich auf dem Gelände zugetragen hatte. Zum Glück wurde dabei niemand verletzt. Jedes Jahr aber kommt es in Alaska zu tödlichen Zusammentreffen zwischen Menschen und Bären, wobei in den meisten Fällen die Betroffenen selbst daran Schuld hatten, da sie die notwendige Sicherheitsdistanz einfach ignoriert hatten.

Lange können wir keinen Bären entdecken und sind auch nicht sicher, wo diese genau auftauchen werden. Trotzdem warten wir geduldig und freuen uns über einige Seeadler, die auf den Wipfeln einiger hohen Bäume am gegenüber liegendem Ufer sitzen. Was sind das für gewaltige Vögel! Nicht umsonst sind sie das Wappentier der Vereinigten Staaten von Amerika. Immer wieder kommt einer der Ranger vorbei und versichert uns, dass wir die Bären zu sehen bekommen werden. Sie fischen immer eine bestimmte Zeit, um sich dann mit der Beute in den Wald zurückzuziehen. Das würde sich mehrfach am Tage wiederholen.

Urplötzlich sehe ich eine Bewegung im dichten Wald über dem Steilhang des Gegenufers. Mit dem Fernglas erkenne ich den riesigen Kopf eines Grizzlybären, der auf dem Waldboden liegt und zum Fluss hinunterschaut. Auch die Angler, die knietief im Wasser stehen, haben diese Bewegung gesehen und warnen sich gegenseitig mit kurzen Zurufen. Wenig später verändert sich innerhalb von Minuten die Szenerie. Fast gleichzeitig erreichen fünf Bären das Ufer und mit schnellen Sprüngen stehen sie wenig später im Wasser. Es handelt sich um zwei einzelne erwachsene Bären und eine Bärin mit ihren vielleicht einjährigen Jungen. Ein Blick mit dem Fernglas hinauf zum Steilufer bestätigt, dass es sich hier um die Bärin handeln muss, die wir zuerst entdeckt hatten. Zielsicher erwischt sie mit jedem Schlag ihrer mächtigen Pranken einen der Fische und lässt ihnen keine Change zu einem Entkommen. Die Jungbären dagegen haben kaum Erfolg bei ihrer Jagd und schlagen immer wieder daneben. Auch scheint es, dass es für sie mehr ein Spiel ist und sie gern die Nahrungsbeschaffung ihrer Mutter überlassen.

Unterdessen haben die jungen Bären fast den Fluss durchquert und das zwischen den im Wasser stehenden Anglern, die sie natürlich nicht aus den Augen lassen. Jeder noch so kleine Fehler könnte fatale Folgen haben. Da es in diesem Jahr aber einen Überfluss an Fischen gibt, zeigen die Bären keinerlei Interesse an den Menschen. Plötzlich aber kommen die zwei jungen Bären aber auf die Uferböschung auf unserer Seite des Flusses und schneiden uns somit den Rückweg ab. Zu uns haben sich viele andere Schaulustige gesellt und einige reagieren hektisch und unruhig, als sich die Bären miteinander spielend uns auf vielleicht fünfzehn Meter nähern. Welch riesige Pranken schon diese noch nicht ausgewachsenen Tiere haben! Sie tollen wie zwei übermütige junge Burschen, die sich ihrer Kraft durchaus bewusst sind. Ich gebe der Gruppe ein Signal, sich langsam zurückzuziehen und dabei die Kinder in die Mitte zu nehmen. Zu unserem großen Glück kommt es zu keinem Zwischenfall.

Noch einmal wird uns eines der Jungtiere an diesem Nachmittag beängstigend nahekommen. Dies Mal sind wir aber allein unterwegs und jeder verhält sich ruhig und vernünftig. Dank meines guten Teleobjektivs gelingen an dem Nachmittag traumhaft gute Bilder.

Fast ängstlich scharen wir uns am Abend um das Lagerfeuer. Wir wissen, dass die Bären nicht weit sind. Selbst der Gang zur Toilette ist so ein kleines Wagnis und irgendwie bin ich froh, dass es zu keinem Zwischenfall kommt. Immer noch überwältigt von dem grandiosen Schauspiel der Lachs fischenden Bären, lassen wir uns an diesem Abend unsere Drinks ganz besonders gut schmecken.

49
Traumhafter Sonnenuntergang auf Key West

Es ist wohl der Traum eines jeden Florida Besuchers, einen Abstecher noch Key West zu unternehmen und damit bis zum südlichsten Punkt des Festlandes der Vereinigten Staaten von Amerika zu fahren. Von hier aus sind es nur noch weitere 145 Kilometer bis Kuba, die man dann allerdings mit dem Schiff zurücklegen muss. Mich aber zog Key West aus einem völlig anderen Grunde magisch an. Ich wollte den Ort besuchen, wo der Lieblingsschriftsteller meiner Jungendjahre, Ernest Hemingway 10 Jahre seines Lebens verbracht und einen Teil seiner bedeutenden Werke geschrieben hatte.

Die Fahrstrecke von Miami Beach aus beträgt 270 Kilometer und man muss mit einer reinen Fahrzeit von 3,5 Stunden rechnen. Dazu kommen die zahlreichen Zwischenstopps, die man einfach einlegen muss, um wenigstens etwas von der traumhaften Schönheit der Inselkette der Keys im Bild festzuhalten. Kaum hat man nämlich die Südspitze des Festlandes von Florida verlassen, taucht man in eine völlig andere Welt ein. Hatte die Fahrt vorher noch an ausgedehnten Obstpantagen und Feldern mit Gemüse vorbeigeführt, wo tausende Mexikaner Tag für Tag ihr Brot verdienen, so empfängt uns jetzt gleisendes Sonnenlicht, das sich links und rechts der Straße millionenfach im Blau des Meeres widerspiegelt. Auch scheint sich die Vegetation schlagartig geändert zu haben und das ist tatsächlich so. Wir haben die Subtropen verlassen und sind in den Tropen angekommen.

Die Fahrt führt über Brücken und Dämme, die die einzelnen Koralleninseln der Keys miteinander verbinden. Bis zum Jahre 1935 hatte es sogar eine Eisenbahnverbindung bis Key West gegeben. In diesem Jahr aber hatte dann ein verheerender Hurrikan die Strecke auf einer Länge von 65 Kilometern zerstört. Einige der noch erhaltenen Konstruktionen wurden später beim Bau der heute existierenden durchgehenden Straße verwendet, die angeblich selbst schwersten Tropenstürmen statthalten soll. Diese sind aber jetzt im Maerz nicht zu befürchten. Die Hurrikan Saison liegt im Herbst und jetzt im Frühjahr ist mit durchgehend sehr warmen Temperaturen zu rechnen. Steigt man aber unterwegs aus, so empfindet man das Wetter aber als sehr angenehm, auch wenn die Luftfeuchtigkeit von Kilometer zu Kilometer zu steigen scheint, die wir uns vom Festland entfernen.

Die Vegetation ist umwerfend üppig. Blumen, Sträucher und Bäume blühen in kräftigen Farbtönen, was einen herrlichen Kontrast zum Blau des Wassers und des Himmels darstellt. Einzelne weiße Wolkenfetzen machen das Bild für den Fotografen perfekt. Immer wieder finden wir einen Ort, der sich lohnt, um die Fahrt zu unterbrechen und zumindest ein kurzes Fußbad im Meer zu nehmen, das hier sehr an die Karibik erinnert. Von einem Bad im Meer nehmen wir lieber Abstand, da wir wissen, dass es hier jede Menge Haie geben soll. Auch haben wir von Alligatoren gehört, die in einzelnen Lagunen nahe dem Festland zu Florida beheimatet sind und mahnen uns so selbst zur Vorsicht.

Mit den vielen Pausen unterwegs sind am Ende mehr als 6 Stunden Fahrzeit zusammengekommen. Da an diesem Tag aber kein starker Wind wehte, war die Fahrt über die Brücken ein Genuss und so kommen wir entspannt in unserem kleinen Hotel an. In seinem tropischen Garten blüht es üppig und ein kleiner Swimmingpool ladet zum Bade. Das ist eine willkommene Erfrischung, da die Temperaturen im Laufe des Tages weiter gestiegen sind.

Das Leben in der kleinen Stadt Key West mit seinen mehr als 26.000 Einwohnern pulsiert bereits jetzt am Nachmittag in der

Nähe des kleinen Hafens, von dem unser Hotel nur einen Steinwurf entfernt liegt. Hier befinden sich auch viele der beliebtesten Bars der Stadt, in denen vermutlich Ernest Hemingway viele Stunden verbracht hatte. An diesen Orten ist der berühmte Schriftsteller auf Fotos und Bildern omnipräsent, der seit dem Jahre 1928 in der Stadt gelebt hatte.

Schon in den ersten Minuten unseres Besuches kann man sich gut vorstellen, dass Hemingway hier eine Menge Inspiration für seine Geschichten und Bücher gefunden hat. Menschen aller Hautfarben schlendern leger gekleidet durch die herrlich schattigen Straßen. Viele von ihnen machen aus ihren heterosexuellen Neigungen kein Geheimnis und niemand scheint sich nur im Geringsten daran zu stoßen. Gegenseitige Akzeptanz ist hier großgeschrieben. Wer auffallen will, darf es hier tun, wer aber mit sich allein bleiben will, wird damit auch keine Probleme haben. Je später der Tag wird, desto dichter werden die Menschenmengen, die sich vor und in den Bars in Hafennähe versammeln. Fast alle tragen einen Drink in der Hand und die Stimmung scheint von Stunde zu Stunde zu steigen.

Als wir uns an einem Tisch auf der Mole des Hafens niederlassen, ahnen wir noch nicht, welchen sensationellen Platz wir ergattert haben. Genau von hier aus wird man einen der besten Blicks auf den Sonnenuntergang haben, der überall auf Florida und natürlich auf den Inseln der Keys regelrecht zelebriert wird. Langsam sinkt der Sonnenball der Wasseroberfläche des Golfes von Mexiko entgegen und scheint tatsächlich im Wasser zu verschwinden. Optisch bildet sich dabei etwas, was an eine Birne erinnert. Die Stimmung ist unglaublich schön und als die Sonne dann letztendlich am Horizont verschwindet, spenden die Anwesenden einen tosenden Beifall. Das ist auch ein Weg, um sich selbst zu feiern!

Nach einem guten Dinner mit frischem Seafood schlendern wir in dieser Nacht lange durch den schönen Ort, erleben dabei die tollsten Typen und eine lockere Stimmung, die in dem sonst etwas prüden Amerika seinesgleichen sucht. Innerlich berauscht von dieser einzigartigen Atmosphäre fallen wir später in einen erholsamen Schlaf.

Nur in den frühen Morgenstunden geht es in Key West ein wenig ruhiger zu. Die Straßen werden gefegt, Lieferwagen bringen neue Waren, Gäste checken aus und die Reinemachefrauen bereiten den Ansturm der Neuankömmlinge für den Nachmittag des gleichen Tages vor. Am Hafen dümpeln einige Fischerboote im Wasser, die am Morgen ihre Ladung gelöscht hatten. Am Fischmarkt wird jetzt fangfrischer Fisch verkauft, der noch am gleichen Tage die Speisekarten der örtlichen Restaurants bereichern wird. Fresh Catch wird dann auf den Tafeln vor dem Eingang stehen und die Gäste werden zumindest daran glauben, dass der Fisch wirklich erst am gleichen Tage im Hafen entladen wurde.

Jetzt ist auch die beste Zeit, durch die hübschen Straßen und Gassen von Key West zu laufen, den einen oder anderen Blick über die Gartenzäune zu werfen, hinter denen die gepflegten Fassaden altehrwürdiger Häuser stehen. An wie vielen dieser Häuser wird auch Ernest Hemingway vorbeigegangen sein auf seinen Wegen zum Hafen oder zu einer der Bars, in denen er ein gern gesehener Stammgast war? Wir bekommen keine Antwort auf diese Frage, aber wir sehen ihn im Geist noch immer durch den Ort wandeln!

Ein Besuch im Hemingway Museum, das in seinem ehemaligen Wohnhaus eingerichtet wurde, bringt uns die Welt des Nobelpreisträgers für Literatur noch näher. Ernest Hemingway hatte nicht nur die Frauen geliebt, sondern auch Katzen. Noch immer leben Nachfahren seiner Katzen von damals auf dem weitläufigen Grundstück, in dem es sogar einen eigenen Friedhof für Katzen gibt. Beim Anblick seiner Schreibmaschine, in die er die Manuskripte unzähliger Artikel und Bücher getippt hatte, wird vor allem mir weich ums Herz. Hier fühle ich mich meinem Lieblingsautor ganz besonders nahe.

Hemingway hatte ein bewegtes Leben verbracht, war als Freiwilliger im Ersten Weltkrieg dabei und wurde dort in Italien verwundet. Seine besonders tiefe Zuneigung galt Afrika, das er immer wieder als passionierter Jaeger besuchte. Er überlebte an einander folgenden Tagen in Uganda zwei Flugzeugunglücke und scheute sich vor kaum einem Abenteuer auf dem Lande und auf dem Meer. Nach dem Jagen war das Fischen wohl die zweitgrößte Leidenschaft des Mannes, den die Frauen liebten und auch er sich ihnen besonders zugeneigt fühlte. Neben Key West hatte er viel Zeit in Havanna auf Kuba verbracht, wo ihn noch heute die Kubaner ganz besonders verehren. Vermutlich war es die besonders lockere Lebensart, die Hemingway wie einen Magneten anzog und von der er sich inspirieren ließ. In allen seinen Büchern spielen eigene Erlebnisse eine ganz besondere Rolle. Hätte es in Kuba nicht die Revolution gegeben, wäre der Schriftsteller vermutlich bis zu seinem Tode im Lande geblieben. Doch seine angeschlagene Gesundheit und die zunehmenden Spannungen zwischen den USA und Kuba führten im Jahre 1960 zu der Entscheidung, Kuba nach 21 Jahren für immer zu verlassen. Zurück in den Vereinigten Staaten von Amerika fand er nie wieder zu seiner inneren Ruhe und beendete auf tragische Weise im Folgejahr sein Leben selbst.

Ernest Hemingway aber hatte der Menschheit ein Lebenswerk hinterlassen, in dem er bis heute weiterlebt. Der Besuch in seinem Haus in Key West hatte mir den Mann noch nähergebracht, als er es ohnehin von den Tagen meiner Jugend an gewesen war. Sein Drang, die Welt mit eigenen Augen zu entdecken und das Erlebte in Schriftform zu verarbeiten, kann ich bestens nachvollziehen und hat mich ohne Frage zum Schreiben dieses Buches inspiriert.

50
Stilles Gedenken am Mount Rushmore in South Dakota

ICH HATTE EINIGE TAGE MIT MEINEM SOHN JENS IN DER GEGEND VON CHICAGO VERBRACHT, WO ICH BERUFLICH ZU TUN HATTE. Während ich am Tage arbeitete, konnte er die Zeit damit verbringen, sich mit dem gemieteten Geländewagen die Gegend anzuschauen. Besonders die Autohändler, Flohmärkte und Garagenverkäufe übten eine magische Anziehungskraft auf meinen Sohn aus. Ohnehin war er von Amerika begeistert und ich hatte ihm nach Erledigung meiner dienstlichen Pflichten eine gemeinsame Woche Urlaub in den USA versprochen.

Eines Abends kam er von einem seiner Streifzüge in unser Hotel in Geneva in Illinois zurück und hielt mir ein in Zeitungspapier eingewickeltes Geschenk für mich entgegen. Völlig überrascht packe ich einen uralten Fotoapparat aus, den er bei einem Garagenverkauf erworben hatte. Er kannte meine Vorliebe für das Fotografieren und meine Begeisterung über dieses tolle Geschenk zauberte ein breites Lächeln auf sein Gesicht. Es handelte sich um eine uralte Kodak Pocket Kamera. Ich hüte diese kleine Kamera heute als einen ganz besonderen Schatz.

Da unser österreichischer Freund Gebhard zur gleichen Zeit bei einer Firma nahe Chicago tätig war, verbrachten wir viele der Abende zusammen. Eines Tages berichtete Gebhard von einer Ausstellung alter Autos, die jeden Freitag auf einer eigens dazu gesperrten Straße im nahen Naperville stattfinden sollte. Ein Besuch dort war etwas, was Jens ganz besonders reizte und wir mussten uns so nicht zweimal von Gebhard bitten lassen, ihn zu begleiten. Bei Einbruch der Dunkelheit hören wir die Motoren dröhnen und ein Auto nach dem anderen fährt jetzt vor. Die stolzen Besitzer haben Klappstühle dabei und geben bereitwillig Auskunft über die Geschichte der einzelnen Fahrzeuge und die Anstrengungen, die zu ihrer Rekonstruktion aufgewendet werden mussten. Ersatzteile werden zum Kauf oder Tausch angeboten. Auf der Straße herrscht einfach eine tolle Atmosphäre. Erst spät in der Nacht verabschieden wir uns von Gebhard nach einem gemeinsamen Drink in einer herrlichen Bar nahe von unserem Hotel. Hier geht es rustikal zu. Erdnüsse werden gereicht, deren Schalen man einfach auf den Boden wirft. Das wäre hier so üblich, klären uns die gutaussehenden Bardamen auf.

Am kommenden Tag beginnt unser Abenteuer. Wir schreiben den 9. September des Jahres 2006. Mein Sohn hatte sich eine Fahrt mit dem Auto zum Mount Rushmore in South Dakota gewünscht. Auf dieser mehr als 3000 Kilometer langen Strecke würden wir auf dem Hin- und Rückweg in fünf Bundesstaaten der USA unterwegs sein. Wir verlassen den Großraum von Chicago und wenden uns westwärts. Bei Davenport überqueren wir den gewaltigen Strom des Mississippi, der gleichzeitig die Grenze zu Iowa bildet. Kilometerlang säumen nun endlose Kornfelder den Highway. Iowa lebt im Wesentlichen von seiner Landwirtschaft und ist nur wenig besiedelt. Die Menschen sind konservativ und bodenständig. Einer meiner besten amerikanischen Freunde stammt aus einem kleinen Ort bei Iowa City und ich habe ihn einige Male auf der Farm seiner Eltern besuchen dürfen.

Weiter führt die Fahrt nach Minnesota und von nun an wechselt langsam die Landschaft. Nachdem es in Iowa eher flach war und die Straßen über viele Meilen schnurgeradeaus führten, herrschen in Minnesota langgestreckte Hügel vor, die die monotone Szenerie etwas abwechslungsreicher machen. Kornfelder weichen zunächst riesigen Getreidefeldern, bevor auch diese verschwinden und dem Grasland der Prärie Platz machen. Die Distanzen zwischen den einzelnen Ansiedlungen werden jetzt immer länger. Endlose Güterzüge, die von mehreren Lokomotiven gezogen werden, sind mit Getreide und oftmals mit Kohle beladen, die über gewaltige Entfernungen transportiert werden. Wir zählen oftmals mehr als 100 Waggons hinter den fauchenden Lokomotiven. Alles ist irgendwie überdimensional in diesem Land! Zweimal müssen wir auf der Strecke übernachten und finden jeweils in einfachen Hotels auf dem Land ein Quartier. In den Restaurants gibt es deftiges Essen mit riesigen Portionen. In dieser Gegend auf dem Lande scheint es extrem viele dicke Menschen zu geben, was angesichts der Essensberge nicht wundert, die hier jeder scheinbar mühelos in sich hineinschaufelt. Auch überwiegen die Fastfood Restaurant mit ihrem kalorienreichen Essen. Wir sind uns einig, dass wir hier nicht leben möchten.

Zwischen Chamberlain und Oacoma überqueren wir den Missouri River, der in den Rocky Mountains entspringt und der längste Fluss Nordamerikas ist. Wir sind nun bereits im US-Bundesstaat South Dakota angekommen. Bevor wir uns dem Mount Rushmore zuwenden, machen wir einen kleinen Abstecher in den Süden, um dem berühmten Badlands Nationalpark einen Besuch abzustatten. Hier haben die Sioux Indianer einst gelebt und einige von ihnen arbeiten heute als ortskundige Ranger im Nationalpark. Der Nationalpark ist für seine scheinbar lebensfeindliche Landschaft bekannt, die das Ergebnis von Jahrtausenden währenden Erosionen sind. Diese Gegenden waren für die Landwirtschaft nicht zu gebrauchen, woher auch der Name des Nationalparks rührt. Jens aber ist begeistert von dem wilden und unwirtlichen Charakter der Landschaft und wäre hier gern länger geblieben. Auch wurden hier große Teile des bekannten Filmes »Der mit dem Wolf tanzt« gedreht, in dem Kevin Costner die Hauptrolle spielte. Im Nationalpark kann man wunderbar die possierlichen Präriehunde beobachten, die aber oft ihre unterirdischen Bauten mit Klapperschlangen teilen. So wird auch überall vor einer Begegnung mit den Giftschlangen gewarnt.

Wir haben uns ein Zimmer in einem rustikalen Hotel in dem kleinen Ort Keystone nahe dem Mount Rushmore gebucht. Hier leben nur etwas mehr als 400 Einwohner. Vermutlich sind aber in der Saison mehr als die doppelte Zahl an Touristen anwesend. Der Ort hat den Charakter einer Western Stadt und wir fühlen uns auf Anhieb wohl. Von hier ist es nicht weit bis in die Black Hills, wo auf 1745 Metern Meereshöhe das berühmte Mount Rushmore National Memorial liegt. In 14-jaehriger Bauzeit wurden hier in den Sommern der Jahre 1927 bis 1941 die Köpfe von vier bedeutenden amerikanischen Präsidenten in den Stein gehauen. Dies Arbeit wurde von dem Bildhauer John Gutzon de la Mothe Borglum begonnen und nach seinem plötzlichen Tode im Jahr 1941 von seinem Sohn vollendet.

Jeden Abend findet am Mount Rushmore nach Einbruch der Dunkelheit eine sogenannte Lightning Zeremonie statt, wo nacheinander die in den Felsen getriebenen Köpfe von George Washington, Thomas Jefferson, Theodore Roosevelt und Abraham Lincoln beleuchtet werden. Wir wollen am Abend unserer Ankunft daran teilnehmen. So brechen wir nach einem Abendessen in unserer Lodge auf, um rechtzeitig an dieser nationalen Gedenkstätte zu sein.

Der Parkplatz ist bei unserem Eintreffen bereits gut gefüllt. Den Weg in ein Amphitheater säumen die Fahnen aller amerikanischen Bundesstaaten. Die Atmosphäre ist unglaublich feierlich und die sonst so lauten Amerikaner sitzen still auf den Holzbänken. Es wird nur leise untereinander gesprochen. Aber auch diese Stimmen verstummen, als Musik ertönt und der Zeremonienmeister vor die Menschenmenge tritt. Die Arena ist bis auf den letzten Platz besetzt. Nach und nach werden die Köpfe von Washington, Jefferson, Roosevelt und Lincoln beleuchtet und in einer Rede würdigt der Zeremonienmeister auf ihre wichtigsten Erfolge ein. Dann aber geht er auf das heutige Datum ein. Es ist der 11. September des Jahres 2016. Genau vor fünf Jahren hatte der furchtbare Angriff durch Terroristen auf das Worldtrade Center in New York stattgefunden, bei dem mehr als 3000 Menschen einen entsetzlichen Tod gefunden hatten. Dieser Anschlag hatte Amerika tief in das Herz getroffen. Wir waren uns an diesem Abend nicht bewusst gewesen, dass wir genau am Jahrestag des Attentates am Mount Rushmore sein würden. Die amerikanische Nationalhymne wird angestimmt und sofort erheben sich alle Menschen von ihren Plätzen. Viele hundert Menschen singen inbrünstig die Hymne der Vereinigten Staaten von Amerika. Das geht einem unter die Haut und mein erwachsener Sohn ergreift meine Hand. Tränen stehen in seinen Augen. Von einem Offizier wird die amerikanische Fahne eingeholt und auf einem Kissen abgelegt. Damit endet die Zeremonie und die Menschen verlassen schweigend die Arena. Wir haben zweifelsfrei an diesem Abend tief in die amerikanische Seele schauen dürfen. Wir versuchen das Erlebte später mit einem Drink an der Bar zu verarbeiten. Lange können wir in dieser Nacht keinen Schlaf finden und treffen uns am kommenden Morgen unausgeschlafen zum Frühstück.

Bevor wir die lange Rückfahrt nach Chicago beginnen, wollen wir noch dem nahe gelegenen Custer State Park einen Besuch abstatten. Hier soll es die größte freilebende Bisonherde der USA und der Welt mit über 1400 Tieren geben. Die unglaublich schöne Strecke führt durch die Black Hills über den Needle Highway, der von pittoresken Felsformationen gesäumt wird, die tatsächlich an Nadeln erinnern. Dazwischen immer wieder Wälder mit Fichten, Kiefern, Birken und vielen Aspen. Und dann stehen wir völlig unerwartet plötzlich mit unsrem Geländewagen inmitten einer riesigen Herde der gewaltigen Bisons. Am Parkeingang hatte man uns eindringlich darauf hingewiesen, den Tieren nicht zu nahe zu kommen. Jens ist fasziniert und auch ich kann mich dieser magischen Begegnung nicht entziehen. Es entstehen herrliche Bilder einer unvergesslichen Begegnung.

Die Rückfahrt bewältigen wir an nur zwei Tagen, wobei dabei wir beide als Fahrer gefordert sind. Die Strecke ist über viele Kilometer monoton, auch wenn wir dieses Mal einen Abstecher durch das schöne Wisconsin machen. Dankbar für diese intensive Zeit mit meinem Sohn verlassen wir Amerika.

Nachwort

Beim Schreiben dieses Buch bin ich unweigerlich noch einmal um die Welt gereist und habe viele der Episoden und Begegnungen noch ein zweites Mal in voller Intensität erleben dürfen. Das allein erfüllt mich mit Dankbarkeit für die Umstände, die mir diese äußerst spannende Reise ermöglicht haben. Und ich werde meinen Weg der Entdeckungen weiter fortsetzen, um die nach wie vor vorhandene Neugier auf das Erleben neuer Begegnungen in der sich derzeit so rasend schnell verändernden Welt zu stillen.

Einige der Kapitel hatte ich bereits vor Jahren konzipiert und konnte damals noch nicht ahnen, wie hochaktuell viele angesprochene Themen heute sein würden! Die Jahre des Reisens haben meine Sinne für die Veränderungen geschärft, die man in vielen Fällen tatsächlich fast vorhersagen konnte. Ich kann von Glück reden, einige der besuchten Länder in einer Zeit bereist zu haben, wo dieses fast problemlos und möglich gewesen war.

Ich danke allen, die mich zum Schreiben inspiriert haben und das waren oftmals Personen, denen ich unterwegs begegnet war. Zu besonderem Dank aber bin ich meiner Frau verpflichtet, die mich geduldig in meiner Arbeit beim Entstehen des Besuches unterstützt hat!